혐오에서
인류애로
FROM DISGUST
TO HUMANITY

혐오에서
인류애로

성적 지향과 헌법

마사 C. 누스바움 지음 \ 강동혁 옮김 \ 게이법조회 해제

뿌리와
이파리

허버트 포스터를 위해

누구든 타인을 비하하는 자 곧 나를 비하하는 것이며

무엇이든 행하거나 말한 것은 끝내 내게로 돌아오리니……

나는 원시의 암호를 말하고, 나는 민주주의의 징표를 보이노라,

신께 맹세코, 모두가 똑같은 조건에서 같은 몫을 받을 수 없다면

나 또한 결코 그것을 받아들이지 않으리라……

위대한 이념을 위하여, 완벽하고도 자유로운 개인이라는 이념을 위하여,

바로 그것을 위하여 시인은 앞장서 걷는다, 지도자들의 지도자로서,

그의 태도는 노예들을 환호케 하고 외국의 폭군들을 떨게 하리니…….

결코 멸망하지 않을지니 자유라, 후퇴하지 않으리니 평등이라,

이들은 느낌 속에 살아 있다…… 남자의……. 그리고 여자의 느낌 속에.

- 월트 휘트먼, 「나 자신의, 그리고 온타리오의 푸른 해변 너머에서의 노래」

| 차례 |

제1장   혐오의 정치: 실제, 이론, 역사

제2장   인류애의 정치: 종교, 인종, 젠더, 장애

일러두기

1. 한글 전용을 원칙으로 하고, 필요한 경우에 원어나 한자를 병기했다. 고유명사의 원어는 찾아보기에 병기했다.
2. 인명, 작품명, 지명 등은 국립국어원의 외래어 표기법을 따랐지만, 관례로 굳어진 경우는 예외를 두었다.
3. 단행본, 장편소설, 정기간행물, 신문 등에는 겹낫표(『 』), 단편소설, 논문 등에는 홑낫표(「 」), 영화, 드라마, 텔레비전 프로그램 등에는 홑꺾쇠(〈 〉)를 사용했다.
4. 고유한 재판과 그 판례의 경우, 원어는 이탤릭체로 표기했다.
5. 옮긴이 주와 해제의 지은이 주는 각주로 처리했다.

감사의 말

이 책의 집필을 제안해준 제프리 스톤에게 깊이 감사한다. 그는 개요를 구상할 때 나를 격려해주었고, 초안 단계의 원고에 대해 상세히 논평해주었다. 책을 처음 써나가는 단계에서 유용한 제언을 해주었던 수많은 사람 중에는 메리 앤 케이스, 엘리자베스 에멘스, 데이비드 할퍼린, 앤드루 코플먼, 제임스 매디건, 캐스 선스타인, 그리고 켄지 요시노가 있다. 초안에 대해 유용한 논평을 해준 메리 앤 케이스, 대니얼 그롤, 버나드 하코트, 토드 헨더슨, 브라이언 라이터, 제임스 매디건, 리처드 매캐덤스, 아리엘 포랫, 리처드 포스너, 제임스 슈타이하르, 리오르 스트라힐레비츠, 캐스 선스타인, 마드하비 선더, 헬가 바텐, 데이비드 바이슈바흐에게 감사를 표한다. 특히 로절린드 딕슨, 데이비드 할퍼린, 앤드루 코플먼, 솔 레브모어 그리고 조너선 마수르가 완성 직전 단계에서 원고를 읽고 포괄적인 서면논평을 해준 점에 대해 감사한다. 하지만 이들이 전부는 아니다. 이 책을 쓰는 데에는 정말이지 오랜 세월이 걸렸으므로, 나는 여기에서 언급하지 못한 수많은 사람들에게도 빚을 지고 있는 셈이다. 데이비드 할퍼린, 리처드 포스너, 피터 치키노 2세, 존 J. 윙클러 2세를 특별히 손에 꼽고 싶다. 나는 이들의 글을 읽고 이들과 많은 대화를 나누면서 이 주제에 대한 의견을 근본적으로 형성할 수 있었다.

한국어판 서문

동성애와 관련된 법의 지형은 세계 곳곳에서 빠르게 변화하고 있다. 미국
에서는 2003년까지 소도미 법*이 폐지되지 않고 있었지만, 그 이후로 대중
의 감정과 법이 모두 급격히 변했다. 2015년 6월, 오버게펠 대 호지스 판결
에서 미국연방대법원은 동성결혼이 헌법에 의해 보호받는 권리인 만큼 미
국의 모든 주에서 합법화되어야 한다고 결정했다. 한편 인도에서는 걱정스
럽게도 반대 상황이 벌어지고 있다. 빅토리아 시대 영국에서 기원한 소도미
법이 2009년 델리 고등법원에서 위헌판결을 받았는데도 2013년 대법원 상
고를 거쳐 원상으로 회복되었다. 비록 2014년에는 트랜스젠더들이 대법원
의 다른 판사단에 의해 전면적인 권리들을 새로이 쟁취했지만 말이다. 유럽
의 많은 나라에서는 게이, 레즈비언, 트랜스젠더들의 평등한 존엄성이 부인
할 수 없을 정도로 확립되었다. 2014년 5월 22일에는 심지어 한때 보수적
이던 아일랜드조차 가톨릭교회의 반대를 무릅쓰고 국민투표를 통해 동성
결혼을 합법화했다. 2015년 1월 동성결혼이 합법화된 룩셈부르크에서는
사비에르 베텔 총리가 2015년 5월, 파트너인 고티에르 데스테네이와 결혼

---

* 영어에서 소도미sodomy는 일반적으로 남성 간 동성애 행위를 뜻하는 단어지만, 소도미 법은
이뿐만 아니라 법원이 판단하기에 부적절하고 비도덕적인 모든 성적 행위를 규제한다. 이 책
제3장에서 관련된 논의가 이어진다.

함으로써 EU 지도자로서는 처음으로 동성결혼을 기념하게 됐다. 반면 러시아는 최근 LGBT* 평등을 옹호하는 주장을 불법화한다는 내용의 억압적인 새 법안을 통과시켰으며, 이를 배경으로 하여 동성애자들에 대한 폭력적인 공격이 점차 빈번해지고 있다.

간단히 말하자면 전 세계에서 변화의 바람이 불고 있지만, 그 방향은 저마다 다르며 많은 사람들을 놀라게 하고 있다는 것이다. 그 와중에 개별적 인간들은 종종 이 변화의 바람에 휩쓸려 대단히 불안정할 뿐만 아니라 기본적인 존중과 존엄조차도 박탈당하고 만다.

이와 같은 격변의 시대에 대한민국은 어떤 위치에 놓여 있을까? 미국과 마찬가지로 한국에서도 동성애에 낙인을 찍는 행위는 개신교에서 비롯됐으므로, 미국의 발전상과 한국의 현상을 비교해보는 것도 의미가 있을 것이다. 빅토리아 영국식 청교도주의로부터 구체적인 영향을 받은 적이 없는 한국은 미국이나 인도와 달리 한 번도 동성애 행위 자체를 법으로 금지하지 않았다. 이것은 분명한 이점이다. 한국의 게이와 레즈비언들은 상호합의하에 성행위를 했다는 이유만으로 체포를 당할 위험에 처해 있지는 않다. 하지만 그렇다고 해서 한국의 게이와 레즈비언들이 수많은 불이익을 경험하지 않는다고는 말할 수 없다.[1]

첫째, 한국에는 성적 지향**에 따른 차별금지를 포함하는 일반적인 차별금지법이 존재하지 않는다. 그러한 법을 통과시키려는 노력은 여러 번 있었으나 기독교 보수주의자들이 번번이 이를 좌절시켰다. 2014년 박원순 서울시

---

* LGBT란 레즈비언Lesbian, 게이Gay, 양성애자Bisexual, 트랜스젠더Transgender 들을 통틀어 일컫는 말로 성소수자들을 의미한다.

** 성적 지향sexual orientation이란 어떤 사람이 성적 매력을 느끼는 대상이 동성인지 이성인지를 의미하는 개념으로, 개인이 자신을 남자, 여자 혹은 제3의 성으로 인식하는 것을 의미하는 성별 정체성sexual identity과는 구분된다.

장이 동성결혼을 공개적으로 지지함으로써 그 명분에 힘을 실어주기는 했지만, 동성결혼 합법화까지는 아직도 길이 멀어 보인다. UN에서 한국은 대부분의 중요 인권결의안에 찬성표를 던지는 등 대체로 진보적인 입장을 취하고 있다(동성애자들의 권리에 대한 반기문 사무총장의 명백하고도 전폭적인 지지에 힘입은 게 분명하다). 하지만 국내 상황을 돌아보면 한국의 게이와 레즈비언들에게는 여전히 무거운 낙인이 찍혀 있으며, 이들은 폭력에 노출되어 있다. LGBT에 속하는 개인 중 상당수가 차별을 당할까봐 두려워 여전히 커밍아웃을 하지 않고 있다.[2]

　미국에서는 수많은 종교들이 이미 성적 지향을 바라보는 관점을 바꾸었다. 모르몬교도들의 교회인 LDS를 포함하여 수많은 복음주의 교회들은 여전히 동성애 행위와 동성결혼 합법화에 강력히 반대하지만, 수많은 교파들은 방침을 변경했다. 가장 먼저 입장을 바꾼 것은 유니테리언 유니버설리즘 교회와 유대교 재건주의자들 및 개혁파 유대교였고, 보수파 유대교가 그 뒤를 따랐다. 그리고 성공회는 2004년, 공개적으로 활동하고 있는 게이 진 로빈슨을 최초로 주교에 서품함으로써 전 세계 성공회 공동체에 균열을 냈다. 감리교도들은 이 문제를 놓고 여전히 의견이 갈린다. 루터파 교도들은 개별적 접근을 도입하여 각각의 분파들이 저마다 다른 방침을 마련하도록 했다. 그리고 2015년 4월, 미국 장로교회는 동성결혼을 공식적으로 인정했다. 우리 랍비님은 우연히도 이성애자이기는 하지만, 신년제High Holy Days 예배 때면 게이나 레즈비언, 양성애자, 트랜스젠더인 사람들의 참석을 공개적으로 환영한다. 그리고 사제로 임명 받은 우리 교회의 새 성가대 선창자는 게이로서, 시카고의 다양한 유대교 회당에서 어린이 교육을 지도하고 있는 랍비님과 결혼했다. 이 두 남자는 명랑한 아프리카계 미국인 입양아를 데리고 우리 교회에 자주 나온다. 다른 많은 교구들이 그렇듯 우리 교구에도 노인들이 유난히 많지만 이에 대한 부정적인 반응은 전혀 없었다. 만일 그 아이가 살면서 무슨 문제라도 겪게 된다면, 그 문제는 아이 부모의 성적 지향 때문에 발생하기보다는 인종적으로 분열되어 있는 우리 도시의 걱정스러운 사회정치와 타협하는 과정에서 아이가 겪을 궁극적 시련 탓에 발생할 가능성이 훨씬 높다(대단히 흥미로운 사례가 또 하나 있는데, 이 경우에는 레즈비언 두 명이 결혼을 해서 시카고 교외에 정착했다. 두 사람은 인공수정을 통해 아이를 가졌는데, 이후 정자은행의 실수 때문에 흑인 아이를 낳게 됐다는 사실을 알았다. 그들은 아이가 교외의 공동체에서 적의를 겪게 될 것이라며 정자은행을 고소했다. 그들 자신은 같은 공동체에서 꽤 오랫동안 행복한 삶을 살았는데도 말이다. 한 분야에서 진보가 이루어진다고 해서 보편적인 존중과 평등의 체제가 이룩되는 것은 아니다).

미국에서는 어떻게 이토록 빠르게 변화가 일어났으며, 한국인들은 비슷한 변화를 촉진하기 위해 어떤 시도를 해야 할까? 미국의 경우, 방금 이야기한 것처럼 사람들의 의견이 전반적으로 바뀌는 데에 가장 크게 기여한 요소는 할리우드다(현재 미국인의 50퍼센트 이상은 동성결혼에 우호적이며, 그중에서도 젊은 미국인들의 비율이 특히 높다). 오랫동안 게이와 레즈비언 배우들은 팬도, 배역도 모두 잃어버릴까봐 커밍아웃을 하지 않았다. 하지만 점차 상황이 변했다. 처음에는 로맨스 영화의 상징과도 같았던 록 허드슨이 놀랍게도 게이라는 사실이 밝혀지더니, 얼마 후에는 인기 코미디언인 엘런 드제너러스가 자발적으로 커밍아웃을 했다. 그로부터 얼마 지나지 않아, 깊이나 유머감각을 모두 갖춘 다양한 텔레비전 프로그램과 영화가 풍부한 상상력을 동원해 동성애자들의 삶을 일반대중에게 보여주면서 인기를 끌었다. 변화는 수많은 정치적 시위보다도 아마 이런 사건들 때문에 일어났을 것이다. 부모와 고용주들에게 커밍아웃을 했던 젊은이들의 용기를 제외하고 미국에서의 빠른 변화를 설명할 요소를 딱 한 가지만 꼽으라면 텔레비전 시트콤인 〈윌 앤 그레이스Will & Grace〉를 들 수 있다. 이 시트콤은 사랑을 추구하는 삶과 쾌락주의적 삶을 사는, 서로 매우 다른 게이 두 사람을 그렸다. 이 시트콤은 또한 대부분의 이성애자들이 현실에서 나누는 사랑보다도 한 게이와 한 여성 이성애자의 우정이 훨씬 더 깊고 사랑에 가득 차 있을 수 있다는 점도 보여주었다(더불어 이 시트콤은 유쾌한 여성 양성애자 캐릭터를 등장시킴으로써 사람들에게 찍혔던 낙인을 보다 완전하게 제거했다).

동시에, 이성애자인 배우들도 점차 동성애자 역할을 기꺼이 하게 되었다. 톰 행크스와 숀 펜, 그리고 〈윌 앤 그레이스〉의 스타인 에릭 맥코맥이 동성애자들에게 찍힌 낙인을 제거하는 이 중요한 운동을 앞장서 이끌었다. 동성애자임이 밝혀진 배우들이 이성애자 배역을 할 수 있게 된 것도 마찬가지로 중차대한 사건이었다. 예를 들어서 재능이 넘치는 배우 닐 패트릭 해리스는 히트를 쳤던 시트콤 〈내가 그녀를 만났을 때How I Met Your Mother〉에서 바람둥이 바니 역할을 하는 와중에 커밍아웃을 했다. 이처럼 극적인 변화는 미국에서 이미 완성 단계에 이르렀다. 2015년 아카데미상 시상식 사회를 맡은 닐 패트릭 해리스는 연파란색 턱시도를 입고 최근 결혼한 남편 데이비드 버트카의 팔에 안겨 입장하면서 엄청난 갈채를 받았다. 이들을 모욕한 사람은 아무도 없었다.

예술의 역할은 게이와 레즈비언의 삶을 기꺼이 상상하도록 만들어 이들의 삶을 혐오스러운 것, 인간 이하의 것이 아닌 매력적이며 완전히 인간적인 것으로 만드는 것이다. 그렇게 예술은 혐오와 싸워나간다. 이는 또한 친구나 부모에게 커밍아웃을 했던 젊은이들이 했던 일이기도 하다. 이들은 커밍아웃을 함으로써 게이도, 레즈비언도 혐오스러운 괴물이 아니라 사람들이 매일의 일상에서 이미 알고 있는 인간임을, 많은 경우에는 그들이 이미 사랑하고 있는 존재임을 보여주었다. 예술과 커밍아웃은 모두 내가 '인류애의 정치'라고 부르는 것을 촉진하는데, '인류애의 정치'란 낙인이 찍혀 있는 집단에 속하는 사람들도 주류 집단의 구성원들과 마찬가지로 행복과 정의를 추구하는 완전한 인간임을 인정하는 삶의 방식을 말한다.

한국은 이 혁명의 첫 단추를 꿰려 하고 있다. 설문조사에 따르면 대부분의 어린 게이와 레즈비언들은 여전히 자신의 성적 정체성을 숨기는데, 여기에는 그럴 만한 이유가 있다. 2014년 한국인 중 59퍼센트는 사회에서 동성애를 받아들여서는 안 된다고 응답했다(이는 2007년 77퍼센트라는 응답에 비해 낮아진 수치지만 여전히 높은 편이다). 한편, 배우를 비롯한 예술가들은 성적 지향을 드러냈다는 이유로 낙인이 찍히거나 심지어는 직업을 잃게 된다. 인기 있는 코미디 배우였던 홍석천은 2000년에 커밍아웃을 했는데, 당시 한국의 대중들은 아직 그 커밍아웃을 받아들일 준비가 되어 있지 않았고, 그는 꽤 오랜 기간 동안 대중을 기피해야만 했다. 최근에 그는 대중이 동성결혼에 우호적이게 될 때에야 비로소 결혼하겠다고 말했다. 어쩌면 그가 대중매체에 다시 등장하기 시작했다는 점이 변화의 시작을 알리는 것일지도 모른다. 영국 극작가 알렉시 카이 캠벨의 연극 〈프라이드The Pride〉가 한국에서 상연되었다는 사실과 마찬가지로 말이다. 이 연극은 1950년대와 2008년의 억압과 개방성을 다루었다.*

법학자로서 나는 특정 집단을 낙인찍고 차별할 때 혐오가 중심적인 작용을 한다는 이론을 오랫동안 주장해왔다. 나는 『혐오와 수치심: 인간다움을 파괴하는 감정들』(2004, Princeton: Princeton University Press)이라는 책에서

---

* 〈프라이드〉는 2008년 영국 내셔널 씨어터에서 초연되고 수많은 상을 받은 뒤, 2010년 뉴욕으로 진출하여 대중적 인기를 끌었던 연극이다. 이 연극은 각기 1950년대와 2000년대를 살아가는 성소수자들의 이야기를 그리고 있다. 한국에서는 2014년 8월부터 대학로 아트원씨어터에서 공연되었다.

인지심리학 분야의 다양한 연구결과를 활용하여 반유대주의, 인종차별주의, 성차별주의, 호모포비아 등 다양한 형태의 차별에서 혐오가 어떤 식으로 작동해왔는지를 보여주었다. 이후 나는 어떤 행위가 동의하지 않은 제3자에게 아무런 피해도 주지 않는 경우, 혐오는 그 행위를 불법으로 만들 만한 충분조건이 될 수 없다는 규범적 주장을 펼쳤다. 이 일반적 주장은 영국의 위대한 법철학자 허버트 하트가 보수주의 법학자 데블린 경에 대한 응답으로 이미 내놓았던 주장이다. 데블린은 제3자에게 아무런 피해를 끼치지 않더라도 평균적인 인간이 어떤 행위에 대해 혐오를 느낀다면 혐오는 그 행위를 불법화시킬 충분조건이 된다면서 소도미를 기소대상에서 제외시키자는 주장에 반대했다(이들의 논쟁은 보수주의자인 제임스 피츠제임스 스티븐과 자유주의자인 존 스튜어트 밀 사이에서 벌어졌던 19세기의 토론으로까지 이어졌다). 그러나 이 이론가들 중 혐오의 구체적인 인지구조를 자세히 분석한 사람은 없었다. 나는 이 분석이야말로 혐오가 어째서 이 법의 기준으로 그토록 부적절한지 그 이유를 이해하는 데에 대단히 중요하다는 주장을 펼쳤다(『혐오와 수치심: 인간다움을 파괴하는 감정들』은 2015년 한국에서 번역 출간되었다).

성적 지향과 헌법을 다룬 이 책은 미국에서 2010년에 출간되었다. 이 책에서 나는 앞서 소개한 이론을 더욱 발전시켜 게이와 레즈비언에 대한 최근의 차별 사례와 연결했다. 나는 소도미 법을 무효화시킨 로렌스 대 텍사스 판결 및 게이와 레즈비언들이 차별금지법의 보호를 받지 못하도록 하는 법을 무효화시킨 로머 대 에반스 판결 모두에서 활용되었던 "적의"라는 법적 개념을 다름 아닌 혐오라고 이해할 수 있다고 제안한 뒤, 이 두 사건의 판결 및 판결에 이르는 추론과정을 내 이론이 어떻게 뒷받침할 수 있는지 보이고자 한다. 나는 또한 과거 인종 간 결혼에 반대하던 주장들이 그랬듯 오늘날 동성결혼에 반대하는 주장 또한 겉으로는 드러내지 않더라도 여전히 혐오를 주된 추동력으로 삼고 있다고 주장한다. 이 주장은 당시에 회람된 팸플 릿 문건에 대한 연구를 근거로 하고 있는데, 이 문건들은 눈에 띌 만큼 혐오 에 호소하고 있다.

혐오는 사회적으로 중요하다. 신앙심보다는 이 뿌리 깊은 인간적 반응이 야말로 몇몇 사람들이 성경을 선별적으로 읽어내는 특이한 방식을 보다 잘 설명하는 것처럼 보이기 때문이다(사실 성경은 어려운 처지에 있는 이민자들 을 친절하게 받아들여야 한다든지, 가난한 이들의 삶의 기준을 충분히 높여야 한다 는 등 대부분의 미국인들이 별로 좋아하지 않는 행동을 하라고 요구한다).* 혐오는 법적으로도 중요하다. 왜냐하면 동성애 행위를 불법화시켜야 한다는 최근 의 가장 영향력 있는 주장은 데블린 경의 주장으로서, 이 주장의 내용은 동 성애 행위라는 생각 자체에 대해 평균적인 시민이 느끼는 강력한 감정, 즉 혐오를 법적으로 뒷받침하지 않는 한 사회가 붕괴하고 말리라는 것이기 때 문이다.

앞서 이미 언급했듯 시민들은 예술을 통해, 종교의 내적 개혁을 통해, 그 리고 무엇보다도 게이와 레즈비언, 트랜스젠더들의 존엄성을 표명하는 커 밍아웃을 통해 변화를 일구어내고 있다. 사회의 이처럼 다양한 분야에서 혐 오는 격퇴되어야 한다. 이 책은 바로 그 커다란 움직임을 조명하며, 그중에 서도 특히 법이 할 수 있는 역할에 초점을 맞추고 있다. 사람들은 법이 만인 의 평등과 정의를 구현하리라고 기대한다. 이 높은 기준을 법이 항상 만족 시키는 것은 아니다. 그러나 성적 지향이라는 분야에서 몇몇 국가가 어쨌든 법적 정의를 추구하기 시작했다는 사실은 우리에게 용기를 준다.

---

* 이민자나 빈자에 대한 친절을 요구하는 성경의 가르침은 도외시하면서, 극히 일부 대목에만 등장하는 동성애 단죄만을 중요하게 받아들이는 미국의 보수주의 기독교도들을 비판하고 있는 대목이다.

서론

"저는 8학년 때 처음으로 남자들에 대해 성적 판타지를 품는다는 게 무슨 의미인지 깨달았습니다. 끈적끈적하게 달라붙는 이런 판타지들을 저는 어떻게든 떨쳐내야 했어요. 저는 겁에 질리고 말았습니다."

한 게이가 사회 심리학자 리치 사빈-윌리엄스에게 한 말이다. 청소년 게이에 관한 사빈-윌리엄스의 혁신적인 연구에는 이와 비슷한 사례들이 많이 담겨 있다.[1] 부분적으로, 위 사례의 청소년이 겁에 질렸던 까닭은 물론 미국 사회에서 살아가는 한 자신의 미래가 평탄치 않으리라는 사실을 그가 이미 알고 있었기 때문이다. 하지만 그게 전부는 아니다. 그가 겁에 질렸던 까닭은 사회의 일반적 태도를 내면화했기 때문이기도 하다. 기독교 복음주의 학교에 다니는 학생으로서 그는 자신이 욕망하는 행동에 대해 공포감과 혐오감을 느끼고, 그 행동을 저열하거나 동물적인 것, 인간의 완전한 존엄성에는 어울리지 않는 것으로 생각하도록 교육받았다. 사빈-윌리엄스가 인터뷰한 청소년 동성애자들 중에는 자신의 감정을 불편하게 여기지 않는 사람들도 있었지만, 그들 역시 자신들의 앞길이 험난하리라는 점은 알고 있었다. 그들 자신이야 어떻든 많은 사람들은 그들의 욕망과 행동을 혐오스럽다고 여길 것이기 때문이었다. 한 청소년은 다른 남성 청소년들과 나누었던 초기의 성적 경험에 대해 이렇게 적었다.

"나는 이것이야말로 내가 원했던 길임을, 또한 내가 이미 그 길을 걷고 있음을 알았다. 어떤 사람들은 내가 걷고 있는 길을, 뭐랄까, '경험'할 수 있다는 것도 알았다. 하지만 다른 사람들은 그 경험 자체를 혐오스럽게 여기리라는 것도 사실이었다."[2]

추상적인 헌법상의 쟁점들을 다루고 있지만, 이 책은 본질적으로 위의 청소년이 직면했던 차이, 즉 청소년 동성애자의 느낌을 "뭐랄까, 경험"할 수 있는 사람들과 그러한 욕망은 물론 해당 청소년 자체를 "혐오스럽게" 여기는 사람들 사이의 차이에 관한 것이다. 다른 여러 사회가 그렇듯 미국도 오랫동안 동성애적 지향과 행위를 '혐오의 정치politics of disgust'로 대해왔다. 많은 사람들은 게이나 레즈비언의 존재를 불편하게 여기고, 이를테면 신체 분비물이나 끈적거리는 벌레, 상한 음식 때문에 생겨나는 것과 비슷한 혐오감을 품고 그들의 존재에 반응했다. 그리고 바로 그 반응을 이유로 들어 소도미 법에서 동성결혼금지에 이르는 법적 규제를 정당화하기도 했다. '혐오의 정치'를 추종하는 이들은 청소년 동성애자가 자기 친구들과 무슨 일을 하는지 생각하는 것만으로도 진저리를 친다. 그들은 "그런 짓을 생각하면 구역질이 난다"면서 마치 동성애자가 보디 폴리틱the body politic*을 오염시키는 혐오스러운 물질이라도 된다는 듯 그들의 현실적 삶을 외면한다. 청소년 동성애자가 뭘 하는지 자세히 살펴보는 것만으로도 신성모독이요 오염이 되는 마당이니, 게이의 눈길을 받는다는 것은 더욱 끔찍한 일이 된다. 그의 시선을 받는다는 것은 신성을 모독하는 자, 즉 오염원에게 뚫린다

---

* '정치적 몸'으로 직역되는 보디 폴리틱은 원래 국가를 인간의 신체와 같은 하나의 총체, 정치적 통일체로 파악하는 일종의 은유지만, 이 문맥에서는 중의적으로 쓰였다. '혐오의 정치'를 추종하는 사람들이 보기에 동성애자들의 성적 행위는 국가를 오염시키는 것일 뿐만 아니라, 정치적으로 상상된 사람의 몸을 오염시키는 것이기도 하다.

penetrated*는 뜻이기 때문이다. 최근 몇 년 동안 기반을 잃기는 했어도 '혐오의 정치'는 여전히 대부분의 사람들의 사고방식에 영향을 미치고 있다.

위에서 묘사한 것처럼, 혐오란 다른 사람의 완전한 인간성을 근본적으로 부정한다는 점에서 끔찍하다. 그런 만큼 혐오는 민주사회의 입법 기준으로 부적절하다. 하지만 법조계의 명망 높고 영향력 있는 몇몇 인사들은 혐오를 옹호하고 있다. 1950년대 영국에서는 패트릭 데블린 경이, 어떠한 행위가 합의하지 않은 제3자에게 아무런 해를 끼치지 않는다 하더라도 사회의 평균적인 구성원이 혐오감을 느낀다면 그것만으로도 어떤 행동을 불법화하기에 충분한 이유가 된다고 주장했다. 이 주장에 근거하여 그는 울펜덴 위원회의 제안에 강경하게 반대했는데, 위원회의 제안이란 상호합의된 동성 간 성행위를 기소 대상에서 제외시키자는 것이었다. 데블린은 평균적인 사람들이 동성 간 성행위를 혐오한다고 강변하며, 이 혐오감을 반영하는 법안을 만들지 않으면 사회가 안에서부터 부패할 것이라고 말했다. 보다 가까운 사례로는 부시 대통령의 생명윤리위원회 회장을 맡았던 레온 카스가 있다. 그는 혐오에 내재적 '지혜'가 깃들어 있다고 주장했다. 혐오란 우리의 본능 속에 뿌리를 내린 장치로서, 우리는 그 덕분에 파괴적이고 끔찍한 선택을 하지 않도록 제어된다는 것이다. 데블린과 마찬가지로 카스 역시 제3자에게 아무런 해를 끼치지 않는 행위라도 혐오감을 일으킨다면 충분히 금지할 수 있다고 결론내렸다.[3]

이러한 입장들은 단지 학술적인 차원에만 머물지 않는다. 사회 곳곳에 퍼져 있는 세력들이 이들과 같은 입장에 서 있다. 오늘날, 이른바 기독교 우파라는 거대 분파는 혐오에 기초를 둔 방침들을 공개적으로 실시하고 있다.

---

* 우리말의 '뚫다'와 마찬가지로, 영어의 'penetrate' 역시 '관통하다, (시선으로) 꿰뚫다'는 뜻과 더불어 남성의 성기 삽입을 의미한다.

그들은 게이와 레즈비언들, 그중에서도 특히 게이들의 성적 행동을 극도로 불쾌하고 역겨운 것으로 묘사하면서, 바로 그 행동 때문에 사회가 오염되고 더러워지며 부패와 타락을 낳는다고 시사한다. 카스나 데블린과 마찬가지로 기독교 우파 또한 혐오감이 법을 제정하는 데에 신뢰할 만한 지침이라고 믿는다. 1980~90년대의 전성기를 끝으로 이들의 영향력은 계속 쇠퇴하고 있는 것처럼 보이지만, '혐오의 정치'는 대부분 표면적으로 가시화되지 않는 미묘한 방식으로 계속해서 영향력을 행사하고 있다. 그러므로 민주주의 사회의 정치나 법에 접근할 때 어째서 혐오에 의존해서는 안 되는지를 이해하는 일은 여전히 중요하다.

'혐오의 정치'는 사회가 모든 시민의 평등에 기초를 두고 있다는 추상적 이념과 근본적으로 충돌한다. 만민의 평등에 기초한 사회에서는 모든 시민이 법에 따라 평등한 보호를 받을 권리를 갖기 때문이다. 민주주의 이념에 따르면, 내가 어쩌다가 다른 사람 때문에 구역질을 할 것 같은 기분이 들었다는 이유만으로 그 사람을 법 테두리 밖에 있는 존재로 취급할 수는 없다. 시민으로서 그 사람이 누리는 가장 기초적인 권리를 부정할 수 없음은 물론이다. 앞으로 살펴보겠지만, 심지어 미국의 연방대법원조차 이런 '적의 animus'를 사법적으로 존중하면 평등의 원칙이라는 이념이 가장 근본적이고 일반적인 형태로 침해된다고 간주한다. 적의에 대한 사법적 존중은 또한 이성에 따른 정치라는 근본적 패러다임마저 깨뜨린다. 적의에 대한 반응으로 만들어진 법에는 이성적 기초가 없기 때문이다.

이처럼 최근 몇 년 동안 법적인 제지를 받기는 했지만 오늘날 미국에서 '혐오의 정치'는 여전히 건재하다. 많은 집단들은 혐오감을 불러일으키는 방식으로 동성 간 성행위를 공격적으로 묘사하고, 그 혐오에서 동력을 얻어 동성결혼 합법화 반대나 차별금지법 반대 캠페인을 벌인다. 이런 식의 호소가 정치적으로 올바르지 않다고 여겨지는 요즘에는 다른 형태의 주장도 많이 나오지만, 그런 경우에도 혐오는 사라진 것이 아니라 지하로 숨어들었을 뿐이다. 따라서 혐오의 힘을 이해하고 혐오에 기초한 주장이 어째서 정치적으로 나쁜 주장인지를 이해할 필요는 여전히 남아 있다. 혐오라는 감정과 그 감정이 역사상 어떻게 정치적으로 이용되었는지를 자세히 연구하면 이론과 실천 양면에서 혐오의 전도사들과 맞설 수 있는 강력한 주장에 대한 힌트를 얻게 된다. 그러한 연구는 혐오가 신체라는 현실에 대한 보편적이고 인간적인 불편함의 표현이라는 점과, 인간은 그 불편감을 이용해 취약한 소수계층을 표적으로 삼고 예속화시켜왔다는 점을 보여주기 때문이다.[4]

오늘날에는 혐오와 맞서는 두 반대자가 있다. 사회적, 정치적, 심지어는 법적 영역에서도 점점 더 힘을 키워가고 있는 혐오의 반대자는 바로 존중과 공감이다. 미국 민주주의사를 통틀어 가장 중요한 개념은 말할 것도 없이 개인을 평등하게 존중해야 한다는 이념, 그리고 사적 자유에 대한 높은 평가인데, 다수의 시민들은 이 두 이념이 결합되면 한 가지 결론에 다다른다고 생각한다. 즉 설령 다수 시민이 특정한 선택을 마음에 들어 하지 않을지라도, 그 선택이 타인의 권리를 침해하지만 않는다면 인간에게는 누구나 개인적 선택을 할 여지가 보장되어야 한다는 것이다. 이와 같은 평등한 존중/평등한 자유의 정치는 종교 영역에서 오랜 규범으로 자리잡았다. 종교에 관한 한 우리는 나쁜 선택, 심지어는 죄악으로 보이는 선택을 하는 사람도 존중하며 살아야 한다는 생각에 익숙해져 있다. 즉 종교처럼 개인에게 깊은 의미가 있는 사적 선택을 할 때 모든 사람은 개인적 자유의 영역을 보호받아야 한다. 물론 이때 존중받아야 할 대상은 사람이지 그 사람의 특정한 행동은 아니다. 그러나 미국의 오랜 전통이 보여주었듯, 누군가의 동료 시민을 평등한 존재로 존중하려면 우선 그들을 광범위한 자유를 필요로 하는 선택자이자 탐색자로 보아야 한다. 다른 이들의 권리를 깔아뭉개지만 않는다면 어떤 개인이 자신에게 주어진 자유를 잘 사용하는지, 그렇지 않은지는 문제가 되지 않는다. 많은 사람들은 성적 지향도 위와 유사하다고 생각한다. 즉 종교와 마찬가지로 성적 지향 역시 삶의 의미에 대한 한 인간의 탐색과 밀접하게 연관되어 있는 특성이므로, 그 탐색의 기회를 박탈당하거나 법적으로 제한당할 경우 개인이 심대한 정신적 손상을 입으리라고 보는 것이다. 이렇게 보는 사람들 중 다수는 또한 타인의 권리를 침해하지 않는 한도 내에서 자신의 욕망에 따라 행동할 뿐인 사람에게 이런 손상이 가해져서는 안 된다고 믿는다.

평등한 존중의 정치는 이제 젠더, 인종, 장애 등의 분야에서 규범으로 자리잡았다. 이들 분야에서는 개인의 특성을 근거로 어떤 집단에 대한 체계적인 법적 예속을 합법화할 수 없다는 인식이 점차 고양되고 있다. 현재 많은 사람들은 성적 지향 역시 중요한 측면에서 젠더, 인종, 장애 등 다른 영역들과 비슷하다고 느낀다. 인종이나 젠더와 마찬가지로 성적 지향은 사람들이 자신을 표현하며 행복하게 살아갈 수 있는 가능성에 영향을 주는 무엇, 곧 인간에게 깊은 의미가 있는 고유한 특성이다. 따라서 성적 지향은 사회적 불평등의 체계적 원천이 되어서는 안 된다. 한 시민은 다른 시민들과 평등하다는 전제하에 다양한 정치적 자격을 보장받는다. 누군가의 성적 지향을 구실로 삼아 그 자격을 부정한다면 시민에 대한 평등한 존중의 원칙은 깨지고 만다는 것이 현재 많은 사람들의 의견이다. 개인의 인종, 젠더, 장애 등이 정치적 자격 박탈의 구실로 변질되어서는 안 되는 것처럼 말이다.

평등한 존중의 정치는 미국의 헌법적 전통에서 두 가지 개념과 맥을 같이한다. 첫째, 권리를 누리는 기본 단위는 개인이지 그가 속한 집단이 아니라는 생각이다. 둘째는 이와 관련된 개념으로서, 개인에 대한 존중은 그를 둘러싸고 있는 자유의 영역에 대한 보호를 포함한다는 생각이다. 이 영역에서 개인은 자신의 삶과 관련된 중요한 선택을 할 수 있다. 미국의 헌법적 전통에서는 바로 이 사적 자유의 공간을 확정하고 보호하는 일이 중요한 과제였다. 이와 같은 헌법의 정치적 태도는 반反집단주의적이다. 이에 따르면, 타인에게 해를 끼치거나 국가 전체에 심각한 위협을 초래할 것이 분명한 아주 특수한 경우를 제외하면 다수의 이익이 개인의 기본권에 우선할 수 없다. 이 정치적 입장은 좌파와 우파 사이의 대치와는 다른 것으로, 좌파의 집단주의나 우파의 집단주의 모두와 대비되는 고전적 자유주의의 입장이다. 성과 관련된 정치적 태도에서도 드러나는 이 대비는 이후에 더 자세히 살펴볼 것이다.

앞서 언급했던 "겁에 질린" 게이 청소년에게도 평등한 존중이 필요하다. 그에게는 그러한 존중을 받을 자격이 있다. 마찬가지로 그에게는 다른 이들이 누리는 것과 같은 자유의 영역이 필요하며, 그에게는 이 영역이 마땅히 주어져야 한다. 하지만 그러기 위해서는 우리가 먼저 한 가지 덕목, 즉 이 게이 청소년을 비롯해 게이 시민, 레즈비언 시민들의 경험을 상상할 수 있는 능력을 갖추어야 한다. 혐오는 도덕적 둔감성에 의지한다. 다른 인간을 끈적거리는 민달팽이나 역겨운 쓰레기 조각으로 보는 일은, 그 사람의 눈을 통해 세상을 보고 그 사람의 느낌을 경험해보고자 하는 진지하고도 선의에 찬 시도를 한 번도 해본 적이 없을 때에나 가능하다. 혐오는 타인에게 인간 이하의 속성을 전가한다. 그렇다면 반대로, 다른 누군가를 인간으로 보려면 어떻게 해야 할까? 상상력을 동원하는 것만이 유일한 방법이다. 낯선 사람에게서 자동적으로 인간성이 드러나는 일은 없다. 어떤 시민도 자기가 완연한 인간이라고, 극도로 불쾌한 벌레나 쓰레기 조각이 아니라고 천명하는 플래카드를 등에 붙이고 다니지는 않는다. 인간처럼 생긴 형태를 볼 때마다 우리는 그 형태에 완전하고 평등한 인간성을 부여할 것인지, 아니면 그보다 못한 무언가를 덧씌울 것인지 선택해야만 한다. 오직 그 사람의 눈을 통해 본 세상이 어떨지를 상상할 때에만 인간은 다른 사람을 '무언가'가 아닌 '누군가'로 인식하는 지점에 도달한다. (슬프게도 소수인종에 속하는 사람들은 오랜 세월 '누군가'보다는 '무언가'로 여겨졌다. 사람을 단순한 물건으로 취급하는 성 상품화 경향이 항상 존재한다는 걸 생각해보면, 오늘날의 여성들 또한 많은 경우 같은 취급을 받는다고 할 수 있다.)[5] 게이나 레즈비언들의 삶을 바라보는 주류적 관점에는 이토록 중요한 상상적 참여가 슬프게, 또한 아프게 결여되어 있었다.

그러나 오늘날에는 여러 사회적 요소들 때문에 상황이 변했다. 가장 중심적인 역할을 한 것은 수많은 남녀 동성애자들의 커밍아웃*이다. 커밍아웃을 한 동성애자들은 누군가의 자녀인 동시에 친구이자 직장 동료이며, 저마다의 이야기와 나름대로의 이름을 갖고 있다. 사람들은 그 안에 인간성이 깃들어 있다는 믿음을 가지고 동성애자들의 눈을 바라보곤 했다. 그중 누군가가 커밍아웃을 한다고 해서 인간성을 읽어내던 시선을 거두고, 대신 낡고 혐오감이 깃든 그림을 선택하기란 대부분의 사람들에게 어려운 일이다. 편견에 찌들 대로 찌들어 자녀의 커밍아웃에 심한 충격을 받더라도, 부모가 자기 자식을 그저 끈적거리는 민달팽이처럼 여기는 지경까지 이르기란 쉽지 않다. 대부분의 사람들은 그보다 훨씬 더 관대하며, 이 관대함은 그들이 다른 게이나 레즈비언들을 보는 관점에도 영향을 준다.

이와 더불어 정계, 예술계, 스포츠계, 학계 등에서 활동하는 게이와 레즈비언들의 수가 늘어났다는 점도 지적해야 한다. 예전부터 사람들은 이 분야

---

* 뒤에도 언급되지만 동성애자들이 자신의 성적 지향을 숨기고 살아가는 것을 영어로는 '벽장 속에 숨어 있다closeted'고 표현한다. 동성애자들이 자신의 성적 지향을 밝히는 일을 커밍아웃이라고 부르는 것은, 그 비유적 벽장 속에서 동성애자가 '나오는' 상황을 상정한 것이다.

에서 자신의 역할모델을 찾곤 했기 때문이다. 이보다 더 중요한 변화는 주류 미디어에 게이나 레즈비언 캐릭터들이 더 많이 출연하게 됐다는 점이다. 수많은 시청자들은 이 캐릭터들의 이야기와 감정에 동질감을 느끼는 방법을 배웠다. 미국 드라마 〈윌 앤 그레이스〉는 사회학 논문이 아니지만, 동성애라는 주제를 다룬 모든 사회학 논문을 합친 것보다도 훨씬 거대한 영향력을 행사한다. 이 드라마를 보다 보면 이성애자들도 사랑을 찾는 윌의 감정에 공감할 수 있고, 냉혹하기보다는 참여적이고 수용하는 마음으로 잭의 허영심과 경박스러움을 향해 웃을 수 있다. 또한 이성애자인 그레이스가 어떻게 해서 윌의 너그러운 배려에 힘입어 감정적 안정을 찾을 수 있는지도 느끼게 된다(그리하여 이성애자들은, 동성애자들이 불쌍한 희생자가 아니라 창의적인 도덕적·사회적 행위자라는 점을 떠올리게 된다).

이 모든 발전 덕분에 '인류애의 정치politics of humanity'라 불러 마땅한 무언가가 만들어지기 시작했다. '인류애의 정치'란, 존중이라는 바탕에 상상력 넘치는 동조가 결합된 정치적 태도다. (18세기에 애덤 스미스는 '인류애humanity'라는 단어를 이와 아주 흡사한 용도로 사용했다. 스미스에게 인류애란, 다른 이들의 고통과 희망에 관대하고도 유연하게 참여할 수 있는 능력을 뜻했다. 하지만 이 단어의 연원은 그보다 훨씬 오래전인, 최소한 로마 시대의 철학자이자 정치가인 키케로에게까지 거슬러 올라간다. 키케로는 타인의 경험을 상상할 수 있는 능력을 주된 내용으로 하는 일종의 민감성을 지적하기 위해 라틴어 단어 '후마니타스humanitas'를 썼다.)[6]

이 책에서 사용할 '인류애의 정치'라는 용어에는 물론 존중이 포함된다. 그러나 통념과는 달리 존중 하나만으로는 부족하다. '인류애의 정치'에는 무언가 다른 것, 무언가 사랑에 가까운 것이 마찬가지로 포함되어야 한다. 무엇보다도, 상대방을 완전히 존중하기 위해서는 먼저 상대방을 죽어 있는 물체로 보는 대신 인지, 감정, 사유의 중심으로 바라볼 필요가 있다. 이렇게 표현하면 꼭 상상력 넘치는 감정적 태도가 단지 존중을 이루기 위한 하나의 도구에 불과하며, 존중에 이를 수 있는 다른 길도 얼마든지 있다는 것처럼 들릴지 모르겠다. 그러나 이러한 태도가 없는 존중은 단언컨대 다원적 사회에서의 정치적 행동을 위한 완전한 기준이 될 수 없다. 오직 상상력만이 도덕과 법률의 차갑고도 추상적인 틀에 생명을 불어넣고, 우리가 그 틀에 의지하여 함께 살아갈 수 있도록 해주기 때문이다. 따라서 상상력이 없는 존중이란 정치적으로 불완전한 것이다.

더 강력한 주장도 가능하다. '존중'이라는 이름이 아깝지 않으려면, 모든 존중에는 반드시 상상력을 동원해 타인의 삶에 감정적으로 참여하는 능력이 포함되어야 한다는 주장이다. 나는 이 주장을 옹호한다. 오직 그 능력만이 존중의 핵심에 해당하는 능력, 다시 말해 타인을 단순한 수단이 아니라 그 자체의 목적으로 바라볼 수 있는 능력을 현실화시키기 때문이다. 그러므로 '인류애의 정치'란 존중과 상상력을 모두 포함하는 것이며, 이때의 상상력은 존중 자체의 본질적 내용으로 이해된다.

우리는 성적 지향이라는 분야에서 서로 대단히 다른 두 종류의 정치가 교대하는 시대에 살고 있다. 오랜 세월 이 분야를 지배해왔던 '혐오의 정치'는 '인류애의 정치'한테서 전례 없는 도전을 받고 있다. 수많은 게이와 레즈비언들의 인생 이야기가 사람들의 상상력을 사로잡았다. 존중과 사회 구성원으로서의 인정, 심지어는 결혼을 위한 동성애자들의 투쟁에도 공감 어린 시선을 보내는 사람들이 늘어나고 있다. 마치 자녀나 친구, 친척 혹은 직장 동료의 투쟁을 바라보고 그 투쟁에 마침내 참여하게 되는 것처럼 말이다. 실제로 우리들 대다수에게는 동성애자인 자녀나 친구, 친척, 직장 동료가 있다. 그러나 '혐오의 정치'는 아직도 반격하고 있으며, 법률이 관계된 선에서는 싸움의 결과가 여전히 불투명하다. 혐오 문제를 해결했다고 생각하는 사람들조차 에이즈, 게이 찜질방*, 공공장소에서의 섹스와 관련된 문제에 맞닥뜨리면 움찔할 수 있다.

이 책은 앞서 언급한 모든 주제를 다룬다. '혐오의 정치'가 어떤 식으로 작용해왔으며 어째서 우리 사회에 어울리지 않는지를 제시한 뒤 '인류애의 정치'의 윤곽선을 그려 보인다. 초점은 헌법에 두었지만, 헌법에만 머무는 대신 여러 가지 문제들을 바라보는 방식에 대해 실마리를 제공하고자 한다. 이미 잘 알려진 소도미 법 관련 헌법소원으로부터 시작하여 법적 쟁점과 사회적 주장들을 자세히 검토하고, 여전히 논쟁 중인 동성결혼의 문제도 다룬다. 마지막으로 섹스클럽과 게이 찜질방, 에이즈 전염 위험이 있는 상황에서 콘돔을 사용하지 않고 하는 섹스 등 "공적" 섹스의 영역에서 성적 관계를 맺을 권리는 어떤 전제 조건을 필요로 하는지 질문한다. 이때, "공적" 섹스와 관련해서는 충동적 혐오 반응이 여전히 사회적 규범 및 법률의 제정을 결정짓는 요인으로 남아 있다는 주장을 제기한다. 이때 나타나는 충동적 혐오 반응은 극단적으로 강할 뿐 아니라 분열적인 양태를 띤다.

미국 사회의 거의 모든 측면은 '혐오의 정치'에서 '인류애의 정치'로 변화하고 있다. '인류애의 정치'라는 개념에는 가족, 교육, 공동선 등 모든 것에 대한 이념이 암시되어 있다. 나라 곳곳의 모든 영역에서 새로운 쟁점이 떠오를 때마다 '인류애의 정치'는 규정되고 또 규정되어야 한다. 마치 동성애자의 커밍아웃과 같다. A는 언제든 새로운 사람을 만날 수 있고, 그 새로운 사람은 A가 동성애자라는 사실을 모를 수 있는 만큼 동성애자 A의 커밍아웃은 결코 끝나지 않는 과정이 되기 마련이다. 사회의 전반적 태도를 변화

---

* 원문의 표현은 게이의 대중목욕탕gay bathhouse이다. 한국에서는 외관상 찜질방이지만 게이들이 출입하며 성행위를 하는 업소들이 비슷한 역할을 하므로, '게이 찜질방'으로 옮겼다.

시키는 일도 이와 마찬가지로 다면적이다. 맞닥뜨려야 할 쟁점이나 설득해야 할 신규 집단이 출연할 때마다 '인류애의 정치'는 새로운 노력을 쏟아부어야만 한다. 결국 사회적 태도를 궁극적으로 변화시키기 위해서는 인간의 심성 차원에서부터 그 변혁을 시작해야 하는 것이다. 어마어마한 인내심이 필요한 작업이다. 이 모든 난점에도 불구하고, 비록 미래가 불투명하기는 하지만 폭넓고 깊이 있는 사회적 전환은 현재 진행 중이다.

이 책은 또한 법률 영역에서의 변화를 권장한다. 헌법적 쟁점에 초점을 맞춘 만큼 개별 법률에 대해서는 어쩔 수 없이 아주 간략하게만 다루었으나, 사실 오늘날 가족법, 차별금지법, 노동법 등은 모두 복합적인 도전에 맞닥뜨려 재검토되고 있다.

그런데 이와 같은 변화에서 헌법이 중요한 역할을 수행한다고 보는 이유는 무엇일까? 헌법이라는 영역은 무척이나 추상적이고 딱딱하며, 근본적인 차원에서 정치 원칙이나 권리와 관련되어 있고, 지나치게 법 중심주의적인 것처럼 보인다. 존중과 이해를 얻어내기 위한 청소년 동성애자의 투쟁처럼 일상적인 일과 헌법 사이에는 얼핏 아무런 연관도 없어 보인다.

하지만, 아니 어쩌면 바로 그 때문에 헌법 분야는 '인류애의 정치'와 매우 깊은 관련성을 맺어왔다고 할 수 있다. 앞으로도 그럴 것이다. 헌법이야말로 우리 모두가 시민으로서 누리는 가장 근본적인 권리를 다루는 법이기 때문이다. 헌법은 정치적 공존을 이해하고 그 근저에 있는 목표를 말로 표현해내는 가장 기본적이고 일반적인 방식을 다룬다. 법 앞에서의 평등 혹은 자유의 기본권 같은 이념들은 분명 추상적이다. 그러나 그렇다고 해서 그 이념들에 생명이 없는 것은 아니다. 그 이념들은 살아 있는 실체다. 공허한 말에 그치지 않으려면 헌법의 구절들은 모든 시민의 삶 속에서 적절히 표명되고 구현되어야 한다.

어떤 이는 이러한 생각에 동의하면서도 여전히 '인류애'가 헌법의 영역에서도 적절성을 갖는다는 점은 받아들이지 못할지도 모르겠다. '인류애'가 단순한 존중만을 의미하는 것이 아니라 다른 이가 처한 복잡한 상황에 대한 공감적 상상과 반응까지를 포함한다면 말이다. 그러나 연방대법원에까지 상고되는 사건은 형식적인 법리만으로는 명확한 결론을 내기 어려운 법적 난제인 경우가 많다. 이러한 사건들을 다룰 때 판사들은 쟁점을 역사적·문화적 배경 속에서 파악하되, 특히 그 쟁점들이 담고 있는 인간적 의미를 충분히 인식하는 '사람'이 되고자 노력해야만 한다.[7] 앞으로 살펴보겠지만 성적 지향과 관련된 몇몇 재판에서 연방대법원은 놀라울 정도의 도덕적 둔감성을 보여주었는데, 그 둔감성은 인간적 상상력의 실패에서 기인한 것이었다. 물론 다른 경우에는 연방대법원도 인간을 역사적 배경 속에서 고심하고 쟁점 사항의 인간적 의미들을 살피려는 노력을 보여주었다. 이 책에서는 단순한 존중만이 아닌 상상과 공감의 능력이 헌법재판이라는 고고한 과정에 어떻게 시사점을 줄 수 있는지, 주어야 하는지, 또 실제 가끔 주고 있는지를 설명하고자 한다.

내가 개인적으로 이 주제에 대해 상상하게 된 계기는 한 남자가 제공했다. 사실 이 책은 그에게 바치는 것이다. 그는 오랫동안 뉴욕 공공극장에서 셰익스피어를 포함한 다양한 작가들의 수많은 등장인물들을 연기해온 배우, 허버트 포스터다. 열여섯 살 어린 나이에 견습배우로서 버크셔 극장의 하계 휴양지 연극에 참여했을 때, 나는 이 연극에 특별출연한 허버트를 처음 만났다. 그는 내가 처음으로 만난 동성애자였다. 어쨌든 내가 아는 한에서는 그랬다. 그때까지 나는 필라델피아 서부의 상류사회에서 무척이나 벽장 속에 갇힌closeted 삶을 살았던 것이다(원래 '벽장 속에 들어간다'는 표현은 동성애자들이 자신의 성적 지향을 감춘다는 뜻이지만 그들의 존재에 대한 사회적 무지 역시 '벽장 속' 삶이라고 부르는 게 마땅해 보인다). 나는 〈마이 페어 레이디〉의 무도회 장면에서 허버트와 짝을 이루었다. 허버트는 이외에도 다른 중요한 배역을 많이 맡았지만, 나와는 테링턴 경 부부가 되어 함께 춤을 추었다. 나는 그에게 홀딱 반하고 말았다. 그는 당시 연극에 참여했던 남자들 대부분보다 훨씬 멋진 사람처럼 보였고 실제로도 그랬기 때문이다(훌륭한 곳이기는 하지만 연극계도 부지런히 제 몫의 '진상'들을 배출하고 있다). 그가 동성애자라는 사실을 알게 되고 뉴욕에서부터 허버트를 찾아온 그의 파트너를 처음 만났을 때, 나는 실망한 한편으로 생각하기 시작했다. 이곳 전체에서 가장 멋진 사람인 허버트가, 잉그마르 베리만*이 사랑스럽게도 '조그만 세상'이라고 불렀던 연극계 밖에서는 반쯤 정체를 감추고 살아야 하는 처지라는 게 무척이나 이상했다. 이성애자이기만 하면, 이기적인 마음에서든 상대방을 이용해 먹을 생각에서든 감정적으로 메마른 상태에서든 주변의 모든 남성들이 할 수 있는 행동이 결혼이었다. 약속의 증표로 결혼반지 대신 대학교 졸업기념 반지를 교환하여 끼고 있던 그 두 남자를 보면서 나는 그들도 실제로 결혼을 할 수 있으면 참 좋겠다고 생각했다. 비록 허버트와 이 주제로 이야기를 나누어본 적은 없었지만, 이 일을 계기로 나는 동성애 문제에 대해 아주 많이 생각해보았다. 그리고 나중에야 알게 되었다. 허버트는 자신이 동성애자라는 사실을 내가 알고 있을 줄은 꿈에도 몰랐다고 한다.

2008년, 인터넷에서 허버트의 연극계 커리어에 대한 기사를 읽은 나는 그에게 편지를 썼다. 그를 좋은 추억으로 간직하고 있다는 내용이었다. 그리고 동성애자 권리에 관한 것을 포함해 내 작업에 관한 이야기도 조금 전

---

* 스웨덴 출신 영화감독.

했다. 그는 무척이나 따뜻한 답장을 보내서는 자기가 바로 동성애자라고 알려주었다(커밍아웃이 결코 끝나지 않는 과정이라는 앞의 주장은 여기에서 이렇게 확인된다. 허버트의 경우에는 내게 커밍아웃을 하기까지 무려 44년이나 걸린 셈이다). 그는 예전의 파트너와는 오래전에 헤어졌지만 다른 누군가를 만나 세월이 흐른 지금까지도 행복한 관계를 맺고 있다고 말해주었다. 그들은 현재 뉴욕에 살고 있는데, 뉴욕은 다른 지역에서 법적으로 맺은 동성결합*을 인정한다. 현재 그들은 내가 1964년에 상상했던 선택지를 갖고 있는 셈이다. 그들이 그 선택을 할지 여부는 내 관심사가 아니다. 결혼은 본질적으로 개인적인 문제이며, 앞으로 논의하겠지만 결혼에 대한 내 시각은 복합적이다. 하지만 나는 그들이 다른 사람들과 같은 '가능성capability'**을 가지고 있다는 점만은 중요하게 생각한다. 사실 평등의 원칙에는 태생적으로 기본권의 평등과 기회의 평등이 내포되어 있다. 그러나 그 지점에 도달하기 전에, 우리는 먼저 공감과 상상력을 품고 서로를 생각하는 방법을 배워야만 한다. 그것이야말로 평등의 원칙보다도 깊고 폭넓은 무언가, 즉 '인류애의 정치'가 필요한 까닭이다.

---

* 동성결합과 동성결혼은 다르다. 미국의 여러 주와 세계 여러 나라에서는 결혼에 준하는 법적 권리를 보장해주는 제도로서 동성결합을 인정하고 있으나, 어떤 경우에는 동성결합을 결혼으로 인정하는 반면 다른 경우에는 기존의 결혼과 구분하기 때문이다. 이 책의 제5장에서 관련된 논의가 이어진다.

** 이때의 '가능성'은 '가능성 접근capabilities approach'이라는 특수한 맥락에서 쓰이는 전문 용어로, 가능성 접근이란 1980년대 경제학자 아마르티아 센이 "시민이 무엇을 할 수 있는가"에 초점을 두고 개발한 복지경제학의 한 방법이다. 이 접근법에 따르면 설령 시민이 어떤 권리를 행사하지 않는 경우에도 그 사람이 해당 권리를 행사할 수 있는 가능성이 보장되어 있는지의 여부가 중요하다. 이 책의 저자인 누스바움은 가능성 접근을 정치와 법, 윤리의 영역으로 확장시킨 대표적인 학자로서, 2000년에 개인적·사회적 상황을 고려해 인간이 마땅히 누려야 할 가능성 열 가지를 초안했다. 생명, 신체적 건강, 신체적 존엄성, 감각적 상상적 사유, 감정, 실용적 이성, 연대, 인간이 아닌 다른 종과의 관계, 놀이, 자신의 환경에 대한 통제력 등 이 열 가지 가능성은 인간개발지수HDI를 정의하는 데에 큰 영향을 끼쳤으며, 사회과학의 다양한 분야에서도 크게 활용되고 있다.

제1장

혐오의 정치: 실제, 이론, 역사

의학적으로 봤을 때 동성애자들의 전형적 성행위는 공포물이나 마찬가지다. 침, 배설물, 정액, 때로는 피를 매년 서로 다른 사람과 섞는다고 상상해보라. 주기적으로 오줌을 마시고 배설물을 삼키며 직장이 파열된다고 상상해보라. 이러한 접촉은 종종 참여자들이 술이나 마약에 취해 있는 상태에서 집단 난교 형태로 이루어진다. 게다가 이런 행동 중 다수는 극도로 비위생적인 장소, 예를 들면 화장실이나 더러운 핍쇼룸*에서 일어나며, 동성애자들이 해외여행을 매우 빈번히 하는 만큼 해외 여러 곳에서도 일어난다.

매년, 동성애자들은 떼를 지어 외국을 방문한다. 미국의 신종 세균이 유럽과 아프리카, 아시아로 번져 나간다. 그리고 그 대륙에서 발생한 신종 병원균은 미국으로 유입된다. 외국의 동성애자들은 주기적으로 미국을 방문하여 이 생물학적 벼룩시장에 참가한다.

                      -폴 캐머런,「동성애자들이 하는 행위의 의학적 결과들」(팸플릿에서 발췌)

---

* 돈을 내고 작은 방 같은 곳에 들어가서 창을 통해 누군가가 옷 벗는 장면을 구경하는 곳.

혐오의 실천: 미국의 성 정치

지난 수년간 성적 지향에 대한 미국의 정치는 혐오에 대한 호소로 점철되어 있었다. 새로이 출현하고 있는 미국의 법 문화가 그러한 호소를 거부하면서 형성된 것만큼이나 미국 정치의 중요한 발전단계들은 바로 그 호소에 의해 형성됐다. 이 단계가 끝나가는 것처럼 보이기는 하지만, 우리가 어디에서부터 출발했는지, 또 과거의 정치적 접근을 왜 거부해야 하는지 이해하는 일은 여전히 중요하다.

더욱이 '혐오의 정치'가 이미 사라졌다는 가정은 아직 섣부르다. 물론 인종차별처럼 게이나 레즈비언에 대한 혐오도 더 이상은 사회적으로 용인되지 않는다. 최소한 많은 경우에는 그렇다. 하지만 그렇다고 해서 혐오가 사람들이 생각하는 방식에 더 이상 영향을 미치지 않는다고는 볼 수 없다. 성적 지향과 관련된 한, 겉보기에는 별로 공격적이지 않은 도덕적 주장도 사실은 음침한 동기를 가리기 위한 장막일 가능성이 높다. 표면적으로는 우리 사회가 '인류애의 정치'로 나아가고 있음에도 '인류애의 정치'를 논하기에 앞서 혐오나 혐오로 움직이는 사람들을 이해해야 하는 까닭이다.

아무 논란의 여지가 없는 사례를 먼저 검토하는 것이 좋을 테니, 가족연구소Family Research Institute의 창립자이자 수장인 폴 캐머런의 저술에 대해 생각해보자. 가족연구소는 동성애에 관한 출판물을 활발히 간행하고 동성애자의 권리와 관련된 몇몇 중요한 소송에서 의견서를 제출하기도 하는 단체로서, 그 수장인 캐머런은 오늘날 미국 내 동성애자 인권운동에 대한 가장 활발하고도 영향력 있는 반대자다. 동성애자 인권보호에 반대하는 글을 쓰거나 운동을 하는 많은 사람들이 그에게서 지대한 영향을 받았다. 콜로라도 주 수정헌법 제2조의 대표적 지지자인 윌 퍼킨스도 그중 한 명이다. 이 조항은 로머 대 에반스 판결 때 연방대법원의 위헌판결을 받았는데, 이 조항이 처음 만들어질 때 캐머런은 자문위원으로 고용되었다. 위헌소송 당시에는 콜로라도 주의 자문위원으로 활동하여 그 대가로 거금을 지급받기도 했다. 지나치게 극단적이며 어떤 경우에는 엽기적으로까지 보이는 캐머런의 시각이 사실은 커다란 정치적 영향력을 행사하고 있음을 알아두어야한다. 따져보면 그의 영향력은 겉으로 보이는 것보다도 훨씬 클 것이다. 캐머런의 말을 믿지 않는다는 사람들도, 심지어는 진심으로 부정하는 사람들조차도, 더 깊은 차원에서는 그가 전달하는 동성애의 이미지에 영향을 받았을 가능성이 높기 때문이다.

캐머런의 글은 "동성애자들"에 대해서 이야기하고 있는 듯 보이지만, 몇몇 예외를 제외하면 오직 게이들, 그러니까 남성 동성애자들만을 다룬다.[1] 레즈비언의 존재를 무시하는 이 경향은 캐머런의 영향을 받은 그 주변인들에게서 전형적으로 나타난다. 예를 들어, '진실을 위한 미국인들Americans for Truth'이라는 단체의 총수인 피터 라바베라는 샌프란시스코에서 열렸던 동성애자 축제를 이렇게 묘사한다. "폴섬 거리 축제는 원래 동성애자 사디스트나 마조히스트들이 시작한 것이지만 이제는 수많은 이성애자들도 유혹에 넘어가고 있는 게 틀림없다. 올해의 축제에 여자들이 수천 명이나 참여한 것을 보라!"[2]

캐머런과 그 추종자들은 남성 동성애를 다룰 때 혐오감에 강박적으로 집착한다. 그들의 글은 배설물, 침, 소변, 정액, 피 등 온갖 육체적 부산물과 위험한 병을 옮기는 병균에 대해 지겨울 정도로 계속해서 지껄인다. 앞서 인용한 문단에서 보듯, 캐머런은 먼저 게이들의 성행위를, 이른바 "역겨운"

육체적 분비물에 한정한 다음 "비위생적인 장소"와 연결시킨다. (그러나 화장실은 본질적으로 더러운 공간이 아니다. 또한 핍쇼룸은 더럽다고 해도 상징적인 차원에서 더러운 것이지 말 그대로 '더러운' 것은 아니다.) 마지막으로 그는 참으로 미국적인 혐오의 대상을 이 혼합물에 추가한다. 바로 외국에서 들어온 세균이다. 캐머런의 주장에 따르면 게이들은 분명히 다른 사람들보다 여행을 많이 하며 미국의 오염물질을 외국으로 옮긴다. 그보다 더 나쁜 것은, 그들이 외국의 오염물질을 미국으로 들여온다는 것이다. (이 대목에서 캐머런이 출처도 밝히지 않고 도용하고 있는 여행자의 이미지는 사실 오랫동안 동성애자가 아니라 유대인에 대한 것이었다. 이 고정관념에 따르면 유대인은 집 없는 떠돌이이자 "세계시민"이다. 나중에 자세히 논하겠지만, 이러한 고정관념은 혐오를 작동시키는 정치적 동기로서 혐오의 역사와 밀접한 관계를 맺어왔다.)[3]

캐머런은 분명 이성적 분석을 하기보다는 혐오감을 불러일으키는 데에 초점을 맞추고 있다. 그는 남성 간 성행위를 할 때 구강성교가 많이 이루어진다는 사실에 강박적으로 독자의 이목을 집중시킨다. 전형적인 문단은 이런 식이다. "정액은 혈액 안에 들어 있는 다수의 병균을 옮긴다. 그러므로 구강성교를 하는 게이들은 날것 그대로의 인간 혈액을 섭취할 위험이 있다. 그렇게 되면 당연하게도 관련된 의학적 위험이 모두 뒤따른다."[4] 하지만 그는 단 한 번도 이성애자들이 구강성교를 하는 빈도에 대해 의문을 제기하지 않는다(이에 따라 사람들은 이성애 관계에서 흔히 나타나는 행동들을 동성애에 대한 혐오감으로 전가하게 되는 만큼, 이는 매우 불성실한 접근이다). 게다가 그는 여성과의 성행위에 따르는 위험에 대해서도 문제를 제기하지 않는다. 정액이 날 것 그대로의 인간 혈액과 비슷하다는 그의 이론에 따르자면 여성들은 "당연하게도 관련된 의학적 위험이 모두 뒤따르는" 날 것 그대로의 인간 혈액을 받아들이는 것인데도 말이다. 그가 역겹다고 주장하는 항문성교 또한 마찬가지다. 그는 항문성교가 이성애자들 사이에서도 빈번히 발생한다는 사실을 간과한 채 동성 간 항문성교에 집착한다(사실 몇몇 문화권에서는 항문성교가 가장 널리 쓰이는 피임법이다).[5]

뿐만 아니라, 정액과 소변이 특별히 "비위생적"이라는 캐머런의 주장에는 어떠한 근거도 없다. 사실 소변은 신장이나 요도에 감염이 있지 않는 한 무균 상태다. 정액 또한 특별히 병균이 들어 있는 물질이 아니다. 피를 경계하고 심지어는 피가 혐오스럽다고 생각하는 사람들이 많은 것은 사실이지만, 따져 보면 피 역시 유난히 병균이 많은 물질은 아니다. 외부인의 피를 누군가의 혈관에 주입하는 행위가 위험한 까닭은 혈액형이 맞지 않을 가능성 때문인데, 이는 입이나 위장에 혈액을 받아들이는 경우와 아무 관계가 없다. 레어로 익힌 스테이크를 먹는 것이 위험하지 않듯, 인간의 피를 마시는 것도 그 자체로는 위험하지 않다. 침에 대해서도 이야기해볼 수 있다. 정말이지 인간의 침에는 유난히 병균이 많다. 그래서 개나 고양이에게 물린 상처보다 사람에게 물린 상처가 훨씬 더 중한 처치를 받는 것이다. 그러나 이는 동성 간 성행위의 위험성과는 아무런 관련이 없다. 이 사실이 무언가 뜻하는 바가 있다면, 인간의 성행위 중 가장 낭만화된 행위인 키스가 비정상적으로 "혐오스럽고" 위험한 행위라는 것뿐이다. 놀랍지도 않지만, 캐머런은 이런 결론을 전혀 이끌어내지 못한다.

캐머런은 그가 "배설물 섹스"라고 부르는 행위를 유별난 열정을 가지고 반복해서 묘사한다. "게이의 80퍼센트는 파트너의 항문을 핥는 행위나 파트너의 항문에 자신의 혀를 삽입하는 행위, 혹은 그 둘 모두를 허용한다. 이로써 그들은 의학적으로 의미가 있을 정도로 많은 양의 배설물을 섭취하게 된다. 배설물을 먹거나 그 안에서 뒹구는 자들은 더 큰 위험에 처해 있을 것이다"[6]라는 식이다. "배설물 섹스"는 배설물의 더러움을 타액의 더러움과 결합시킨 뒤 이때 발생하는 혐오스러움을 동성애자들 특유의 것으로 이질화한다. 많은 사람들은 이성애자들이 동성애자들에 비해 이런 행동을 덜한다고 믿기 때문이다(이 믿음을 뒷받침할 만한 신빙성 있는 자료는 없다).

어떻게 보면 캐머런은 일상적인 인간의 신체 그 자체를 혐오스럽다고 여기며 독자들도 그렇게 여기기를 바라는 것 같다. 체액, 배설물, 몸에서 풍기는 냄새, 혈액 등은 모두 인간 신체의 동물적 본성이라고 부를 수 있는 것들이다. 바로 그렇기에 캐머런의 주장이 일말의 지지를 받을 수 있다. 대부분의 사람들은 자기가 동물적 신체를 갖고 있다는 사실을 편히 받아들이지 못하기 때문이다. 캐머런은 대부분의 사람들이, 최소한 수많은 사람들이 불편하게 여기는 신체의 동물적 속성에 천착하여 그 속성을 정말이지 역겹고 위협적인 것으로 끌어올린다. 동시에 캐머런은 혐오스러운 무언가가 '저기', 바로 게이의 신체 안에 있다고 말함으로써 자기가 불러일으킨 불편감을 누그러뜨린다. 그는 독자나 독자가 맺고 있는 성적 관계에는 그처럼 혐오스러운 무언가가 없다고 말한다. 이성애자들은 사정을 하지도 않고, 그들의 혈액은 위험한 물질이 아닌 만큼 다른 이들의 신체를 오염시키는 일도 결코 없는데다가, 그들의 입맞춤에는 병균이 없다는 것이다. 그가 끌어들이려는 독자들은 "나는 이것과는 전혀 달라. 내 성생활은 이런 것과는 아무 관련이 없어"라고 느낌으로써 혐오를 느끼는 동시에 위로를 받는다.

캐머런의 수사修辭에는 두 가지 목적이 있다. 그는 게이에 대한 역겨움과 혐오를 불러일으키는 동시에 그들의 행위를 질병이나 위험과 연관시키고자 한다. 이 목적에 따라 캐머런은 이른바 '혐오스러운 행위'의 결과로 B형 간염이나 에이즈가 발생한다고 주장한다. 질병 자체에 대한 공포에 호소하는 것은 한 발 더 나아가 혐오에 대한 호소를 포함한다. 질병이 "병균"과 "병원체"에 의해 전염된다고 묘사되는 만큼 캐머런의 글을 읽는 사람들은 역겨운 벌레들이 게이의 신체에서 기어나와 그들 자신의 이른바 '깨끗한' 신체로 들어가는 그림을 상상하게 된다. 또한 캐머런은 잠시 후 동성애 자체가 바로 그처럼 혐오스러운 벌레인 것처럼 묘사한다. "동성애는 개인과 사회에 중요한 결과를 초래하는 전염성 높은 욕구다"라는 것이다.[7]

캐머런은 이른바 게이의 '성적 방종'을 자주 비난한다. 하지만 그는 게이 한 명이 평생 한 파트너와만 관계를 맺는 일대일 혼인관계에도 반대한다. 그의 주장에 따르면 일대일 혼인관계를 맺고 있는 게이들은 "더럽고" "안전하지 않은" 행위, 예를 들면 콘돔을 사용하지 않는 섹스를 할 가능성이 더 높다. 그래서 그는 동성결혼이 "보건상의 위협"이라고 결론짓는다. "동성결혼은 동성애자들이 에이즈 등 성병에 걸릴 위험과 가정폭력에 노출될 위험을 높임으로써 그들이 조기에 사망하도록 만든다"는 것이다.

캐머런은 자기 연구를 수많은 도표와 차트, 통계로 장식하고 자신이 운영하는 단체나 관련 단체에서 만든, 이른바 "학술적"이라는 저널에 게재한다.[8] 그는 또한 개인적 자금을 대가며 "섹슈얼리티의 과학적 조사를 위한 기관"이라는 단체를 진두지휘하고 있는데, 이 단체는 전국 규모의 사회학적 조사를 수행한다고 한다. 그러나 그의 연구에는 어떠한 과학적 기반도 없다. 그는 미국 심리학회APA와 미국 사회학회ASA에서 모두 제적되었으며, 그의 연구는 과학의 가면을 쓴 프로파간다에 불과하다는 비난을 여러 차례 받았다. ASA는 "캐머런 박사가 성애, 동성애, 여성 동성애에 관한 사회학적 연구를 지속적으로 오독하고 와전해왔다"고 썼다. 엄격한 평가 기준을 가진 것으로 널리 알려진 과학적 저널에는 캐머런의 연구가 단 한 편도 등재되지 못했다. 그런데도 캐머런의 글은 도처에서, 동성애자들의 권리를 제한하려는 싸움이나 심지어는 법정에서도 여전히 인용되고 있다. 2003년 재판에서 매사추세츠 주 대법원은 동성결혼을 합법화했는데, 이 결정에 대한 반대의견에 캐머런의 연구가 인용됐다. 2004년에는 동성부부에 의한 입양을 금지하는 법안을 유지시키기로 한 플로리다 주 대법원 사건에서 그의 연구가 인용되었다.[9]

　캐머런이 원하는 것은 무엇일까? 무엇보다도 그는 동성결혼의 합법화를 막고 게이와 레즈비언을 보호하는 차별금지법을 중지시키고자 한다. 콜로라도 주 헌법 수정조항 제2조*를 옹호하는 캠페인 도중에 팸플릿이 하나 유포되었는데, 이 팸플릿은 캐머런의 글에서 영향을 받아 게이들이 배설물을 먹고 날것 그대로의 피를 마신다고 주장했다. 캐머런은 또한 네브래스카 주 링컨에서 차별금지조례에 반대하는 개인적 캠페인을 벌이기도 했다. 나아가 그는 소도미 법이 폐지되기 전에 그 법을 명백히 옹호하기도 했다. 캐머런이 운영하는 단체가 내건 현수막에는 "동성애의 기반을 파괴하라", "동성애 행위를 처벌하라"라고 적혀 있었다. 게다가 그는 동성애자들의 여행할 권리를 폐지해야 한다고 제안하기도 했다. 앞서 언급한 현수막에는 또한 "통로를 끊어라, 동성애자들의 여행을 막아라!"라고도 적혀 있었다.[10]

　그런데 캐머런이 쓴 글을 보면 이보다 더 불길한 생각을 하게 된다. 연합통신에 따르면, 그는 1987년에 "치료제가 발명되기 전까지는 동성애자들을 골라내 격리해야 한다. 지금의 우리 사회는 권리를, 특히 성적 방종에 대한 권리를 얻으려고 미친 듯이 날뛰고 있다. 300년 전만 해도 동성애자들을 교수형에 처했는데 말이다"라고 말했다. 1994년에는 그의 조수인 기독교연합 뉴욕지부 전무 빌 바누치 목사가, 담뱃갑에 경고문을 부착하는 것처럼 게이들로 하여금 명패 형태의 경고문을 패용하도록 의무화하는 법을 제정해야 한다고 주장했다. 그는 담뱃갑을 언급했지만 보다 정확한 비유는 따로

---

* 이후 제4장에서 논의되는 이 조항은, 게이와 레즈비언들이 차별금지조례의 적용을 받지 못하도록 막는다는 내용을 골자로 한다.

있다. 동성애자들이 분홍색 삼각형 표식을 착용해야만 했던 나치 치하가 그 것이다. 비록 지금은 그 표식이 동성애자들의 자긍심을 나타내는 상징이 되었지만 말이다.[11]

캐머런은 극단주의자이며 캐머런식의 극단주의는 예전처럼 지금도 영향력이 높다. 그러나 보다 심각한 문제는, 그의 극단주의가 특수하고 예외적인 사례가 아니라는 점이다. 그는 단지 사회에 널리 퍼져 있는 경향의 극단적인 형태를 대변할 뿐이다. 앞으로 살펴보겠지만, 사람들이 자신의 냄새나고 부패해가며 너무나도 인간적인 신체에 대해 느끼는 불편감은 도처에서 일관적으로 외부에 투사되어왔다. 공동체의 오물 역할을 대신해줄 수 있는 사람들에게 그 불편감을 투사함으로써 지배적인 집단은 자신을 깨끗하고 천상적인 존재라고 느낄 수 있게 되는 것이다. 많은 미국인들, 특히 (이성애자) 남자들에게 게이란 그와 같은 혐오-투사를 촉발시키는 존재다. 선의로 가득 찬 자유주의자들조차도 게이들의 성행위에 대해 생각할 때, 혹은 게이들이 성행위에 대한 환상을 품고 자신을 바라본다고 생각할 때에는 북받쳐 오르는 혐오감을 느낀다. 바로 이 때문에 캐머런은 약삭빠르게도 미국에 널리 퍼진 문화적 현상에 참여하여 이익을 취하고 그 현상을 더욱 확대시킬 수 있다.

물론 게이나 레즈비언의 완전한 평등을 어렵게 만드는 영향력 있는 정책들이 오직 혐오-불안에서만 기인하는 것은 아니다. 콜로라도 주의 차별금지조례나 동성결혼 문제 등 구체적인 쟁점이 제기될 때마다 다양한 주장이 나온다. 그중 몇몇 주장은 합리적인 것처럼 보이기도 한다. 그러나 이 책은 그러한 주장들조차 혐오의 도움 없이는 자신의 결론을 정당화하지 못한다는 사실을 보여줄 것이다. 이러한 주장 중 몇 가지는 동성가족, 아동학대, 기타 등등에 대한 잘못된 사실을 근거로 든다. 다른 몇몇 주장은 지나치게 강한 결론을 끌어내는 만큼 도저히 정당화하기가 어렵다. 이 모든 동성애 반대운동 전략에서 혐오는 때로 은밀하게, 때로는 드러내놓고 중요한 역할을 수행해왔다.

혐오의 이론: 데블린과 카스

많은 사람들이 특정 집단을 혐오한다는 이유로 그 집단에게 불이익을 주는 법이 어떻게 정당화될 수 있을까? 이 질문을 듣자마자 누군가는 특정 집단에 대한 혐오와 그 집단에게 불이익을 주는 법 사이에는 아무런 관련이 없다는 생각을 할지도 모르는데, 사실은 그 생각이 맞다. 그런데도 어떤 사람들은 혐오가 합법적일 뿐만 아니라 법의 중심적인 원천이라는 눈에 띄는 주장을 해왔다. 그러므로 혐오가 합법적이지도 않고 신뢰할 만한 법의 원천이 될 수도 없는 이유를 생각해보기 전에, 먼저 혐오를 옹호하는 사람들의 주장을 이해하려고 노력해보도록 하자.

혐오가 행위에 대한 법적 제한의 기준이 될 수 있다고 주장한 가장 유명한 사람은 영국의 패트릭 데블린 경이다. 그는 1950년대에 혐오와 법에 대한 영향력 있는 글을 썼고, 결과적으로 법관의원이 됐다. 다른 한 사람은 2002년부터 2005년까지 부시 대통령의 생명윤리위원회 회장을 지낸, 시카고 대학교 교수이자 생명윤리학자인 레온 카스다. 데블린과 카스는 서로 다른 주장을 하면서도 같은 결론을 내린다. 어떤 행위에 대한 혐오가 널리 퍼져 있으면, 설령 그 행위가 제3자의 권리를 조금도 침해하지 않고 오직 그 행위에 동의하는 사람들에게만 영향을 끼친다 하더라도 해당 행위를 충분히 법으로 금지할 수 있다는 것이다. 데블린은 상호합의된 동성 간 성행위를 기소대상에서 제외시키자는 제안을 표적으로 삼았다. 카스는 인간 복제의 가능성에 초점을 맞추었지만, 자신의 엄격한 제한이 동성 간 성행위를 포함하는 광범위한 행위들에까지 확대적용될 수 있음을 시사했다.

공중도덕에 관한 데블린의 저명한 에세이는 울펜덴 위원회의 1957년 보고서에 반대할 목적으로 작성되었다. 원래 울펜덴 보고서는 성인 간의 상호 합의된 동성애 행위에 대한 법적 처벌을 폐지하자는 권고를 담고 있었다.[12] 울펜덴 위원회는, 개인의 자유란 공공의 이익에 중대한 손해를 끼치지 않는 한 제한되어서는 안 되는 중요한 사회적 가치라고 주장했다. 데블린도 이 주장에는 동의했다. 그러나 그는 어떤 식으로든 사회가 존속하려면 널리 공유되는 "확립된 도덕"이 있어야 한다고도 말했다. 그에 따르면, "도덕적 연대의 약화"는 곧 "해체"의 징후인 경우가 많다. 그러므로 "사회는 정부와 같은 사회의 필수적 기구들을 보호할 때와 비슷한 조치들을 도덕적 규범을 보존하기 위해서도 취할 수 있다. 그것은 정당한 일"이라는 것이다. "해체"라는 개념을 설명하기 위해 데블린은 사회에 음주나 약물 오남용의 위험이 만연해지는 사례를 들었다. 그의 주장에 따르면 이러한 "악덕"은 적의 공격에 대항할 수 있는 사회의 단결력을 저해한다. 영국이 난봉꾼들의 국가였다면 "1940년 윈스턴 처칠이 '피와 수고, 땀과 눈물'을 요청했을 때 만족할 만한 반응을 보일 수 없었으리라"[13]는 것이다. 데블린에게 동성애자는 "난봉꾼"이자 "중독자"다. 그는 동성애자들처럼 섹스에 몰입하는 사람은 결코 믿음직스러운 시민이 될 수 없다고 주장한다(그러나 그는 동성애자들이 이성애자들보다 더 섹스에 집착한다는 주장을 뒷받침할 만한 어떤 근거도 내놓지 않는다). 그는 동성 간 성행위가 약물 오남용과 같다고 결론짓는다. 사회의 파멸을 방지하기 위해서는 공유된 도덕적 규범을 보호해야 하므로 동성애와 약물 오남용은 모두 범죄로 취급되어야 한다는 것이다.

한편 데블린은 사회의 도덕적 규범에 대한 모든 위협을 법적으로 정당하게 규제할 수 없다는 사실도 알고 있었다. 자유라는 이름으로 행해지는 비도덕적 행위가 있다면, 그 행위를 용인할 수 있는 사회적 관용의 한계가 어디까지인지를 끊임없이 시험해야 한다. 데블린은 비도덕이 보디 폴리틱을 약화시키는 전염병과 같다고 보았다. 그는 아무리 상호합의한 성인 간의 행위라 하더라도 확립된 도덕의 지배를 약화시키는 경우에는 사회적 연대를 침해할 수 있다고 생각했기에, 타인에게 급박한 피해를 입힐 것으로 예상되는 경우에만 개인의 자유를 제한하는 법률이 허용된다는 존 스튜어트 밀의 원칙을 채택할 수 없었다. 제3자에게 끼치는 피해를 법적 규제의 기준으로 삼지 않으려 한 만큼, 데블린에게는 규제 가능한 지점을 확인할 수 있는 새로운 기준이 필요했다. 데블린이 보기에는 매우 강력한 형태의 반감인 혐오가 그 역할을 할 수 있을 것 같았다. 데블린이 '클래펌 통근버스를 타는 사람the man on the Clapham omnibus'*14이라고 부른 사회의 평균적인 구성원이 자신에게는 아무런 영향을 미치지 않는 특정 행위를 생각하는 것만으로도 혐오감을 느낀다면, 해당 행위를 "존재 자체로 범죄가 될 만큼 가공할 악덕"이라고 결론내릴 수 있다는 것이다.

다시 말해, 데블린은 누군가가 실제로 동성애를 하자고 유혹할 때 발생하는 혐오감을 언급한 것이 아니었다. 그렇다고 목격자에게 직접적으로 불쾌감을 유발할 수도 있는 공개적인 동성애 행위에 대해 이야기한 것도 아니었다. 그는 울펜덴 위원회의 보고서가 기소대상에서 제외시키려고 했던 바로 그것, 다시 말해 사적이고 상호합의된 성행위에 대해 말한 것이다. 데블린

---

* 남부 런던의 클래펌은 평범한 교외의 마을로, 일반적인 런던을 대표한다. 영국 민법에서는 "클래펌 통근 버스를 타는 사람"이라는 말로 이성적으로 교육을 받아 과실을 판단할 수 있는, 일반적인 보통 사람을 지칭한다.

은 "사회의 평균적인 구성원"이 자기 사회에서 특정 행위가 벌어지고 있다는 생각만으로도 혐오감을 느낄 수 있다고 상상했으며, 그처럼 강력한 혐오 반응이 존재할 때에는 해당 행위를 규제하는 법을 만들어 사적 자유를 제한할 수 있다고 보았다. 이러한 규제의 근거는 "나쁘게" 살고 있는 사람들의 삶을 "개선"시키고자 하는 온정주의가 아니다. 오히려 데블린의 규제는 자기방어적이다. 사회는 관습적인 도덕규범을 위반하는 자들을 처벌함으로써 스스로를 방어하는 것이다.

레온 카스의 주장은 데블린과 다르다.[15] 앞서 살펴본 데블린은 버크*식의 보수주의자로서, 혐오감이 깊이 내재된 사회적 관습의 표현이라고 보았기에 그것에 의존했다. 카스는 그렇지 않다. 물론 카스도 밀의 생각, 그러니까 타인에게 해를 끼치지 않는 한 개인은 자유롭게 자신의 행동을 선택할 수 있다는 생각에는 반대한다. 그는 밀의 세계가 "자유의지에 따른 것이기만 하면 모든 행동이 허용되는 세계, 우리의 타고난 인간적 본성은 더 이상 존중을 보장받지 못하는 세계"라고 본다. 그러나 데블린과 달리 카스는 특별히 관습을 중요시하지는 않았다. 대신 카스는 혐오가 일종의 신뢰할 만한 경고라고 보았다. 인간은 혐오에 의존함으로써 끔찍한 행위를 피할 수 있다는 것이다. 왜 그런지에 대해 카스는 분명히 설명해주지 않는다. 추측하건대, 그는 강력한 감정적 반응을 통해 좋고 나쁜 것을 가릴 수 있도록 (아마도 신에 의해) 인간의 본성이 합목적적으로 설계되었다고 믿는 것 같다. 카스는 혐오가 모든 이성적 주장보다 깊은 차원에 있는 "지혜"를 내포한다고 본다. 그는 혐오가 "말할 수 없을 정도로 심오한 무언가를 벗어나지 말라고 우리에게 경고하며 인간 의지의 과잉에 저항한다"고 말한다.[16]

---

* 에드먼드 버크(1729~1797). 영국의 보수주의 철학자이자 정치가.

데블린과 카스 두 사람은 모두 자신들이 한 주장의 필연적 결론을 정면으로 마주하지 못한다. 사회는 신분이나 계급이 낮은 이들, 외국인들, 장애인이나 기형적 신체를 가진 사람들, 유대인, 인종 간 결혼을 한 사람들 등 수많은 사람들과 그들의 행위를 극히 혐오해왔다. 데블린이나 카스가 자신들의 주장을 정당화하기 위해서는 혐오가 이 모든 사람들에게 법적인 제재나 불이익을 가할 만큼 충분히 신뢰할 만한 법적 기준이라고 주장하거나, 이 모든 사람들과 동성애자들 사이의 차이점을 제시해야 한다. 편견이 없는 대부분의 사람들은 전자에 동의하지 않을 것이다. 데블린이나 카스는 후자의 차이점을 제시하지도 못한다. 그저 혐오가 적절한 법적 기준이 될 수 있음을 증명하지 못하는 몇 가지 사례만을 제시할 뿐이다. 게다가 데블린은 오직 중독자들만을 예시로 들고 있다. 그 '중독자'에는 알코올중독자나 마약중독자와 함께 동성애자들이 포함된다(데블린은 동성애자들이 섹스중독자라고 상상했다). 카스는 부모-자식 간의 근친상간, 수간, 강간, 살인, 대체로 살인 이후에 벌어질 수밖에 없는 식인 등 제3자에게 실제적 피해를 끼치는 다양한 사례들을 들었다. 카스가 든 사례의 명백한 문제는, 그 행위들이 부당하다는 주장을 하기 위해 굳이 혐오를 들먹일 필요가 없다는 것이다. 실제로 카스가 언급한 사례들은 제3자의 권리를 침해하는 경우로서, 밀의 기준에 따를 때도 충분히 제한할 수 있다. 그러므로 이러한 사례의 제시만으로는 제3자에 대한 피해만이 법적 규제의 필요조건이라는 밀의 주장에 반박할 수가 없다.[17] 오히려 카스는 앞서 열거한 사례들, 즉 최소한 특정 시기, 특정 장소에서는 혐오에 근거하여 타당한 것으로 간주되었으나 현재에는 부당하게 여겨지는 법적 규제의 사례들에 직면하게 된다. 카스는 바로 이런 사례를 해결했어야 한다. 이 사례들을 보면 혐오가 이성과 반대되는 방향의 올바른 결론으로 인간을 이끌어주는 것 같지 않기 때문이다. 그러나 카스는 이 예시들을 해결하지 않은 채 자기가 관심을 갖고 있는 다른 사례, 즉 인간 복제의 문제에 자신의 결론을 성급히 적용한다. 인간 복제가 벌어지고 있다는 상상에 대한 '만연한 혐오감'만으로도 그 행위를 불법으로 만들 충분한 근거가 된다는 것이다.

카스는 심지어 일상적 경험에서 제기되는 명백한 난점들도 해결하지 못한다. 일례로, 처음 이성 간 성행위에 대해 알게 된 어린이들은 대체로 혐오감을 느낀다. 부모를 초인적인 존재로 생각하고 있는 만큼, 어린이들로서는 부모의 신체적 진실을 대면하기 싫을 수 있다. 아니면 성관계를 맺을 때 분비되는 모든 체액들이 원초적인 차원에서 그냥 혐오스럽게 느껴지는 것일지도 모른다(어린이들이 이성 간 성행위에 대해 느끼는 혐오가 원초적 대상 혐오인지 투사적 혐오인지 구분하기란 매우 어렵다*). 카스에게 이것은 정말 심각한 문제다. 그가 정상적이며 도덕적이고 선한 것의 기준으로 유지하고자 하는 중심적 성행위가 바로 그 아이의 부모가 하는, 생식으로 이어지는 성행위이기 때문이다. 결장경검사나 흉부절개수술 등 수많은 일상적 의료행위 또한 대체로 혐오스러운 것으로 여겨진다는 사실 역시 큰 난점이다. 혐오라는 감각을 충실히 반영해 이런 수술을 금지해야 한다고 주장할 셈이 아니라면 말이다.

카스는 한 대목에서 "과거에는 반감을 불러일으키던 것들이 오늘날에는 침착하게 받아들여지는 상황"에 대해 우려를 표하며 "그런 상황이 항상 좋은 것만은 아니라는 말을 덧붙여야겠다"고 한다.[18] 나로서는 카스가 인종 간

---

* 원초적 대상 혐오란, 신체의 분비물이나 부패해가는 시체 등에 대해 느끼는 혐오를 말한다. 반면 투사적 혐오는 미신적인 방식으로 어떤 사람이나 행위를 원초적 대상과 연결시킬 때 발생하는 혐오를 말한다. 예를 들어, 오물을 치우는 일을 하는 사람들을 오물과 연관시켜 혐오스럽다고 느끼는 경우 이 혐오를 투사적 혐오라고 부른다. 관련된 논의는 이어지는 절의 "혐오: 신뢰할 수 없는 감정" 참조.

결혼에 반대한다거나, 인도 카스트 제도의 쇠망을 슬퍼한다거나, 반反유대인 법을 옹호한다거나, 장애인들에 대한 법적 차별을 지지한다고 생각할 이유가 전혀 없기 때문에, 그의 이 말은 동성애 관계를 의미하는 것이라고 보았다. 동성애에 대해 그는 강력히 반대한다. 하지만 그의 주장에 따른다면 동성애 관계와 인종, 장애, 카스트 제도 등 앞 문장에서 열거한 다른 사례들을 구분할 어떤 이유도 없어진다. 게다가 그는 혐오가 왜 그냥 사라지고 말았는지 설명해주지도 않는다. 그의 말처럼 혐오가 정말 그토록 신뢰할 만한 기준이라면 그냥 사라질 리 없잖은가? 그렇다고 카스가 좀 더 오래 지속되는 혐오와 덧없이 금세 사라지는 혐오를 구분할 기준을 주는 것도 아닌데 말이다.

간략히 말해, 데블린과 카스의 주장은 별로 설득력이 없다. 그러나 그들의 주장이 틀렸다는 증명이 이루어진 것은 아니다. (사실, 데블린의 논점 중 하나는 법을 만들 때 이성에만 근거해서는 안 된다는 것이다. 그는 우리가 이성 밑에 깔려 있는 다른 힘에 입법권을 넘겨야 한다고 명시적으로 주장한다.) 이 두 사람의 주장은 분명 인간의 감정적 삶 중 두드러지는 부분과 공명하는 것이다. 사람들은 특정 행위에 대해 깊은 혐오감을 느끼며, 나아가 해당 행동을 하는 집단에게도 혐오감을 느낀다. 이 점은 분명하다. 이 경우에 사람들은 특정 행위가 사회의 기본구조를 위협한다고 믿으며, 대체로는 자신들이 인지한 위협에 열정적으로 반응하여 해당 행위를 금지하는 법을 만들려 한다. 그러므로 자유민주주의 사회에서는 혐오감을 법의 원천으로 삼을 수 없다는 결론을 내리기에 앞서 혐오라는 감정에 대해 보다 면밀히 탐구해볼 필요가 있다.

혐오: 신뢰할 수 없는 감정

혐오는 특별히 본능적인 감정으로 간주된다.[19] 이에 반해 동정심, 슬픔, 분노 같은 감정들은 사회적 학습에 영향을 받는 것으로 여겨진다. '누구에게 관심을 가져야 하는가?' '어떤 손실이 중대한 손실인가?' '어떤 피해를 입었을 때 화를 내는 것이 적당한가?' 같은 질문은 아이들을 훈육하는 사회적 환경의 일부를 이루며, 이 질문을 탐구하는 과정에서 아이들이 배우는 사회적 규준은 아이가 감정을 형성할 때 강력한 영향을 미친다. 그러므로 아이들에게 동물은 고통을 모르는 짐승에 불과하다고 가르치면, 아이들은 폐쇄된 곳에서 식육 목적으로 사육되는 동물의 고통에 대해 동정심을 느낄 가능성이 낮아진다. 어떤 집단의 구성원이 자신들은 지배적 집단에 비해 권리나 특권을 덜 가져야 한다고 믿는다면, 그들은 자신들의 예속 상태에 대해 덜 분노하게 된다(이와 같은 분노의 부재는 오랫동안 여성 예속의 필수적인 부분이었다). 그러나 혐오는 이와는 다른 감정으로 보인다. 혐오는 특정한 냄새, 시각, 촉각에 대한 뿌리 깊은 신체적 반응으로서, 우리가 무엇을 배우고 세계를 어떻게 해석하느냐의 문제와는 별 관계가 없는 듯하다.

그러나 지난 20년 동안, 폴 로진과 그의 동료들은 중요한 실험을 통해 혐오에도 명백히 인지적인 요소가 포함되어 있다는 점을 결정적으로 증명했다.[20] 사람들이 어떤 대상에 대해 혐오감을 느낄지 여부는 그들이 대상을 어떻게 생각하는지에 따라 좌우된다. 그러므로 혐오는 단순한 감각적 불쾌감이 아니다. 실험자들에게 두 개의 유리병을 주고 냄새를 맡게 하되 한 유리병에는 배설물이 담겨 있고 다른 병에는 치즈가 담겨 있다고 이야기해주면, 실제로는 같은 냄새를 맡더라도 실험자들은 첫 번째 냄새에는 혐오감을 느끼지만 두 번째 냄새에 대해서는 혐오감을 느끼지 않는다. 혐오는 위험을 감지하는 감각과도 다르다. 모든 독이 제거되었다는 확신만 있다면 사람들은 독버섯도 기꺼이 먹지만, 설령 소독되었다는 확신이 있더라도 바퀴벌레를 삼키려 들지는 않는다. 실험 대상자들은 심지어 전혀 소화되지 않은 채 그대로 배설될 것이 분명한 플라스틱 캡슐이라 하더라도 바퀴벌레가 들어 있다면 그 캡슐을 삼키려 하지 않는다.[21]

로진이 알아낸 바에 따르면 혐오는 신체의 경계선과 관련되어 있다. 혐오에서 중심적인 개념은 오염이다. 혐오감을 느끼는 사람은 대상이 어떤 식으로든 자기 안으로 들어와 자신을 더럽힌다고 느낀다. 후속 실험에 의해 밝혀진 바에 따르면, 개인이 오염된다는 생각 뒤에는 "내가 먹는 것이 바로 나다"라는 생각이 깔려 있다. 무언가 저열하거나 불쾌한 것을 섭취하면 섭취한 사람 자신이 저열하거나 불쾌한 존재로 전락한다는 것이다.

그렇다면 사람들은 무엇으로 살기를, 혹은 무엇으로 변화하기를 꺼리는가? 혐오의 '**원초적 대상**'은 인간의 동물성과 유한성을 일깨워주는 존재들이다. 배설물과 체액, 시체가 여기에 포함된다. 끈적거린다든가 냄새가 나고 진액이 흘러나오는 등, 체액이나 시체를 연상시키는 동물과 곤충들도 혐오의 원초적 대상이 된다. 로진은 모든 혐오의 근저에 다름 아닌 인간 자신의 오물과 악취에 대한 혐오가 깔려 있다는 결론을 내린다. 인간이 가진 모든 동물성이 혐오의 대상이 되지는 않는다는 점에 주목하자. 예를 들어 힘이나 민첩성 등은 혐오스럽지 않다.[22] 사람들이 혐오하는 것은 죽음 및 부패와 관련된 동물성이다.

따라서 사람들이 경험하는 혐오란 모든 인간에게서 두드러지게 나타나는 동물적 속성에 대한 기피의 표현이다. 사람들은 이러한 속성을 떠올리게 만드는 무언가가 자신을 오염시킨다고 느끼며, 그러한 속성들을 숨기고 싶어 한다. 이러한 경향에 진화적 근거가 있으리라는 점은 거의 명백하지만 진화가 모든 것을 설명하는 건 아니다. 진화적 근거는 학습에 의해 다시 확인받아야 한다. 아이들은 배변 훈련을 받는 2~3세까지는 혐오감을 나타내지 않는다. 이는 사회가 혐오감을 해석하고 형성하는 데에 일정한 역할을 하고 있음을 의미한다. 사회는 분노와 동정심의 경우에서 그렇듯, 아이들이 여러 대상 중 특정한 대상에 혐오감을 느끼도록 교육시킨다.

사실상 모든 사회에서 표준적인 혐오감은 배설물, 혈액, 정액, 소변, 코의 분비물, 생리혈, 시체, 부패한 고기, 진액이 흘러나오거나 끈적거리거나 냄새가 나는 곤충 등 '원초적 대상'을 향한다(로진이 발견한 바에 따르면, 혈액은 사람의 신체 안에 있을 경우 혐오스러운 것으로 여겨지지 않으나 신체를 떠나는 순간 혐오스러운 것으로 생각된다. 모유 역시 마찬가지다. 어머니 자신을 포함한 많은 사람들은 모유를 마시는 행위를 역겹다고 생각한다). 눈물은 일반적으로 혐오감을 일으키지 않는 거의 유일한 인간 분비물인데, 아마 그 까닭은 눈물이 인간의 고유한 특성이기 때문일 것이다. 눈물은 우리가 동물계의 다른 구성원들과 연결되어 있다는 사실을 상기시키지 않는다. 원초적 대상에 대한 혐오감과 실질적 위험이 언제나 연결되어 있는 것은 아니다. 우리는 눈에 보이지 않는 병원체를 역겹다고 느끼지 않는다. 반면 끈적거리거나 진액이 흘러나오거나 냄새는 나지만 위험하지는 않은 물질을 역겹다고 느낀다. 그렇기는 하지만 원초적 대상에 대한 혐오는 세상을 체험할 때 유용한 도구가 될 수 있다. 대상을 자세히 조사해볼 시간이 없을 때, 혐오는 우리가 쉽게 위험을 피할 수 있도록 도와준다.

그런데 원초적 대상에 대한 혐오는 이후 이성적인 검토를 거의 거치지 않고 한 대상에서 다른 대상으로 확장된다. 이렇게 확장된 혐오를 '투사적 혐오'라고 부른다. 로진은 투사적 혐오가 작용하는 원칙을 "공감적 주술의 법칙"이라고 불렀다. 그처럼 미신적인 개념 중 하나는, 만일 A가 혐오스러운 대상인데 B가 A와 비슷하게 생겼다면 B 역시 혐오스럽다는 것이다. 그러므로 주스에 죽은 바퀴벌레를 담가놓으면, 사람들은 이후로 그 주스와 비슷한 종류의 다른 주스도 마시지 않는다. 또 다른 미신적 개념은 오염의 개념이다. 한 번 다른 물체와 접촉했던 물체는 계속해서 서로에게 영향을 미치는 것으로 간주된다. 그러므로 실험자들은 소독된 파리채로 저은 수프도, 소독된 요강에서 나온 액체도 마시지 않는다. 전염병에 걸린 사람이 입었던 옷은 잘 세탁된 경우에도 거부당하며, 어떤 사람들은 모든 종류의 중고의류 자체를 거부한다.

사회는 구성원들 중 몇몇을 이른바 '오염원'으로 규정하도록 가르친다. 다시 말해, 투사적 혐오는 사회적 기준에 의해 형성된다. 최소한 몇몇 사람들을 혐오스러운 존재로 간주하는 건 모든 사회의 공통점인 것처럼 보인다. 아마도 이러한 전략은 지배집단과 그들이 두려워하는 그들 자신의 동물성 사이에 안전한 저지선을 설치할 목적으로 채택되었을 가능성이 높다. 혐오스러운 동물성의 세계와 '나' 사이에 준準-인간이 존재한다면, '나'는 필멸하는/부패하는/냄새나는/진액이 흘러나오는 것들로부터 그만큼 떨어져 있게 되는 셈이다. 진짜 위험과 신뢰할 만한 연관관계가 거의 없는 이 투사적 혐오는 망상을 먹고 자라며 예속을 만들어낸다. 혐오가 자신을 순수한 것으로, 타자를 더러운 것으로 표상하려는 뿌리 깊은 인간적 필요에 봉사하는 것은 사실이지만, 이 필요가 사회를 공정하게 만드는지는 대단히 의심스럽다. 오히려 이러한 전략은 사회의 공정성을 해친다.

역겨운 속성을 특정 집단이나 개인에게 전가하는 투사적 혐오는 여러 형태를 취하는데, 이른바 혐오스러운 집단이나 사람을 어떻게든 혐오의 원초적 대상과 연관시킨다는 점만은 같다. 어떤 경우에는 해당 집단이 원초적 대상과 실질적으로 가깝게 관련되어 있다는 점이 강조된다. 인도 카스트 제도에서 "불가촉천민" 중 일부는 변소를 청소하거나 시체를 처리하는 사람들이었다. 많은 남자들에게 여자란 성관계에서 무언가를 받아들이는 역할을 하거나 출산 및 생리를 하는 존재로서, "불가촉성"이라는 기준의 일반적 근거인 혈액 및 다른 체액과 밀접한 관련을 맺고 있는 것으로 보인다.

하지만 혐오가 확장되는 보다 많은 경우에는 망상이 개입한다. 이는 악취와 진액, 부패, 세균이 많음 등 원초적 대상에서 역겹다고 느껴지는 속성을 특정한 사람이나 집단에 전가하는 방식이다. 전형적인 경우 이러한 투사에는 아무런 실제적 근거도 없다. 유대인들은 실제로 끈적끈적하지도, 구더기와 비슷하지도 않다. 그러나 히틀러 본인을 포함한 독일의 반유대주의자들은 유대인들이 끈적끈적한 구더기라고 말해왔다. 흑인들이라고 해서 다른 인종보다 체취가 심한 것은 아니지만, 인종차별주의자들은 그렇다고 말한다. 심지어는 원초적 대상과 연관이 있다는 많은 사람들도 따져보면 더럽다거나 오염된 존재로 여겨질 이유가 전혀 없다. 예를 들어 간디가 관찰한 바에 따르면, "불가촉천민"들은 상위 카스트에 속한 사람들보다 사실상 더 깨끗한 습관을 가지고 있어서 콜레라에 덜 걸린다. 이를테면, 상위 카스트에 속한 사람들이 요강에 배설을 하고 내용물을 창밖의 수챗구멍에 버리는 데 비해 불가촉천민들은 주거지와 멀리 떨어진 들판에서만 배설을 한다. 이 경우 투사적 혐오에는 이중의 망상이 작용하고 있다. 다른 사람의 더러움에 대한 망상과 자신의 깨끗함에 대한 망상이다. 투사의 양 측면은 모두 거짓된 믿음에 근거를 두고 있으며, 둘 모두가 위계의 정치에 이바지한다.

사회에는 취약한 소수자들에게 낙인을 찍는 수많은 방식이 있으며,[23] 혐오만이 낙인을 찍는 유일한 방법인 것은 아니다. 하지만 혐오는 낙인을 찍는 강력하고도 중심적인 방식이며, 혐오가 사라지는 경우에는 위계질서도 함께 사라지는 경향이 있다. 예를 들어 인종적 소수자와의 신체 접촉을 피하는 일이 사라지면 인종차별도 함께 사라진다.

성애의 영역에서 혐오가 중요한 역할을 한다는 것은 놀라운 일이 아니다. 섹스에는 체액의 교환이 포함되며, 섹스를 통해 인간은 천상의 초월적 존재가 되기보다 육체적 존재로서 흠집이 남게 된다. 그러므로 섹스의 영역은 동물적이고 유한한 인간의 본성을 애증으로 받아들이는 모든 사람들에게 불안한 공간이다. 섹스 도중 인간이 맞닥뜨리는 정액, 땀, 배설물, 생리혈 등의 신체적 물질은 많은 경우 혐오스러운 오염원으로 간주된다. 그런 만큼 원초적 대상에 대한 혐오는 성관계에서 중요한 역할을 한다. 따라서 투사적 혐오가 성적인 영역에서 지배적 역할을 수행한다는 것도 놀라운 일이 아니다. 거의 모든 사회에서, 사람들은 특정한 성적 행동을 하는 집단을 "정상적"이고 "순수한" 성적 행동을 한다는 사람들과 대조하여 혐오스럽고 병적인 존재로 여겨왔다("정상적"이고 "순수한" 성적 행동을 한다는 사람은 주로 누군가를 혐오스럽고 병적이라고 여기는 사람 자신, 혹은 그가 속한 집단을 포함한다). 이러한 낙인찍기는 여러 형태를 취한다. 대부분의 문화에서는 성관계를 맺을 때 발생하는 투사적 혐오의 한 형태로 여성혐오가 나타난다. 성관계를 맺을 때 남성은 여성과 체액을 교환하며, 이때 체액을 받아들이는 여성에게 불편감을 느낀다. 혐오는 남성이 그 불편감으로부터 거리를 두려고 할 때 발생한다.[24] 정말이지 남성들은 여성혐오를 통해 자신의 신체에 대한 불편감을 해소해왔다. 남성들은 냄새 나고, 진액이 흘러나오고, 의문스러운 액체로 가득 찬 존재라며 여성을 경멸적으로 묘사했고, 이처럼 여성을 혐오스러운 존재로 만듦으로써 자신의 동물성과는 거리를 둘 수 있었다. 극단적이기는 하지만, 20세기 초 독일의 영향력 있는 이론가였던 오토 바이닝거의 논지는 무척 생생하다. 그의 문화적 망상 속에서 여성은 그저 남성의 몸, "남성의 다른 몸, 남성으로부터 끊어낼 수 없는, 그의 더 '낮은' 일부"다.[25]

여기에서 다시 타자의 더러움과 자신의 깨끗함에 대한 이중의 망상이 작용한다는 점에 주목하라. 이 두 망상은 지배집단이 품은 일종의 희망사항으로서 예속의 정치에 기여한다.

한편, 어떤 성적 행동 집단을 혐오스럽다고 여기는지에 대해서는 사회마다 편차가 있다. 이후 더 자세히 살펴겠지만, 게이가 항상 이성애자 남성의 혐오대상이었던 것은 아니다. 그러나 아주 천천히 상황이 바뀌고 있기는 해도, 가까운 과거 미국에서 게이의 신체가 혐오-불안의 중심이었다는 사실에는 의심할 여지가 없다. 최소한 동성애자가 아닌 남성들에게는 그랬다. 레즈비언들도 공포, 도덕적 분노 혹은 일반적 불안의 대상일 수는 있었겠지만, 혐오의 대상이 된 경우는 비교적 적었다. 마찬가지로, 이성애자 여성들은 게이를 향해 공포, 도덕적 분노, 불안 등 부정적인 감정을 느끼곤 했다. 하지만 이들이 게이들에 대해 혐오의 감정을 느끼는 경우는 드물었다.

과거에 비해 정도가 덜해졌을지는 모르지만 이런 종류의 혐오는 여전히 만연해 있다. 그러므로 혐오의 문제를 다룰 때에는 현재시제를 사용해야 마땅하다. 혐오는 한 남성이 게이에 대해 상상하는 경우에 전형적으로 작동한다. 그 남성이 바로 게이들에게 항문을 '뚫릴' 수 있는 존재이기 때문이다. 정액과 배설물이 신체 안에서 뒤섞인다는 생각은 그가 할 수 있는 가장 혐오스러운 상상이다. 그에게는 자신이 '뚫릴 수 없다'는 생각이야말로 끈적거림이나 진액, 죽음을 막아주는 신성한 경계선이다. 그러므로 이웃에 동성애자 남성이 살고 있으면 남자들은 자기가 안전한 정결성을 잃을지도 모른다는 생각, 다름 아닌 자신이 동물적 부산물들을 받아들이는 존재로 전락할지 모른다는 생각을 하게 된다(이 특수한 경우에 중심적으로 작용하는 생각은 아마도 신체가 뚫려서 오염된다는 생각일 것이다. 그러나 보다 일반적인 경우, 이성애자 남성은 게이 남성의 신체가 체액에 의해 오염되었다고 생각한다. 이때 오염된 신체에 대한 접근은 그 자체로 오염을 의미한다). 그러므로 이 남성이 느끼는 혐오는 결국 자신이 '뚫릴'지도 모른다는 상상 및 자신만의 상상 속 진액을 향한 혐오가 된다. 바로 이 때문에 게이는 혐오의 대상으로 여겨지는 동시에 모든 남성들을 혐오스러운 존재로 만들 수 있는 포식자, 즉 공포의 대상이 될 수 있다. 부대 내 샤워시설에 대한 기이한 토론에서 드러나듯, 남성들은 게이의 시선 그 자체가 오염을 일으킨다고 생각한다. "너도 뚫릴 수 있어"라는 메시지를 전달하는 한, 게이의 시선은 오염원이다. 이 시선은 (이성애자) 남성들도 깨끗한 플라스틱이 아니라 배설물과 정액, 혈액으로 만들어져 있음을 뜻한다. 이렇게 보면, 일반적으로 남성들이 동성 간 성행위를 이성 간 성행위보다 혐오스럽게 여기는 것도 당연하다. 출산으로 이어지는 이성 간 성관계가 인간의 유한성이나 세대의 순환을 강력하게 시사하는 것은 사실이지만 이성애 관계에서 남성은 자기가 아니라 자기보다 못한 존재, 즉 동물로 여겨지는 여성이 체액이라는 오염물질을 받아들인다고 상상한다. 그러나 동성애에 관해서는 이러한 상상이 불가능하다. 그는 자신이 파트너와 마찬가지로 오염될 수 있다는 생각을 피할 수 없다. 이 상상 때문에 동성애자와 자신 사이에 경계선을 그어야겠다는 욕구는 더 강력해진다.

이것이야말로 폴 캐머런과 그의 추종자들이 작동시키고 고조시킨, 동성애에 대해 만연한 불안감이다. 최근의 주요 연구에 따르면 혐오에 대한 민감성과 반反동성애적인 태도, 특히 동성 섹스와 동성결혼에 관한 태도 사이에는 강력한 연관성이 있다.[26] 여기에 약삭빠르게도 병균과 에이즈 바이러스에 의한 오염을 첨가함으로써 캐머런은 혐오에 의존하는 자신의 수사법이 미국 전역에서 특별한 위력을 발휘하도록 만들었다. 미국은 건강에 무척 예민하며 병균에 대한 공포증을 앓는 국가이기 때문이다.

한편, 다른 근거를 들어 보다 적절하게 방어할 수 있는 정책을 지지하기 위해 혐오를 끌어들이는 경우도 있다. 예를 들어 개고기에 대한 정책이 그렇다. 많은 미국인들이 개고기를 먹는다는 생각에 역겨움을 느끼는 것은 사실이지만, 식육 목적의 개 사육을 금지하는 정책은 굳이 혐오감에 호소하지 않고도 유지될 수 있다. 미국 법은 이미 동물학대를 금지하고 있기 때문이다.[27] 이 경우에서 보듯, 혐오는 제3자에게 피해를 끼쳐서는 안 된다는 생각과 병존할 수 있다. 제3자에게 피해를 끼치지 말자는 운동을 하는 와중에도 혐오를 근거로 동원할 수 있으니 말이다. 그러나 이 책의 주장은 혐오의 표적이 되는 악惡, 즉 자아의 오염은 흐르는 구정물 바로 옆에 살도록 강요받는 등 실제적 피해와 관계되어 있을 경우에만 법적으로 규제할 수 있는 피해가 된다는 것이다. 앞으로 살펴보겠지만, 실제적 피해에서 기인하는 '원초적 대상 혐오'는 생활방해법law of nuisance이라는 제한적 법률에 정당하게 반영될 수 있다(제3장 및 제6장을 보라).[28]

그러나 투사적 혐오는 다르다. 이 경우에는 문자 그대로 오염이 일어나는 것도, 물질적 차원에서 일어나는 것도 아니며 상상적 차원에서 일어날 뿐이다. 살펴보았듯, 예속된 집단에게 혐오스러운 속성을 투사하는 것은 그들을 병적이고 열등한 존재로 낙인찍는 흔한 방법으로서, 이러한 투사를 가능하게 하는 망상은 이성적 검토를 통과할 수 없다. 투사적 혐오는 규범적 차원에서 비이성적이며 낙인찍기 및 위계 세우기와 밀접하게 연관되어 있다. 이 점을 생각하면 투사적 혐오를 법적 규제와 관련된 논쟁에서 근거로 활용하기란 어려워 보인다.

물론 어떤 정책이 혐오의 수사법에 근거했다는 이유만으로 그 정책이 잘못된 정책이 되는 건 아니다. 그 정책을 옹호할 만한 다른 이유가 있을 수 있다. 그러나 많은 경우 혐오에 의해 뒷받침되는 정책은 혐오만으로도 이미 충분한 근거를 갖추었다는 잘못된 인상을 줌으로써 그 '다른 이유'의 탐색을 방해한다. 그러므로 '다른 이유'가 있는 정책을 합법화하기 위해 혐오감에 의존하는 태도는 위험하다. 그런 태도는 이성적으로 방어될 수 있는 범주가 무엇인지 탐구하려는 노력을 뜬금없이 중단시키기 때문이다. 게다가 혐오는 평등한 존중에 뿌리를 둔 정치적 전통에서는 도저히 옹호할 수 없는 종류의 위계질서와 경계 짓기를 수용하도록 부추긴다.

어떤 사람들은 그렇더라도 몇몇 행위를 불법화하기 위해 혐오에 의존할 필요가 있다고 주장할지 모른다. 그러나 그런 사람들조차도 혐오가 헌법적으로 보장된 평등을 양보하고 자유를 제한할 만큼 강력한 근거가 될 수 없다는 주장에는 동의할 수밖에 없을 것이다.

역사 속의 혐오: 낙인찍기와 예속화

혐오를 과학적으로 연구해보면 이 감정을 입법 기준으로 삼기는 어렵겠다는 강한 의심을 품게 된다. 물론 위생관련법이나 시체 처리와 관련된 법에서 보듯 원초적 대상 혐오는 어느 정도 진짜 위협이 있다는 신호를 보낸다. 이 경우에는 시민들을 보호하기 위한 법적 규제를 도입할 수도 있다. 그러나 투사적 혐오는 다르다. 투사적 혐오가 사실은 자아의 동물적 현실에 대한 혐오에서 시작하여 "공감적 주술"을 통해 확장된다는 점, 또한 자아 속에 존재하기는 하지만 자아가 감히 대면하지 못하는 속성을 타인에게 전가하는 경향을 띤다는 점을 고려해보면, 혐오가 규범적 차원에서 비이성적일 뿐만 아니라 모순으로 가득 찼다는 사실을 알 수 있다. 정말이지 혐오는 한 사람의 인간적 약점을 해소하기 위해 다른 사람을 주저 없이 희생양으로 삼는다. 물론 분노나 공포, 동정심 같은 감정들도 오도될 수 있다. '무엇이 중요한가?'를 판단하는 사회적 규범이 심각하게 그르쳐진 경우, 혹은 사실관계에 오해가 있는 경우에 이런 일이 일어난다. 그러나 투사적 혐오가 발생하는 이유는 이와 다르다. 동성애에 관한 사회적 토론에서 주로 문제가 되는 투사적 혐오는 자신의 정체와 직면하기를 거부하는 감정으로서, 언제나 자기혐오나 자기기만에서 기인한다. 그러므로 혐오 안에 인간에게 깨달음을 주는 일종의 "지혜"가 담겨 있다는 레온 카스의 주장은 의심스럽다.

그렇다고는 해도 데블린의 주장에는 따로 답해야 한다. 그는 혐오가 우리에게 도덕적 통찰력을 제공한다고 주장하지는 않기 때문이다. 데블린의 주장은 "사회의 평균적인 구성원"이 느끼는 혐오에 지체 없이 따르면 사회의 해체를 막을 수 있다는 것으로서, 그는 오직 사회의 안정에만 초점을 둔다. 데블린에게 답하기 위해서는 혐오에 의존하는 사회가 어떤 식으로 작동했는지를 역사적으로 살펴보아야 한다. 거의 예외 없이 모든 경우에, 혐오에 대한 의존은 지배적 집단이 힘없는 사람들을 예속화시킬 수 있도록 만들었다. 이런 사회는 정말이지 안정적일 수 있다. 그러나 이런 식의 안정은 모든 시민이 평등한 가치를 띤다는 생각에 기초하고 있는 자유민주주의 사회가 추구할 만한 안정이 아니다.

역사를 살펴보면 혐오를 근거로 특정 집단을 예속화시킨 무수한 사례가 발견된다. 이미 논의한 바대로, 남성에 의한 여성의 예속화 또한 혐오가 작동하는 한 가지 예다. 앞에서도 간단히 인용하기는 했지만, 아래에서는 인도의 카스트 제도와 독일의 반유대주의라는 두 가지 사례를 더 살펴보겠다.

인도에서는 오랜 힌두교 전통에 따라 온갖 사람들이 "불가촉천민"으로 분류되어왔다. 이 집단에 속한 사람들 중 일부는 변소를 청소하거나 시체를 처리하는 등 직업상의 이유로 혐오의 원초적 대상과 정기적으로 접촉해야 했다. 간디가 지적한 것처럼 그런 직업을 가진 사람이 더럽다거나 오염되어 있다고 생각하는 데에는 아무런 이성적 근거가 없지만, 최소한 이런 식의 연관 짓기가 왜 시작되었는지는 이해할 만하다. 그러나 또 다른 "불가촉천민"들은 단지 미신적이거나 상징적인 차원에서 오물과 연관되었다는 이유만으로 "불가촉천민"으로 분류되었다. 이들의 직업은 아주 다양하다. 예를 들어 달리트[29] 중 상당수는 농업 종사자였다. 오늘날에도 그렇지만 과거에도 꽤 오랜 시간, 어떤 사람이 달리트인지 아닌지 알아보는 유일한 방법은 그의 성씨를 살피는 것뿐이었다. 인도에서는 누구나 어떤 성씨가 "불가촉천민"에 속하는지 알고 있다.[30] 사실 이 방법에 의존하지 않고서는 누군가가 달리트인지 아닌지를 알아낼 수가 없다. 그런데도 인도인들은 앞서 말한 망상의 힘을 빌려 달리트와의 접촉이 더러운 일이며 그런 일이 벌어지면 자신이 오염되고 만다고 진심으로 믿어왔다. 현재에도 많은 인도인들이 정말로 그렇다고 믿으며 달리트가 만들거나 대접한 음식을 먹지 않으려 든다. 달리트와의 결혼은 과거에도 그랬지만 많은 경우에는 현재에도 생각할 수조차 없는 일이다(미국에서도 흑인을 차별할 때 낙인이나 오염에 대한 비슷한 생각들이 중요한 역할을 했다. 흑인들이 수영장이나 음수대를 사용하지 못하도록 막는다거나 인종 간 결혼을 금지한 사례가 그 증거다).

인도의 카스트 제도와 시공간적으로 멀리 떨어져 있는 만큼 우리는 카스트 제도의 미신이 아무 근거도 없는, 규범적 차원에서 비이성적일 뿐만 아니라 대단히 해로운 생각이라는 점을 쉽게 알아차릴 수 있다. 한때는 힌두교 사회의 중심적인 관행이었음에도 인도가 헌법으로 "불가촉성"과 관련된 제도들을 폐지한 것은 전적으로 옳다.* 이 경우 혐오가 보여준 것은 지혜

---

* 인도 정부는 1947년 공식적으로 카스트 제도를 철폐하고 하위 카스트에 속한 사람들을 지원하는 정책을 펴고 있다. 그러나 변화가 쉽지만은 않다. 카스트 제도가 워낙 오랜 시간 동안 인도의 전통처럼 여겨졌던데다가, 상위 카스트에 속하는 사람들은 상위 카스트 내에서만 배타적으로 혼맥 등 인맥을 형성하므로 상하위 카스트 사이에 사회적·경제적 격차는 여전히 존재한다.

가 아니라 인간 존엄에 대한 끔찍한 폭력성이었다. 혐오가 유지시켰던 사회적 질서는 안정적일 수야 있지만 철저한 위계질서에 따른 것이었으며 불공정했다. 평등한 존엄성, 평등한 가치라는 이념에 충실한 국가에는 이런 질서가 어울리지 않는다.

이제 두 번째 사례를 살펴보자. 나치주의와 연관시켜 혐오에 대해 문제를 제기하는 것은 지나치게 쉬운 설명으로 보일지도 모르겠지만, 이와 관련된 훌륭한 선행연구가 매우 많기 때문에 여기에서는 이 사례를 다루도록 하겠다. 이 밖의 다른 사례를 살펴보아도 얼마든지 같은 결론에 다다를 수 있을 것이다. 중세 이후로 독일의 반유대주의 프로파간다는 유대인을 혐오스러운 방식으로 묘사하는 다양하고도 상투적인 이미지들을 계속해서 활용해왔다. 전형적으로 유대인들은 본질상 "여성적"인 존재로 묘사되었다. 그 당시 여성성의 천한 속성으로 여겨지던 악취, 끈적거림, 불결함 등의 이미지가 유대인들에게 덧씌워졌다. 독일에서 영향력을 발휘했던 성 이론가 오토 바이닝거는 유대인과 여성 모두를 게르만 남성의 깨끗하고 초월적인 자아와 대조하면서 유대인이 사실상 여자나 마찬가지라고 주장하는 데에 책의 한 장章을 통째로 할애했다. 나치는 이러한 이미지를 한층 더 발전시켜 유대인들을 혐오스러운 곤충, 혹은 비슷한 불쾌감을 주는 동물로 묘사했다. 그들은 유대인들을 병균, 암세포, 곰팡이로 묘사하기도 했다. 나치는 게르만 남성의 신체적 특징을 깨끗함과 단단함이라고 주장하면서도 유대인이 그 신체에 침투하여 오염과 부패를 일으킬 수 있다고 강변했다(히틀러는 유대인을 "썩어가는 시체 속 구더기"로 보았다). 독일인들이 유대인을 묘사한 방식은 오염이나 타락의 관념과 뒤섞여 있는, 핵심적인 혐오 관념을 이용한다는 점에서 폴 캐머런이 게이들을 묘사한 방식과 매우 유사하다. 역사를 돌이켜보면 투사적 혐오가 얼마나 비이성적이었는지, 또한 얼마나 큰 피해를 초래했는지를 다시 한 번 확인할 수 있다.

몇 가지 사례가 있다고 해서 혐오가 언제나 비이성적이며 해롭다는 증명이 이루어진 것은 아니다. 그러나 혐오의 내용은 이미 실험으로 확인됐고 그 작용에 대한 분석도 이미 이루어졌다. 역사 속의 두드러지는 사례들을 이에 비추어보면, 데블린의 주장 혹은 그와 비슷한 어떤 주장에도 저항할 수 있는 매우 강력한 근거를 얻게 된다. 앞서 논의했듯, 혐오에 대한 심리적 분석은 카스의 주장이 틀렸음을 보여준다. 카스의 주장과는 달리, 혐오는 지혜롭기는커녕 끔찍할 만큼 둔감한 것이다. 이에 더해 역사적 사례들을 살펴보면 혐오를 입법의 근거로 삼았을 때 너무나 많은 경우 인간의 존엄성이 참혹하게 파괴되었다는 점과 혐오가 만들어내는 사회적 결집이 여러 경우에 해롭다는 점이 드러난다. 앞서 본 분석과 사례들을 결합해보면, 이와 같은 해악이 단조로운 규칙성을 띠고 반복된다는 생각에는 충분히 근거가 있다고 하겠다. 자아의 한 측면에 대한 강력한 혐오로 촉발된 투사적 혐오는 손쉬운 희생양을 찾기 마련이며, 혐오스러운 속성들을 타인에게 전가하여 그를 예속화시키겠다는 생각이야말로 혐오 역학의 핵심이다.

캐머런과 그의 추종자들은 게이 및 게이의 행동에 대한 혐오란 타고난 것이라서 제거할 수 없고, 따라서 다르다고 반박할지도 모르겠다. 그러나 역사를 살펴보면 특정 집단을 혐오하도록 교육 받은 사람들은 전형적으로 자신이 느끼는 혐오감을 타고난 것, 자연스러운 것이라고 생각했음을 알 수 있다. 카스트 제도가 발생시키는 혐오감이 인도에서는 자연스러운 것으로 보였다. 인도에서 이 제도가 그토록 오랜 세월 유지될 수 있었던 게 바로 그 때문이었다. 또한 바로 그 때문에, 카스트 제도로 얼룩진 낙인의 이미지는 지금까지도 막강한 영향력을 행사한다. 비록 '차터지'나 '박치'가 아니라 '토라트'나 '암베드카르' 같은 성씨를 가졌다는 이유만으로 누군가가 혐오의 대상이 되는 까닭을 외부인들은 도무지 이해할 수 없지만 말이다.[31] 많은 경우에 그렇듯, 이 경우에도 문화는 마치 본성인 것처럼 오인된다.

게다가 현재에도 그렇듯 과거에도 여러 문화권에서는 동성애를 일상적으로 했던 남자들을 혐오의 대상으로 여기지 않았다. 고대 그리스도 혐오가 전혀 없는 사회는 아니었다. 예를 들어 구강성교를 하는 사람이나 받는 사람은 모두 혐오스러운 자로 낙인찍혔다(받는 쪽이 좀 더 혐오스럽다고 여겨지기는 했다). 반면 남성 간의 섹스는 윤리적 절차를 따르라는 경고를 받기는 했어도 그 자체로 더럽거나 혐오스러운 것으로 간주되지는 않았다. 사실, 일반적으로 그리스인들은 신들도 동성애를 대단히 즐겼다고 믿었다.[32] 그리스인들이 어떤 생각이나 행동을 했다고 해서 그 생각이나 행동이 반드시 좋은 것은 아니지만, 생각해볼 여지가 생기는 것만은 분명하다. 그리스인들이 나름대로 존경할 만한 사람들이었고 그들이 이룩한 문화 역시 성공적이었다고 보면, 동성애 관계를 수용할 경우 사회가 타락한다는 주장을 하기 전에 먼저 그리스인의 혐오와 우리의 혐오 사이에 존재하는 차이를 숙고해야만 하기 때문이다.

현대에도 많은 국가들은 동성 간 성행위를 혐오스럽지 않은 것으로 여긴다. 서유럽 국가 대부분이 이런 시각을 갖고 있다.[33] 이 점은 특히 숙려해볼 만하다. 서유럽은 미국과 기독교라는 종교적 유산을 공유하고 있는 만큼, 서유럽 사례를 보면 성적 지향에 대한 정치적 태도가 단지 기독교적 본성에 의해서만 좌우되는 것은 아니라는 점을 알 수 있다. 현대의 기독교도들은 근본주의적 입장에 서 있는 경우에조차 성경에 쓰인 진술들을 일상적으로 무시한다. 예를 들어 성경에는 동성애의 죄악보다는 운세를 점치는 죄악이 훨씬 많이 등장한다. 성경에서 동성애의 죄악을 다룬 구절은 레위기에서 반소절밖에 등장하지 않는다. 그마저도 여성 동성애에 대한 언급은 전혀 없이 남성 간 성행위의 일부 사례만을 겨냥하고 있다. 하지만 그렇다고 해서 현대 기독교도들이 점치는 사람을 벌주는 법을 만들려고 노력하는 것은 아니다. 마찬가지로, 성경은 탐욕을 어떠한 성적 죄악보다도 훨씬 더 강하게 비난하고 있다. 그러나 현대의 기독교인들은 일반적으로 탐욕을 벌하려 들지 않는다. 이처럼 유럽과 미국의 차이점을 살펴보면, 미국은 성경이 남긴 유산을 선택적으로 사용해왔다는 사실을 알게 된다. 그러므로 미국이 군이 왜 이런 선택을 하게 됐는지 따져볼 필요가 있다.

대체 미국에서는 반反동성애적 태도가 왜 그토록 중요한 정치적 역할을 하게 되었을까? 어려운 질문이다. 어쩌면 미국인들이 질병, 죽음, 부패에 대해 이상할 정도로 불안을 느끼기 때문일지도 모른다. 하지만 그 불안만으로 미국인들이 남녀 동성애자들, 특히 게이들을 대할 때 유난스럽게 혐오감을 표출하는 까닭을 완전히 설명할 수는 없다. 어쩌면 성적 다양성에 대해, 심지어는 섹스 자체에 대해 어마어마한 불안감을 느끼는 것이 미국인의 특징일지도 모른다. 많은 미국인들은 유럽인들에 비해 성적으로 훨씬 덜 개방적이다.[34] 이러한 특징이 성적 영역에서 미국인이 보이는 고도의 혐오-불안을 설명할 수 있을지도 모른다. 남성성을 초월적이고 침해 불가능한 것으로 여기는 미국적 고정관념 또한 많은 미국인 남성들이 게이를 그토록 위협적인 존재로 여기는 까닭일 수 있다.

그러나 이러한 추측은 이 책의 주요 관심사가 아니다. 이 책의 목적은 투사적 혐오가 비이성적 망상에 의존한다는 점과 불공정한 위계질서를 만드는 경향을 띤다는 점을 보이고, 그렇기에 평등한 시민들로 이루어진 국가에서는 투사적 혐오를 적절한 입법의 근거로 삼을 수 없다는 점을 논증하는 것이다.

오늘날 반反동성애 정치에서 혐오는 얼마나 강력한 위력을 발휘하고 있을까? 동성애자들에 대한 혐오는 인종차별과 비슷한 모습을 보인다. 예의를 갖추어야 하는 자리에서 사람들은 혐오감을 드러내 보이지 않는다. 직설적으로 드러내놓고 혐오에 호소하는 폴 캐머런이 몇몇 단체에서는 여전히 영향력을 행사하고 있지만, 그의 명분을 지지하는 사람들 중 다수는 다른 형태의 주장을 활용한다. "역차별" 반대, 어린이들에게 해를 끼칠 수 있다는 우려, "공중도덕"과 관련된 심려, 이성애 결혼의 가치가 모욕당할 수 있다는 염려 등이다. 이어지는 장에서는 이러한 주장들을 추적한다. 결국은 이 주장들이 혐오를 배경으로 할 때에만 설득력을 얻는 조잡한 주장이며, 단지 '혐오의 정치'가 쓴 가면에 불과하다는 점이 드러나게 될 것이다.

제2장

인류애의 정치: 종교, 인종, 젠더, 장애

예상과는 달리 그 느낌들은 사라지지 않고 남아 있었어요. 저는 겁에 질리기 시작했습니다. 한눈에 보기에도 동성애에 붙은 딱지는 매우 부정적이었거든요. 열다섯 살 때는 여자애들을 바라본다거나 그 애들의 가슴을 상상한다거나 데이트를 해보려는 식으로 이성애적 성향을 키워줄 만한 행동을 하려고 노력했어요. 이 곤경에서 벗어나기 위해 그 한 해 동안만 성경을 여섯 번 읽었죠. 하지만 최고학년이 되어서는 동성애를 극복하겠다는 결심을 포기했습니다.

저는 동성애를 긍정적으로 묘사한 일종의 교육물을 두루 탐독했어요. 그때 읽었던 책들에 따르면 동성애자들에게도 나름대로의 문화와 그들만의 영웅, 역할 모델이 있더라고요. 이 사실을 알게 된 뒤에야 저는 제가 게이라는 사실을 인정할 수 있었습니다.

-리치 사빈-윌리엄스의 인터뷰 2건, 「그리고 나는 게이가 되었다」

다음의 사실은 자명하다. 모든 인간은 평등하게 창조되었으며, 조물주로부터 생명, 자유, 행복의 추구 등에 대한 양도할 수 없는 권리를 부여받았다.

-미국 독립선언서

개인에 대한 존중과 자유의 범위

'인류애의 정치'란 무엇인가? 그 핵심은 평등한 존중이다. 미국은 모든 시민이 평등한 가치와 존엄성을 가지고 있다는 생각에 기초를 둔 국가다.* 유럽인들이 경험한 봉건주의와 왕조주의를 거부한 미국의 건국영웅들은 모든 작위와 신분, 세습적 명예를 거부했다. 개인이 가질 정치적 기회와 자격은 그의 출생과 부, 지위에 영향을 받지 않게 되었다. 미국은 모든 형태의 구시대적 사회조직을 거부하고, 만인이 평등하게 인간적 존엄성과 자연권을 가지고 있다는 생각에 기초하여 완전히 새로운 사회조직을 선택했다. 그 점에서 미국의 독립은 급진적인 사건이었다.[1] 새로운 정치질서의 핵심이념은 특정 시민들을 다른 시민들에게 체계적으로 예속시키는 것이야말로 가장 나쁜 정치라는 비非지배의 이념이었다.[2] 모든 시민은 평등하므로 계급이나 종교, 그 밖의 어떤 원칙에 의한 지배도 단호히 거부되어야 마땅했다.

물론 다들 알고 있듯, 미국의 건국영웅들은 몇 가지 문제에 대해 둔감한 태도를 보였다. 비지배의 일반적인 원칙을 표명하는 와중에도 그들은 노예제를 허용했고, 그 결과 인종은 잔혹한 지배의 장이 되었다. 이 당시에 유럽 대부분의 국가에서는 이미 노예제와 노예무역이 철저히 금지된 상태였는

---

* 헌법에 따르면, 대한민국의 모든 시민들도 평등한 가치와 존엄성을 갖고 있는 것으로 간주된다. 헌법 제10조는 대한민국의 "모든 국민은 인간으로서의 존엄과 가치를 가지며, 행복을 추구할 권리를 가진다. 국가는 개인이 가지는 불가침의 기본적 인권을 확인하고 이를 보장할 의무를 진다"고 규정하고 있다. 또한 헌법의 제11조는 "① 모든 국민은 법 앞에 평등하다. 누구든지 성별·종교 또는 사회적 신분에 의하여 정치적·경제적·사회적·문화적 생활의 모든 영역에 있어서 차별을 받지 아니한다. ② 사회적 특수계급의 제도는 인정되지 아니하며, 어떠한 형태로도 이를 창설할 수 없다"는 점을 명시한다.

데도 말이다. 미국의 건국영웅들은 또한 아메리카 원주민들의 인간성을 평등하게 존중하지도 못했다. 마찬가지로, "인간"*의 평등에 관해 숙고하면서도 그들은 여성들을 고려하지 못했다. 이 경우에도 마찬가지로, 프랑스와 영국에서는 이미 많은 사람들이 자연권의 평등을 지지하면서 성별의 차이에 의거한 지배체제에 도전장을 던지고 있었는데도 말이다.

그렇기는 하지만 미국의 건국영웅들이 표명한 일반적 원칙은 오랜 세월 동안 확고부동한 위치를 차지해왔다. 초기에는 이 원칙이 매우 편협하게 적용되었지만 이후에는 원칙 자체가 그처럼 편협한 적용을 비판하는 근거로 쓰였다. 그 덕분에 에이브러햄 링컨은 게티즈버그 연설 당시 거짓말을 하지 않고도 독립선언서가 약속한 자유와 평등을 인용하며 노예해방전쟁의 도덕적 근거를 댈 수 있었다. 마틴 루터 킹이 다음과 같이 독립선언서를 인용할 수 있었던 것도 역시 그 때문이다. 킹은 이렇게 말했다.

미국의 독립선언서는 모든 미국인들이 상속 받은 약속어음입니다. 그렇습니다. 이 어음은 백인뿐 아니라 흑인을 포함하는 모든 미국인이 "생명, 자유, 그리고 행복의 추구"라는 양도할 수 없는 "권리"를 보장받으리라는 약속이었습니다. 그러나 최소한 유색인종 시민들에게 한하여, 오늘날의 미국은 이 약속어음을 체납하고 말았습니다.[3]

정치적 평등권을 박탈당한 여성들이 미국 독립선언서의 약속을 언급하며 당시의 상황에 도전할 수 있었던 것도 바로 그 때문이었다. 미국 독립선언서는 인간성을 공유하는 모두가 평등 역시 공유해야 한다고 약속했으므로,

---

* 이 책에서는 원문의 men을 "인간"으로 번역했다. 주지하듯, men에는 "인간"이라는 뜻 외에도 "남자"라는 뜻이 있다.

수전 B. 앤서니는 유명한 연설에서 다음과 같이 미국 헌법의 서문을 인용했다.

> 헌법 서문에서 말하는 "우리"는 인간을 의미합니다. '백인 남성 시민'이나 '남성 시민'이 아닌, 미국연방을 이루고 있는 '모든 인간' 말입니다. 그리고 우리 미국인들이 미국연방을 결성한 것은 자유라는 축복을 포기하기 위해서가 아니라 지키기 위해서였습니다. 미국연방의 구성원 중 오직 절반, 혹은 우리 후손들 중 오직 절반만을 지키기 위해서가 아니라 모든 사람들의 자유를 지키기 위해서, 남성들만이 아니라 여성들의 자유 또한 지키기 위해서였던 말입니다. 비밀투표는 자유라는 축복을 지키기 위해 민주공화국 정부가 제공할 수 있는 유일한 수단입니다. 여성에게 이를 금지하면서도 미국 여성들이 자유를 누린다고 주장한다면, 뻔뻔한 조롱이라고밖에는 할 수 없습니다.[4]

이처럼 미국 독립선언서는 작성된 시점에 유행했던 것보다는 훨씬 평등주의적인 관점에서, 인간 평등권에 대한 일반적인 약속으로 적절히 해석되었다.

독립선언서와 그 핵심에 자리잡고 있는 비지배의 개념은 훌륭한 사람이 되라는 요구도, 심지어는 도덕적인 사람이 되라는 요구도 전혀 하지 않는다. 평등한 자연권은 덕이 있는 사람이나 특정한 사회 규범에 따르는 사람에게 주어지는 것이 아니라 인간 모두에게 주어지는 것이다. 개인의 특별한 혈통이나 재산 소유 여부가 더 큰 정치적 권한을 의미하지 않는 것처럼, 개인이 도덕적이라는 이유로 인색하거나 성질이 나쁘거나 멍청하거나 겁쟁이거나 방종하거나 불공평한 사람보다 더 많은 투표권을 갖게 되지는 않는다.

만일 정치적 권리가 기본권에 속한다면, 다수가 어떤 사람을 별로 좋은 사람이 아니라거나 올바르지 않은 행동을 하는 사람이라고 판단한다는 이유로 그 권리를 제한해서는 안 될 것이다. 물론 모든 개인은 평등하게 형법의 지배를 받으며, 형법을 위반한 사람은 일정 기간 동안 권리를 제한당할 수 있다(논쟁의 여지가 있는 도덕적 판단을 형법으로 강요하거나, 타인에게 피해를 끼치지 않는 행위를 한 사람들을 형사적으로 처벌할 수 있는 한계가 어디까지인지에 대한 문제는 이후에 다시 다룬다). 그러나 인간으로서, 또한 시민으로서 모든 개인의 정치적 자격은 평등한 출발점에 서 있다. 물론 동료 시민을 평등한 사람으로 존중한다는 말이 꼭 그의 선택에 찬성해야 한다는 뜻은 아니다. 그러나 평등한 존엄성과 평등한 권리라는 원칙에 위배되지 않는 한, 그들에게 특정한 선택을 할 권리가 있다는 점을 인정해야 한다는 것만은 분명하다.

　독립선언서에는 만인이 가지고 있는 양도 불가능한 권리 중 하나로 "행복 추구"의 권리가 명시되어 있다. 헌법은 "행복 추구"의 권리를 따로 명시하고 있지 않으나 "우리 자신과 후손을 위해 자유라는 축복을 보장한다"고 전문에서 약속하는 등 다양하고 구체적인 방법으로 행복 추구의 권리를 인정한다. 미국의 헌법은 일반적으로 자유를 광범위하게 보호해야만 개인을 평등하게 존중할 수 있다는 점을 인정하는데, 그래야만 개인이 자기 의견을 밝히거나 종교적 신념을 갖고 종교적 행위를 하는 등 자신의 행복을 추구하는 데에 중요한 행동을 할 수 있기 때문이다. 부유한 시민들만이 이런 자유를 누릴 수 있는 것이 아니듯, 헌법은 이러한 자유를 오직 훌륭한 사람들에게만 보장해주는 것도 아니다. 이 권리는 모든 사람에게 평등하게 주어진다.

　게이나 레즈비언들은 아직까지 한 번도 투표권을 송두리째 빼앗기거나 노예가 된 적이 없었다. 하지만 투표에 참여할 평등한 권리를 부정당한 적은 있다(콜로라도 주 헌법 수정조항 제2조에 의해 동성애자들은 고용, 주택 공급, 기타 등등에서 발생하는 차별을 시정하는 법을 통과시킬 권리를 부정당하게 됐다).

또한 그들은 다른 사람들과 평등하게 행복을 추구할 권리를 명백히 부정당했다. 이기적이든 품위가 있든, 경솔하든 헌신적이든, 이성애자들에게는 일반적으로 무척 다양한 방식으로 성적 만족을 추구할 자유가 있다. 반면 로렌스 대 텍사스 주 판결로 상황이 반전되기 전까지는, 미국 전역에 살고 있는 수많은 게이와 레즈비언들이 자신만의 특별한 방식으로 성적 만족을 추구한다는 이유로 주정부에 의해 수감될 수 있었다.[5] 결혼에 대한 권리는 많은 경우 "기본권"으로 인정받지만, 예로부터 지금까지 미국 대부분의 주에서는 동성 커플에게 이 권리를 허락하지 않았다.

이 장에서는 미국의 헌법적 전통에 담겨 있는 평등과 자유에 대한 약속에 따라, 지난 20년간 성적 지향의 분야에서 행해진 정치를 근본적으로 다시 생각해야 한다는 주장을 펼칠 것이다. 지난 시절, 인간의 존엄성과 모든 사람의 자연권에 대한 평등한 존중이라는 미국의 기본적 가치관에 따라 종교, 인종, 젠더의 문제를 재고해야 할 필요성이 제기됐다. 마찬가지로 이제는 성적 지향에 대한 현재의 법적 조치에 대해 구체적 비판이 나오고 있다.

평등한 존중의 정치가 무엇을 요구하는지 알아보기 위해서는 인종 등 과거의 문제들을 참조해보는 것이 도움이 된다. 과거에 논쟁이 벌어졌던 분야는 평등한 존중과 자유라는 개념이 보다 철저하게 숙고되었던 영역이며, 이로부터 법적 전통을 끌어오면 성적 지향이라는 영역에서 평등한 존중을 이루기 위해 무엇이 필요할지 정교하게 생각하는 데에도 도움이 된다. 물론 과거와 현재의 문제들을 비교해보는 것만으로 헌법 원문이나 헌법전통과 씨름할 필요가 없어지는 것은 아니다. 이 문제는 이어지는 새로운 장에서 다룰 것이다. 그러나 현재와 과거의 비교를 통해 일반적인 생각의 방향을 제시받음으로써 근본적인 헌법 가치에 대해 생각해볼 수 있다는 점만은 사실이며, 이에 따라 우리는 유익한 쪽으로 생각의 방향을 돌릴 수 있다. 논쟁적인 주제가 있을 때에는 잠시 가능한 비교 분석을 해보고 나서 원래의 문제로 돌아오는 것도 좋은 방법이다.

삶의 의미와 자아 찾기: 성적 지향과 종교

초기의 미국 이주민들 중 상당수는 종교의 자유를 찾아 신세계로 온 사람들이었다. 이들은 가톨릭교도, 침례교도, 칼뱅주의자, 퀘이커교도, 기타 등등 영국 국교회의 다양한 이단자들이었다. 그들은 어떠한 처벌도 받지 않은 채 자신들의 믿음을 표현하고 자신들이 선택한 형식에 따라 예배를 드릴 수 있는 자유를 원했다. 많은 경우, 이들은 자신과 의견을 달리하는 사람들도 수용하는 존중과 관용의 정치로까지 자신들의 탐색을 연결시키지 못했다. 이들 정착촌 중 상당수는 주립 교회를 세웠으며 내부의 종교적 소수자들에게 불이익을 줬다. 그 불이익 중에는 수감이나 추방처럼 가혹한 것도 있었고, 다수자들이 다니는 교회에 세금을 내도록 강제하는 등 보다 교묘한 것도 있었다.

그러나 대체로 매우 척박했던 물리적 조건 속에서 이주민들은 자신과는 다른 종교적 신념을 가진 사람들과도 함께 살아야 했다. 이러한 경험 덕분에 그들은 점차 함께 잘살기 위해서는, 아니 어쩌면 그저 살아남기 위해서라도 모든 사람들에게 종교의 자유를 매우 공평하게 보호해주어야 한다는 깨달음을 얻게 되었다. 모든 종교를 공평하게 보호하겠다는 정책에는 실용적인 근거가 있었던 셈이다. 새로운 땅에서 번성하기 위해서는 그들 모두가 서로서로 도와야만 했다. 이주민들은 종교적으로야 다른 신념을 가진 사람도 동료 시민으로서는 많은 도움이 되는 강직한 사람일 수 있다는 사실 또한 깨달았다. 이주민들은 반드시 신학적인 제1원칙에는 동의하지 않더라도 공명정대, 정직, 불편부당 등의 가치에 관한 도덕적 합의를 토대로 함께 사는 것이 가능하다는 사실을 발견하기 시작했다. 로드아일랜드나 펜실베이니아처럼 상대적으로 관용적이었던 정착촌에서는 상호존중의 원칙 아래 다양한 신념과 예배형식을 가지고 있던 수많은 사람들이 평화롭게 공존했다. 예를 들어 로드아일랜드는 서로의 재산권을 존중하는 공정한 합의에 기반하여 청교도 분파에 속하는 이단자들뿐만이 아니라 침례교도, 퀘이커교도, 가톨릭교도, 유대인, 심지어 (최소한 공식적으로는) 이슬람교도들까지 기꺼이 받아들였으며 원주민들과도 좋은 관계를 확립했다. 로드아일랜드 정착촌을 건설했던 로저 윌리엄스는 무려 새로 도착하는 집단의 무신론자들도 다른 이들과 평등한 권리 및 특권을 누리는 시민으로 받아들이자고 주장했다.[6]

그러니까 종교의 자유를 선호하는 경향은 함께하는 삶의 경험 그 자체에서 출현했던 셈이다. 종교의 자유에는 또한 대부분은 아닐지라도 많은 이주민들이 공유하고 있던 '양심'이라는 개념에서 도출한 이론적 근거가 있었다. 비록 수많은 이주민들이 매우 중요하게 여겼던 로마식 스토아 철학의 영향을 대단히 많이 받기는 했지만[7] 양심이란 원래 개신교적인 개념이었다. 오늘날에는 세계의 주요 종교 대부분이 양심 개념을 가지고 있으며, 종교를 믿지 않는 사람들도 같은 개념을 가지고 있다. 이러한 견해에 따르면 사람들은 누구나 삶의 궁극적 의미와 도덕적 기초를 찾을 수 있는 능력을 가지고 있다. 이 능력이야말로 인간의 존엄성을 구성하는 핵심적인 부분이다. 양심은 종교와 관계없이 모든 사람에게 평등하게 존재한다. 정말이지 양심은 인간 평등의 중요한 근거이며, 제대로 된 정치질서에서는 이 평등이 인정받고 존중되어야 한다. 양심은 많은 경우, 실은 대부분의 경우 길을 잃고 헤맨다. 그러나 누군가가 방황하고 있다는 게 곧 그 사람에게 다른 사람들과 같은 정도의 양심적 힘이 없다는 뜻은 아니다. 존중받아야 하는 것은 양심이 발현되는 이런저런 형태가 아니라 바로 양심적 힘 자체이며, 양심적 힘 자체를 존중한다는 말은 모든 인간을 평등하게 존중한다는 뜻이다.

현대 미국인들은 대부분 많은 종교가, 심지어는 모든 종교가 구원을 향한 합당한 길이라는 시각을 가지고 있다. 하지만 초기의 이주민들은 그렇지 않았다. 그런 시각을 가진 초기 이주민은 사실상 단 한 명도 없었다. 그들 모두는 자신의 동료 시민 중 대다수가 지옥에 떨어지리라고 생각했다. 동료 시민들의 믿음이나 예배 형식을 존중한 것도 아니었다. 그들은 "어쩌면 지옥에 떨어질지도 모르지만, 그래도 저 사람의 예배 방식은 나름대로 좋은 노력이니까 지지하고 존중해주자"라고 말하지 않았다. 예를 들어 로저 윌리엄스는 아메리카 원주민들을 섬세하게 존중하며 그들에게 지속적으로 우정을 보여주던 바로 그 순간에도 그들의 종교만은 "악마적"인 것이라고 불렀다. 종교적 존중과 공정성의 정치가 점점 더 많은 정착촌들을 지배하다가 마침내 미국의 헌법을 조형하게 된 것은 사실이지만, 그것이 다양한 종교적 신념과 의례에 대한 존중 때문에 촉발된 것이라는 착각에 빠져서는 안 되는 이유다. 오히려 존중에 바탕을 둔 공정한 정치는 모든 시민들이 인간 존엄성과 양심을 갖춘 존재인 만큼 그들을 존중해야 한다는, 보다 기초적인 근저의 개념에 의해 고무되었다.

물론 어느 누구도 의미 있는 자유를 누리지 못하도록 막는 것 또한 사람들을 '평등하게' 대하는 한 가지 방식이기는 하다. 그러나 미국의 역사를 살펴보면, 양심을 존중하기 위해서는 모든 사람에게 저마다의 양심이 요구하는 길을 걸을 자유를 충분히 주어야 함을 알 수 있다. 로저 윌리엄스가 활용한 두 가지 은유는 이 문제에 대한 이해를 도와준다. 첫째로 그는 양심이 수

감되어서는 안 된다고 말했다. 즉 사람들에게는 양심이 요구하는 형태의 예배를 포함하여 저마다의 종교를 실천할 충분한 공간이 주어져야 한다는 뜻이다. 수감보다도 더욱 끔찍한 은유로 윌리엄스는 인상 깊게도 "영혼 강간"이라는 말을 썼는데, 이는 양심에 반하는 신앙고백을 요구함으로써 인간의 내면적인 세계를 침해하는 것을 말한다. 이때 양심을 존중하는 세계란 믿음과 행위 양면에서 양심을 따를 자유를 모든 사람에게 평등하게 주는 세계다.

초기의 이주민들은 개종을 강요당할 수 있다는 사실을 잘 알고 있었다. 그들은 이런 행위를 늘 목격해왔다. 개종을 강요당한 첫 세대야 저항할 수 있을지 모르지만, 세월이 흐르면 종교에 대한 강요가 점차로 사람들을 균질화한다는 사실 또한 그들은 알고 있었다. 종교란 인간의 선택일 뿐, 불변의 속성이 아니라는 점을 잘 알고 있었던 셈이다. 그러나 종교가 불변하는 속성이 아니라는 사실이 개종을 강요해도 된다는 뜻은 아니었다. 양심에 대한 존중은 그러한 강요를 금지했다. 삶의 궁극적 의미에 대한 탐색을 강요할 권리는 누구에게도 없다.

다양한 형태의 정치적 질서를 경험하면서 이주민들은 점차 로저 윌리엄스가 평등한 자유를 통찰하며 얻어낸 또 다른 결론을 수용하게 됐다. 그 결론이란, 모든 사람의 양심을 평등하게 존중하는 세계는 설령 사람들을 위협하거나 수감하지 않는 유순한 형태로라도 국교國敎를 확립할 수 없다는 것이었다. 미국 건국이념의 주요 설계자이자 지금까지도 미국 헌법해석 전통에서 대단한 영향력을 발휘하고 있는 제임스 매디슨은 공식적인 국교를 채택하면 시민들의 평등권이 위협받는다고 주장했다. 국교를 채택하면 특정 형태의 종교는 "우리 종교"이지만 다른 종교들은 단지 용인되고 있을 뿐임을 천명하는 셈이 되어 시민들 사이에 위계질서가 세워진다는 것이다.[8] 양심에 대한 평등한 존중이란, 내부집단과 외부집단을 만들어내려는 정부의 어떠한 시도에 대해서도 전혀 방심하지 않고 거부하는 것을 의미한다. 종교의 영역에서는 특히 그렇다.

이제 섹스에 관해 생각해보자. 오늘날, 성적 행복이 사소한 문제라고 생각하는 미국인은 거의 없다. 대부분의 사람들에게 성적 행복은 삶의 의미에 대한 탐색에서 중심적인 부분을 차지한다. 많은 면에서 종교와 섹스에 차이가 있는 것은 사실이지만, 둘 다 내밀하고 개인적이라는 점, 삶의 궁극적 의미와 연결되어 있다는 점, 그리고 전혀 사소한 문제가 아니라는 점만은 비슷하다. 종교처럼 섹스도 진실성이나 양심과 관련된 가장 중요한 문제로 보인다. 우리는 섹스가 사람들이 스스로를 정의하는 핵심 개념 중 하나이며 정체성과 자기표현의 중심적인 부분이라는 점을 이해하고 있다.

종교와 섹스 사이의 유비관계를 좇다보면 삶에 대한 하나의 그림이 떠오른다. 사람들이 서로의 인간적 존엄성을 존중하는 그림, 모든 시민에게 특정한 종류의 성행위만을 요구하는 것은 옳지 않다고 결론을 내리는 그림이다. 종교의 경우와 마찬가지로, 타인의 합법적 이익을 침해하지 않는 한 개인은 섹스의 영역에서도 자기가 좋아하는 신념을 가지고 그 신념을 행동으로 표현할 충분한 자유를 보장받아야 한다. 오늘날의 섹스는 미국 초기의 종교와 비슷한 지위에 있다. 많은 사람들이 동료 시민들 중 몇몇의 성적 행위에 깊은 혐오감을 느낀다. 그렇지만 모든 시민들은 그 행위자들을 자신과 동등한 사람으로 존중해야 한다. 그러기 위해서는 사람들에게서 각자의 방식으로 자기 삶의 의미를 찾을 기회를 박탈하는 것이 옳지 않다는 결론을 내려야 한다.

물론 여러 가지 중요한 면에서 성적 행복의 추구와 종교 사이에는 차이가 있다. 어떤 사람들은 둘을 비교하는 것 자체가 불쾌하다고 느낄지도 모른다. 그러나 이 책은 성행위와 종교에 연관된 가치가 동등한 가치라는 주장을 하려는 것이 아니다. 심지어는 두 가치가 비슷하게 중요하다는 주장을 할 생각도 없다. 그런데도 섹스와 종교를 비교하는 건 단지 많은 미국인들이 성적 행복을 자아의 핵심에 맞닿아 있는, 행복 추구의 매우 내밀하고도 중요한 부분으로 간주하기 때문이다. 단순히 다수의 주장을 따라야 한다는 이야기만은 아니다. 성적 표현이 개인의 정체성이나 성격의 핵심, 그리고 의미를 찾고자 하는 가장 내밀한 노력과 단단히 얽혀 있다고 생각하는 데에는 충분한 근거가 있다. 그러므로 타인의 권리를 침해하지 않는 한 개인에게는 국가의 간섭 없이 자신의 성적 삶과 관련된 선택을 하는 것이 중요하다는 주장도 가능해진다. 앞으로 살펴보겠지만 이러한 생각은 성생활과 관련된 미국 헌법전통의 전개에서 중요한 부분을 차지했다(종교의 자유와 성적 자유 사이의 평행선을 계속 따라가다 보면, 종교행사의 자유조항free exercise clause에서 볼 수 있듯 성적 자유의 영역에서도 제한적인 자유가 아니라 만인에게 평등한 조건으로 주어지는 자유가 보장되어야 함을 알 수 있다).

이것이 종교와 섹스가 "자유로운 활동" 측면에서 유사한 점이다. 그렇다면 "국교의 설립" 측면을 섹스에 적용해보면 어떻게 될까? 과연 국가는 모두에게 충분한 성적 자유를 보장하는 동시에, 아이들의 복지를 보호하는 등 국가 차원의 합법적 이익을 넘어서는 방식으로 특정 형태의 성행위가 더 선호된다고 공표하고, 그러한 선호를 다양한 공공정책을 통해 지원할 수 있을까? 최소한 종교와의 비교분석을 통해 보면 이 질문에 대한 대답은 "아니오"여야 한다. 국가가 특정 형태의 성행위를 특권적인 것으로 확립한다는 것 자체가 그처럼 선호되는 형태의 성행위를 하지 않는 사람들의 열등성을 암시하기 때문이다. 섹스와 종교의 비교에서 도출되는 이러한 문제점은 오늘날 동성결혼에 관한 열띤 토론에서 쟁점이 되고 있다. "자유로운 활동"의 측면에서는 범사회적인 합의가 이루어져 있는 반면, 성적 문제에 관해 정부가 특정한 형태의 성행위를 공인해서는 안 된다는 생각은 공공생활 영역에서나 법 영역에서나 아직 합의에 도달하지 못했다.

섹스와 관련해, 종교는 분명 비교분석하기 좋은 사례다. 종교의 사례를 살펴보면, 다른 사람들이 도덕적으로 뿌리 깊고 중요한 문제에서 틀렸으며 죄악으로 가득 차 있다고 생각하면서도 그들을 평등한 시민으로 존중하고 그들에게 생각과 행위 양면에서 광범위한 자유를 부여할 수 있다는 점을 알 수 있기 때문이다. 종교와 관련된 비교분석은 또한 특정 시민들을 다른 시민들보다 높은 신분으로 만들어주는 원칙을 국가가 공인해서는 안 된다는 점을 알려준다.

체계적 불이익: 성적 지향과 인종, 젠더, 장애

미국 역사는 평등이라는 이념을 실현시켜온 투쟁의 역사였다. 최소한 법적인 측면에서, 미국인들은 점진적인 과정을 거쳐 아프리카계 미국인들과 여성들이 겪던 체계적 종속에 마침표를 찍었으며 장애인들의 평등권을 보장하기 시작했다. 인종, 젠더, 장애 등의 영역에서 법적 평등이 무엇을 의미하는지를 헌법적으로 더 잘 이해하게 되면 종교와 성적 지향을 비교분석 했을 때처럼 일반적인 깨달음을 얻을 수 있을 뿐만 아니라 성적 지향에 대해서도 법적으로 유효한 주장을 할 수 있게 된다.

미국연방 수정헌법 제14조는 평등보장조항Equal Protection Clause이다. 과거에는 형식상의 동등한 대우만으로도 이 조항을 만족시킬 수 있다는 해석이 큰 영향력을 발휘했다. A집단과 B집단이 같은 방식의 대우를 받는다면 평등의 원칙은 전혀 위배되지 않는다는 해석이었다. 흑인과 백인을 구분해놓는 분리주의 학교들에 대한 변호가 이 해석에 따라 이루어졌다. "분리는 되었지만 동등한 학교이기에" 이 시설들은 평등 문제를 조금도 일으키지 않는다는 것이었다. 그러나 '브라운 대 교육부' 판결[9]에서 연방대법원은 그러한 해석을 명백히 거부했다. 연방대법원은 분리주의가 개인의 자존감과 인격 발달에 미치는 영향력을 강조하면서 "분리주의는 지역공동체 내에서 소수인종 아이들의 지위를 깎아내릴 뿐만 아니라, 이 아이들의 마음과 정신에 절대로 지울 수 없는 열등감을 심는다"고 판시했다. 이 경우에는 인간적 기회의 비대칭성이 형식상의 유사한 대우라는 껍데기를 쓰고 있었다. 평등보장조항은 문제가 되는 정책이 겉으로는 중립적으로 보이는 경우에도 다수자들이 소수자들에게 체계적인 불이익을 주어 결과적으로 그들을 예속시키지 못하도록 금지한다.

성적 지향과 관련된 헌법적 문제가 제기될 때 중요하게 참조해볼 만한 비슷한 사례가 또 하나 있다. 인종 간 결혼을 금지하는 법들이 심판대에 올랐던 1960년대의 일이다. 이 법을 옹호하던 사람들은 분리주의 학교와 관련된 사건에서 그랬듯 형식상의 대칭성을 근거로 들었다. 흑인들이 백인들과 결혼할 수 없는 것과 마찬가지로 백인들도 흑인들과 결혼할 수 없다는 것이었다.[10] 이러한 대칭성에 비추어보면 이 법이 "인종에 근거한 부당한 차별을 구성한다고 볼 수 없다"는 게 버지니아 주정부의 주장이었다.[11] 그러나 연방대법원은 형식상의 대칭성 아래에 무엇이 깔려 있는지 꿰뚫어보았다. 연방대법원은 인종 간 결혼금지가 사람들의 실질적 평등과 그들이 갖는 기회, 그들의 전반적인 사회적 지위에 대해 시사하는 바가 무엇인지를 질문하고는 인종 간 결혼금지가 사실상 전혀 대칭적이지 않다고 결론내렸다. 이 법은 백인 우월주의를 강화하는 한 가지 방식이었기 때문이다. 이 법은 흑인들의 권리를 체계적으로 불평등하게 만드는 낙인을 찍는 법이었으며, 따라서 "부당한 인종차별"의 사례였다. 연방대법원은 평등의 원칙이 형식상의 동등한 대우 이상의 무언가, 바로 비예속이라는 내용을 요구한다고 주장했다.

평등보장조항과 관련된 사건은 젠더 분야에서도 있었다. 버지니아 주 군사학교Virginia Military Institute, 곧 VMI의 문호를 여성에게 개방하는 문제를 두고 벌어졌던 '미국 연방정부 대 버지니아 주정부' 사건[12]이다. 이때에도 형식상으로는 평등의 원칙이 지켜지는 것처럼 보였다. 버지니아 주정부는 메리 볼드윈 칼리지에서 여성들을 위한 군사훈련 대체 프로그램을 제공하고 있었기 때문이다. 그러나 연방대법원은 VMI와 메리 볼드윈 칼리지 프로그램을 이수한 학생들이 누릴 수 있는 기회를 면밀히 검토한 뒤, "차별이 없었더라면 여성들이 차지했을 바로 그 지위"에 여성들을 위치시킬 때에야 버지니아 주의 대체 프로그램이 합헌판정을 받을 수 있다는 결론을 내렸다. 메리 볼드윈 프로그램은 단지 VMI의 "창백한 그림자"에 불과한 만큼 이 상황은 성별에 근거한 위헌적 차별의 요건을 구성했다.

평등보장조항을 이렇게 이해하면 미국의 건국 당시까지 거슬러 올라가는 비예속의 이념을 포착할 수 있다.[13] 표면적인 대칭성을 넘어, 다양한 집단에 속한 시민들이 살면서 무언가를 추구하려 할 때 실제로 어떤 기회를 누릴 수 있느냐를 엄격히 검토할 때에만 우리는 법이 시민들을 진정으로 평등하게 존중한다고 할 수 있을 것이다(평등보장조항을 이렇게 해석하는 방식은 한때 연방대법원의 추론과정에 단단히 자리잡고 있었으나 지금은 입지가 많이 약화되었다. 인종차별 시정법에 관한 한, 이러한 입장은 이제 소수입장이 된 것으로

---

* 이 사건에서 메리 볼드윈 프로그램은 VMI보다 열악한 시설을 제공했을 뿐만 아니라 훈련과정 역시 훨씬 덜 엄격했다는 점이 지적되었다. 본문의 "창백한 그림자"라는 표현은 이와 같은 프로그램의 질적 차이를 의미한다.

보인다).

　평등보장조항을 성적 지향 사건에 적용할 때 발생하는 구체적인 헌법상의 문제들을 벌써부터 살펴보는 건 성급한 일이 되겠지만, 이 단계에서도 인종이나 성별을 다룬 사건과 성적 지향을 다룬 사건 사이에 중요한 유비관계가 발생한다는 점만은 알 수 있다. 이 세 분야의 역사가 보여주는 것처럼, 사람들을 여러 부류로 구분하는 기준 중 몇 가지는 편견을 구현하는 경향이 있다. 이런 기준들은 위계질서를 공고화시킬 가능성이 높은데, 이 위계질서에 따르자면 우리는 시민 간의 평등이라는 원칙을 양보해야만 한다. 이후 이 책에서는 인종이나 젠더 영역과 성적 지향의 영역 사이에 성립하는 유비관계를 보다 철저히 분석한다. 사람들을 흡연이나 과속 여부에 따라 구분하는 방식과 인종 및 젠더에 따라 구분하는 방식 사이에 어떠한 차이점이 있는지를 살펴보고, 성적 지향에 따른 구분이 후자에 속한다고 보는 기준을 알아볼 것이다. 인종, 젠더, 성적 지향 등의 세 가지가 모두 인간의 근저에 자리잡고 있는 특성으로서 사람들의 삶을 전면적으로 좌우한다는 점이나 많은 경우 낙인찍기와 예속화시키기의 근원으로 작용해왔다는 점만은 지금도 충분히 알 수 있다. 분명, 비예속의 이념은 성적 지향 문제에 대해 사유하는 데 방향을 제시해준다.

　이에 따르면, 이성애자들이 하는 유사한 성행위는 제한하지 않으면서 유독 동성애자들의 성행위만을 표적으로 삼는 법적 금지는 흑인과 백인 사이의 성관계를 금지하는 법이 야기했던 것과 비슷하게 평등주의 원칙상의 문제를 야기하는 것으로 보인다. 또한 많은 사람들은 이성 간의 결혼이 허용되는 상황에서 동성 간의 결혼을 금지하는 법은 인종 간 결혼을 금지했던 법과 비슷하다고 믿는다. 앞으로 살펴보겠지만, 몇몇 경우에는 법원도 이러한 의견을 견지했다. 비록 인종문제와 성적 지향의 문제 사이에 유비관계가 있다는 주장 자체에 아직 논란의 여지가 남아 있기는 하지만 말이다. 그러나 일반적인 경우 성적 지향은 젠더나 인종과 비슷한 속성으로 간주된다. 세 경우 모두에 사람들은 특정한 속성에 따라 구분되고 그 속성으로 인해 광범위한 영역에서 기본적 기회를 박탈당하기 때문이다.

종교의 경우에서와 마찬가지로, 특정 집단에 대한 체계적인 불이익을 거부한다는 것은 다수가 문제시 되는 해당 집단을 좋아해야만 한다는 뜻도, 그 집단의 신념이나 행동이 좋은 것이라고 생각해야 한다는 뜻도 아니다. 모든 시민은 법 앞에서 평등하며 마땅히 그래야만 한다는 기본적인 믿음을 견지하는 한, 심지어는 여성혐오주의자들이나 인종차별주의자들도 브라운, 러빙, 또는 성차별 문제를 다루었던 여러 판례가 확립한 법적 체제를 지지할 수 있다. 이는 다른 종교의 신자들을 '악마적'인 존재라고 믿는 동시에, 그들에게도 평등한 종교의 자유가 있다고 주장할 수 있는 것과 마찬가지다. 실제로, 미국의 기본이념을 지지하는 사람은 '브라운'과 '러빙' 판결에서 정의된 반反예속체제를 부정하기 어려울 것이다. 평등주의적 이상의 의미에 집중할 수 없을 만큼 오염이나 낙인과 관련된 생각에 몰두해 있는 경우가 아니라면 말이다(오염이나 낙인과 관련된 생각은 분리주의적 이상이나 심지어는 인종 간 결혼을 금지하는 법의 중요한 부분이었다).

평등보장조항에서는 어떤 집단에게 가해지는 체계적 불이익을 뿌리 뽑겠다는 생각이 대단히 중요하다. 그런 만큼 이 조항은 위계질서나 차별과 관련되어 있을 가능성이 특별히 높은 법령을 심리할 때 엄격한 심사가 보장되어야 한다는 의미로 해석돼왔다. 다시 말해, 이런 구분들은 평상시보다 더 강력한 근거로 정당화될 수 있어야 한다. '위헌의 의심이 가는 차별 suspect classification(이하 위헌의심차별이라 부른다-옮긴이)'이라 불리는 이 구분은 합리성 심사기준rational basis review뿐만 아니라 훨씬 더 엄중한 시험도 통과해야 한다(합리성 심사기준이란 그리 통과하기 어려운 기준이 아니다. 입법부가 그럴싸하다고 생각하기만 하면 거의 모든 이유가 합리성 심사기준을 통과할 이유가 된다). 예컨대 인종이라는 기준을 필수적으로 활용해야만 압도적인 국익이 달성될 수 있다고 증명하지 못하는 한, 정부는 인종에 따라 사람들을 정당하게 구분할 수 없다. 젠더와 관련된 구분은 중간 정도의 엄격한 심사intermediate scrutiny를 통과해야 하며, 때때로 '준-위헌의심차별quasi-suspect classification'이라 불린다.

앞으로 이 책에서는 엄격한 심사의 기준에 대해 매우 자세히 논의할 것이다. 성적 지향이 위헌의심차별에 해당하는지 여부와 만일 그렇다면 어떤 근거에 따라서 그런지를 놓고 많은 토론이 벌어지고 있기 때문이다. 그러나 본격적인 법적 논의에 들어가기 전부터도 엄격한 심사라는 이념의 일반적 정신이 소도미 법이나 동성결혼 및 관련된 제반 문제를 생각할 때 적절히 활용될 수 있다는 점만은 알 수 있다. 사람들을 구분하는 몇 가지 방식은 위계 서열화의 유산이다. 그러므로 대단히 중요한 국익이 걸려 있지 않는 한, 이러한 구분에 의거한 제한은 평등보장조항에 따라 허용될 수 없다.

평등문제를 다룰 때에 고려해볼 만한 집단이 또 하나 있다. 이들에 대해 생각해보면 성적 지향의 영역에서 법에 의한 평등한 보호가 지니는 의미를 숙려하는 데에도 도움이 된다. 그 집단은 장애인이라는, 대단히 혼종적인 사람들의 집단이다. 인종적 소수자들이나 여성들과 마찬가지로 장애인들은 미국 사회에서 오랫동안 법적으로 완전한 평등권을 보장받지 못했는데, 이러한 상황은 많은 경우 비이성적 공포와 편견에 의해 추동된 것이었다. 장애인 아동들의 공립학교 출석권을 놓고 벌어진 두 건의 재판에서 법원은 그러한 배제가 평등보장조항을 위반한 것이라고 판단했다. '밀스 대 교육부' 판결은 신체적·정신적 장애가 있는 아이들을 다른 아이들과 함께 교육

받지 못하도록 하는 체계적·법적 강요가 법 앞에서의 평등이라는 기본권을 침해하는 것이라며 브라운 판결을 판례로 인용하기도 했다.[14] 엄격한 심사라는 문제가 논의되지 않은 상황에서도, 법원은 장애아들을 교육하기 위해 정부가 지불해야 하는 추가적 비용은 차별정책을 합법화할 정도로 충분히 강력한 주정부의 이익이 아니라고 분명히 판시했다.

비슷한 시기에, 연방대법원은 텍사스 주의 한 도시에서 통과된 도시계획조례exclusionary zoning ordinance가 심지어는 합리성 심사기준조차 통과하지 못할 정도로 평등보장조항을 위반하는 것이라고 판시했다. '클리번 시정부 대 클리번 생활관' 판결[15]에서 법원은 정신지체자 수용시설에 대해 허가를 내주지 않았던 시정부의 결정을 무효화했다(당시 클리번에서는 하숙집, 남녀 학생 클럽하우스, 기숙사, 병원, 호텔은 물론이고 병후 요양소, 양로원, 요양원 등을 설립하기 위해 어떤 형태의 시정부 허가도 구할 필요가 없었다. 오직 "정신이상자와 심신미약자, 알코올중독자, 약물중독자 들을 위한 수용시설"의 설립에만 시정부의 허가가 필요했다). 시정부가 해당 시설을 허가해주지 않은 데에는 인근 부동산 소유주들이 표현한 공포심과 부정적 태도가 명백히 반영되어 있었다.

장애는 한 번도 위헌의심차별로 인정되지 않았으며, 클리번 판결에서도 장애에 따른 구분은 위헌의심차별이 아니라는 점을 분명히 했다.[16] 그러나 흥미롭게도, 연방대법원은 클리번의 도시계획조례가 위헌의심차별보다 훨씬 통과하기 쉬운 기준인 합리성 심사기준을 통과하지 못한다고 판시했다. 이때 합리성 기준이란 법이 "시정부의 정당한 목적에 합리적으로 연관"되어야 한다는 기준이다. 연방대법원은 "간단히 말해, 이 재판에서 시정부가 허가권을 요구하는 근거는 단지 정신지체자들에 대한 비합리적 편견뿐인 것으로 보인다"[17]고 선언했다. 연방대법원은 시의회가 부동산 소유주들의 "부정적인 태도"를 존중하여 조례를 통과시켰다고 결론내렸다. "단순한 부정적 태도와 공포는 도시계획조례 실행의 적절한 요소로 입증될 수 없으며, 따라서 정신지체자 수용시설을 아파트나 공용주택 및 기타 유사한 주거시설과 다르게 대우할 근거가 될 수 없다"[18]는 것이 연방대법원의 의견이었다. 매우 중요하게도, 연방대법원은 어떤 법안이 민주적 다수의 의지를 반영한다고 해서 평등보장조항이 가하는 제한을 비껴날 수 있는 건 아니라는 점을 강조했다. "합의에 의한 것이든 아니든, 설령 선거구 전체가 찬성한다 할지라도 연방헌법의 평등보장조항을 위반하는 도시 법안은 통과될 수 없음이 명백하다."[19] 연방대법원은 다수가 어떤 법을 원하더라도 그 법이 오직 반감이나 혐오에만 의존하는 경우, 해당 법안은 평등보장조항에 따라 금지된다고 판시했다. 하기야 '농무부 대 모레노' 판결[20]에서 연방대법원이 내렸던 결정을 보면 이 결론은 이미 예정된 것이나 다름없었다. 이 사건에서는 비전통적인 가족을 차별한 식료품 할인구매권 프로그램federal food stamps program이 문제가 되었다. 이 사건에서 연방대법원은 모레노의 승소, 그러니까 농무부의 패소를 판결했었다. 클리번 판결과 모레노 판결은 성적 지향을 다룬 '로머 대 에반스' 사건의 선례로서 연방대법원의 획기적인 판례라 할 수 있다.

상상력의 필요성

앞서 살펴본 것처럼, 헌법의 다양한 영역에서는 평등이라는 보다 근본적인 이념에 바탕을 둔 법적 이해가 출현하고 있다. 그러나 다양한 집단에 속한 사람들의 상황을 상상하고 그들의 관점에서 상황을 평가할 수 있는 능력이 없다면 평등도, 평등한 존중도 존재할 수 없다. 설령 잠깐은 가능할지 몰라도 그런 평등이 오래 지속될 수는 없는 법이다. 매사추세츠의 청교도들은 자신과 다른 신앙을 가진 사람들을 마녀나 악마, 인간 사이에 숨어 있는 사탄의 대리자라고 생각했다. 청교도들은 다른 사람들이 선택한 길을 증오했기에 타인도 역시 선의를 가지고 삶의 의미를 찾고 있다는 사실을 잘 알아차리지 못했다. 그러나 또 다른 이주민들은 점차 다른 시각을 갖기 시작했다. 유대인이나 침례교도들, 아메리카 원주민들 같은 타인들의 행위는 여전히 나쁜 것이라고 거부하면서도, '사람' 자체에 접근할 때는 좀 더 상상력과 이해력이 깃든 태도를 갖기 시작했다. 이런 관점에서는 이교도들도 이주민들 자신과 상대적으로 비슷하게 보였다. 타인을 사탄의 대리자가 아닌, 나와 마찬가지로 혼란스러운 세상에서 어려운 문제들과 씨름하고 있는 사람으로 볼 수 있는 능력이야말로 자신이 구상하던 종교적 존중의 정치에 필수적이라는 사실을 알고 있었던 로저 윌리엄스는, 종교적 평등에 대한 그의 위대한 저술에서 "자비롭고 동정심 많은 독자들"을 향해 "나는 대단히 신비로운 세상에서 의미를 탐색하고 있다. 당신도 마찬가지다. 나는 내가 맞고 당신이 틀렸다고 생각하지만, 우리는 둘 다 각자의 양심이라는 능력에 의존하는 탐색자에 불과하다. 그 양심은 우리가 서로를 존중해야 하는 참된 요건이다"라고 호소했다(이러한 접근은 아메리카 원주민들의 '행위'가 악마적이라는 주장과 완벽히 양립가능하다는 점에 주목하라. 실제로 윌리엄스 자신도 아메리카 원주민들을 악마적이라고 보았다).

과거에는 혐오와 공포의 정치가 종교 영역을 지배했다. 사람들은 자신을 오염시킨다고 생각되는 사탄의 사도들과 접촉하지 않으려고 잔뜩 몸을 움츠렸다. 혐오를 품고 타인을 대하는 사람에게 그저 "타인을 존중하시오"라고 요구할 수는 없는 법이다. 혐오에 차 있는 사람들은 타인을 진정한 의미에서 완전한 인간으로 보지 않기에 그들을 존중할 준비도 되어 있지 않다.

혐오는 '저' 사람들을 완전한 인격적 존엄성을 갖추지 못한 저열한 존재, 동물이나 악마와 같은 존재로 보이게 만듦으로써 타인을 격하시킨다.[21] 타인의 양심을 존중하려면 최소한 타인을 양심이 있는 존재, 양심에 따른 탐색을 하는 존재로 볼 수 있는 능력이 있어야 한다. 타인이 무엇을 추구하고 있는지 상상할 수 있는 능력, 그 사람도 괴물이 아닌 진짜 사람이라는 점을 상상할 수 있는 능력은 미국적 전통의 중심으로 자리잡게 된, 평등한 자유를 사유하는 길로 나아갈 때 반드시 내디뎌야 할 한 걸음이다.

다양한 성적 지향을 존중하는 정치를 실현시키기 위해서는 먼저 게이와 레즈비언들이 무엇을 추구하는지 상상할 수 있어야 하며, 동성애자들의 추구를 이성애자들 자신이 하고 있는 개인적·성적 진정성 및 표현에 대한 추구와 유사한 것으로 볼 수 있어야 한다. 물론 동성애자들이 하는 일에 대해서는 여전히 찬성하지 않을 수 있다. 게이나 레즈비언들이 죄악으로 가득차 있다거나 무언가를 심각하게 오해하고 있다고, 혹은 신의 말씀에 불복종한다고 생각하는 것도 여전히 가능하다. 그렇더라도 존중으로 나아가는 중대한 첫 발걸음을 내디뎠다는 점에는 변함이 없다.

중요하게도, 타인이 무엇을 추구하고 있는지 상상하는 능력은 평등보장 조항을 현대적으로 이해하는 데에 매우 중대한 역할을 수행해왔다. 분리되어 있을 뿐 평등하다는 시설들은 성별에 따라 구분된 것이든, 인종에 따라 구분된 것이든 간에 서류상으로야 충분히 공평해 보일 수 있다. 그렇다면 해당 시설들이 실제로는 사람들을 평등하게 존중하고 있지 않다는 사실은 어떻게 알 수 있는가? 브라운 사건에서는 평등하다는 흑인학교에 다니는 아이들이 마주했던 장애를 상상해보고자 하는 인내심 어린 노력이 필요했다. 역사적·사회적 근거를 갖춘 이 상상력을 활용할 때에야 비로소 이 학교들이 실제로는 평등하지 않으며, 흑인학교의 분리를 둘러싼 낙인이 불균형적인 손해를 끼치고 있었음이 드러났다.

러빙 사건의 당사자들에게 공감을 느끼기란 상대적으로 쉬울지도 모른다. 어쨌든 이 사람들이 원했던 것은 결혼을 하는 것뿐이었고, 결혼이란 이해하기 쉬운 인간의 목표인데다 사람들이 자기 자신의 고민과 연결시키기에도 좋은 행위이기 때문이다. 그런데도 인종차별주의자들은 인종 간 결혼을 이런 방식으로 이해하지 않았다. 그들은 서로에 대한 헌신적 삶을 살며 행복을 찾고자 하는 한 남자와 한 여자를 본 것이 아니라 무언가 혐오스럽고 더러운 것, 그들의 감각을 말 그대로 오그라들게 만드는 무언가를 보았다. 행복의 추구가 아닌 피의 오염을, 열정과 헌신이 아닌 범죄적이고 더러운 일종의 포식捕食을 보았던 것이다. 인종 간 결혼을 금지하는 법안이 단지 백인 우월주의의 표현에 불과하다고 말할 수 있는 지점에 도달하기 위해 판사들은 우선 인종차별주의자들의 시각에서 벗어나야 했으며, 밀드러드 지터와 리처드 러빙의 목표를 같은 인종끼리 결혼하고 싶어 하는 사람들의 목표와 유사한 것으로 보아야 했다.

마찬가지로 연방정부 대 버지니아 주정부 사건에서는, 메리 볼드윈 칼리지의 대체 프로그램으로는 충분하지 않다는 사실을 인지하기에 앞서 고등교육과 고용기회에 대한 여성들의 정당한 이해관계를 이해해야만 했다. 수세기 동안 여성들은 2년제든 4년제든 대학에 진학하지 못하도록 압박받아왔으며, 당시에는 이 상황이 전혀 불평등해 보이지 않았다. 이 상황이 불평등하다는 사실을 알아채기 위해서는 먼저 그 상황에 처해 있는 인간 그 자체, 곧 남성을 위해 봉사하는 편리한 물건이 아니라 미국 사회 곳곳에서 다양한 목표를 세우고 그 달성을 위해 노력하는 평등한 동료 시민으로서의 여성 그 자체를 보아야 했다. 여성에 대한 존중은 그들의 목표가 남성들의 목표와 얼마나 유사한지를 알아보는 능력에 달려 있으며, 이 능력은 상상력을

필요로 한다.[22]

헌법적 판단을 할 때 상상력이 필요하다고 생각한다고 해서 법이 "만사를 이해하면 만사가 용서된다*tout comprendre, c'est tout pardonner*"는 식의 말랑말랑한 도덕으로 전락하지는 않는다. 앞서 언급된 사례들에서 판사들이 당사자 양측 모두에 대해 상상력을 발휘했다는 점에 주목하라. 판사들은 인종 간 결혼금지법을 작동시키는 이면의 목적을 찾아내야 했고, 그러기 위해 먼저 "백인의 우월성"을 구성하고 있던 오염이나 더럽힘에 대한 개념을 이해해야 했다. 이 모든 법적 제도가 사실 무엇을 위한 것인지 표명하는 것은 그다음의 일이었다. 클리번 판결에서 판사들이 양측 모두에 대해 상상력을 발휘했다는 점은 더욱 분명하게 드러난다. 그들은 텍사스 시민 다수의 태도가 합리적인 주장을 반영한 것인지 아니면 단지 공포와 비이성적 혐오만을 나타내는 것인지를 판단하기 위해 먼저 그 주민들의 입장을 상상해야 했다. 이러한 엄정성 역시 동료 시민들에게 존중을 표하는 한 가지 방법이다. 우리는 시민들이 통과시키는 법에 대해 합리적인 목적이 있으리라고 기대하며, 그러한 목적이 없는 경우에는 아무리 민주적 다수에 속하는 사람이라도 법을 도구로 삼아 타인에게 불이익을 줄 수 없도록 한다.

동료 시민들에 대한 평등한 존중과 그들이 추구하는 이익이 무엇인지 상상하는 진지하고도 공감적인 시도의 조합이야말로 '인류애의 정치', 바로 그 자체다. 위에서 묘사한 것과 같은 상상력은 타인을 존중하기 위한 선구적 요소로서 매우 중요하며, 심지어는 필수적이라는 것이 이 책의 주장이다. 여기에서 한 발 더 나아가, 이 상상력과 존중이 맺고 있는 관련이 더욱 긴밀한 건 아닌지, 즉 존중 자체에 이 상상력이 포함되어 있는 건 아닌지 따져볼 필요가 있다. 평등한 존재로서 다른 사람을 존중한다는 것은 그 사람을 단순한 수단이 아닌 목적으로, 물체가 아닌 사람으로 바라보는 특정한 방식을 의미한다. 이러한 시각을 갖추려면 타인에게 먼지와 찌꺼기가 아닌 삶과 목적을, 더러움이 아닌 인간의 존엄성을 부여해야 한다. 타인을 존중하기 위해서는 상상이라는 노력이 필요하다는 이 생각은 단지 자유주의적인 생각만은 아니다. 사실, 로널드 레이건 정부 시절 법무차관이었던 찰스 프리드는 최근 저서에서 이러한 생각을 유려하게 발전시켰다. 프리드는 많은 이성애자들이 게이나 레즈비언의 삶을 이상하다고 생각한다는 점을 명시한다. 그런 의미에서, 동성애자로서의 삶을 상상해보라고 이성애자들에게 요구하는 것은 마치 한 번도 본 적이 없는 색깔을 상상해보라고 요구하는 것과 비슷할 수 있다. 그러나 프리드는 이어서 이렇게 논지를 편다.

> 동성애자들의 인권과 자유를 존중하기 위해서는 어떤 노력이 도덕적으로 요구된다. 지금 문제시 되는 사람들은 생각을 하고 느낄 줄 아는 인간들, 문자 그대로 우리 자신의 형제이자 자매인 사람들인 만큼, 그런 노력을 하지 않는다는 것은 그 사람들의 인간성을 부정하는 흉악한 행위다. 이 노력이란 동성애자들도 이성애자들과 꼭 같은 성적 열망을 가지고 있으며, 이 열망들은 동성애자들의 정신 속에서도 이성애자들의 정신에서와 비슷한 위치를 차지하고 있다는 사실을 단순히 인정하는 것을 말한다. 충분히 가능한 노력이다. 이렇게 상상해보려는 노력은 결국 여성의 성적 욕망에 대한 남성의 공감에서 그저 한 발짝 더 나아간 것에 불과할지도 모른다. 사실 이러한 공감이야말로 성애sexual love의 완성이다.[23]

본질적으로 상상력에 대한 요구는 세속적 도덕규범일 뿐만 아니라 세계의 위대한 종교 대다수를 작동시키는 '도덕성' 개념의 핵심이다. 우리 이웃을 우리 자신과 같은 사람으로 보고 사랑해야 한다는 생각 말이다. 이렇게 표현될 경우 이 요구는 새로운 것이지만 동시에 오래된 것임을 알 수 있다. 관

례에 벗어나지 않으면서도 근본적으로 급진적인 요구인 셈이다.[24]

앞서 언급했듯 '인류애의 정치'는 타인의 선택에 무조건 찬성해야 한다는 뜻이 아니며, 심지어는 그들이 하는 행동을 존중해야 한다는 뜻도 아니다. '인류애의 정치'는 그저 타인을 광범위한 목표를 추구하고 있는 인간, 평등한 존엄성, 평등한 권리를 가진 인간으로 바라볼 것만을 요구한다. 어떤 경우에는 누군가가 추구하는 목표가 제3자에게 실제적 피해를 줄 수도 있다. 그러나 이 경우에도 '인류애의 정치'를 실현하는 사람은 타인의 평등한 인간성을 보지 못하는 위치로 결코 퇴각하지 않는다.

지금까지의 법적 제도는 게이나 레즈비언의 삶을 바라볼 때 타인의 인간성을 보지 못하는 바로 그 위치로 물러나 있었다는 것이 내 주장이다. 그러나 '바워스 대 하드윅' 판결과 '로렌스 대 텍사스 주' 판결 사이에 무언가 중대한 변화가 일어났다. 그것은 상상력의 변화를 통해 가능해진, 미국 헌법에 대한 사유의 변화였다.

제3장

소도미 법: 혐오와 사생활 침해

"모든 인간은 평등하게 창조되었다"는 원칙의 의미가 언제나 분명한 것은 아니다. 그러나 자유 시민이라면 누구나 "자유"라는 측면에서 다수 시민이 누리는 것과 동일한 법익을 누려야 한다는 점이 이 원칙에 포함된다는 것은 자명하다. 개인이라는 견지에서 보면 동성애자와 이성애자는 자신의 삶을 어떻게 살아나갈지 스스로 결정하는 데 있어서, 보다 범위를 좁혀 말하자면 자신의 동료들과 어떻게 사적이고 자발적인 관계를 맺을 것인지에 있어서 동일한 법익을 갖고 있다. 이성애자의 사생활이 그러하듯, 국가에 의한 동성애자의 사생활 침해 역시 큰 부담이 되기는 마찬가지다.

-스티븐스 대법관, 바워스 대 하드윅 판결의 반대의견

저는 토릭 경관에게 옷을 갈아입어야 하니 방에서 잠깐 나가달라고 부탁했지만, 그는 "그럴 이유가 있나? 나는 벌써 당신의 가장 내밀한 모습을 보았는데"라고 대답했습니다.

-마이클 하드윅, 자기 침실에서 체포당한 사건을 묘사하며[1]

사회에 대한 두 가지 관점: 데블린과 밀의 논쟁

소도미 법은 사생활을 침해한다. 과거 미국의 모든 주에 존재했던 이 법에 따르면, 상호합의하에 격리된 공간에서 타인에게는 아무런 영향도 끼치지 않고 심지어는 타인이 모르는 채로 일어나는 행위가 형사소추의 근거가 될 수 있었으며, 이는 많은 경우 가혹한 형사처벌로 이어졌다. 영국과 미국에서는 한때 사적 성생활을 국가가 법으로 다스리는 일이 다반사였다. 그러나 오늘날에는 다르다. 현대의 미국인은 경찰에게 누군가의 침실에 난입하여 그곳에서 일어나는 성행위를 살펴볼 권리를 준다는 생각만으로도 경악할 것이다. 토릭 경관은 소도미와는 전혀 상관없는 혐의인 공공장소에서의 주류 소지로 인해 발급된 영장을 들고 하드윅의 침실에 쳐들어왔다. 그나마 그 영장은 열흘 전에 이미 만료된 것이었다. 그런 그에게 마이클 하드윅은 매우 정중한 요청을 했을 뿐이다. 이에 대한 토릭 경관의 대답은 가히 경찰국가의 유령을 상기시킨다. 이것이 우리가 바라는 미래가 아니라는 점만은 분명하다.

토릭 경관의 말이 으스스하게 느껴지는 건 사생활의 자유가 박탈되었다는 단순한 이유 때문만은 아니다. 그 말이 더 끔찍하게 느껴지는 데에는 보다 근원적인 이유가 있다. 그것은 바로 토릭의 말이 인간의 존엄성에 대한 모욕이라는 사실이다. 그의 말은 신체적 사생활을 침해하는 단순한 방법만으로도 수용자들을 인간 이하의 존재로 격하시키는 감옥이나 집단수용소를 연상시킨다.

대부분의 미국인들은 위에서 언급된 것과 같은 경찰의 사생활 침해에 반감을 느낄 것이다. 그러나 사실 미국의 헌법적 전통을 살펴보면, 정부가 사생활을 감시하거나 상호합의한 당사자 간의 사적 행위에 대한 강압적 규제를 결정적으로 거부하는 데까지 이르는 길은 멀고도 험했다. 일례로 위 사건의 마이클 하드윅은 1991년에 사망했는데, 그때까지도 사적 관계를 자유롭게 맺을 수 있는 그의 권리는 정당하게 인정받지 못했다.

성행위에 대한 법적 통제는 "어떤 사회에서 살고 싶은가?"라는 근본적인 질문을 제기한다. 패트릭 데블린 경은 결속을 최우선으로 하는 사회의 모습을 선호했다. 개인의 자유에 어느 정도 가치가 있다고 마지못해 인정하면서도, 데블린은 다수가 불쾌감이나 도덕적 이유가 있는 혐오감을 느끼는 경우에는 그처럼 강한 감정만으로도 개인의 자유를 충분히 억제할 수 있다고 보았다. 이것이 바로 '혐오의 정치'를 살아 움직이게 만드는 기본 이념이다.

데블린의 주장과 가장 극명하게 대립하는 관점은 19세기 영국 철학자 존 스튜어트 밀이 선호했던 사회관이다. 밀이 살던 당시의 영국은 과거의 미국보다도 훨씬 더 사생활을 쉽게 침해하는 청교도주의적인 나라였다. 밀은 청년 시절에 런던의 빈민가에 피임과 관련된 정보를 배포했다는 이유로 투옥되었다. 이후 장년이 되어서도 그는 유부녀인 해리엇 테일러와 우정을 쌓고 지냈다는 이유만으로 오랜 세월 동안 많은 사람들에게 사회적 따돌림을 당했다. 정작 해리엇의 남편은 둘의 관계에 반대하지 않았는데도 말이다. 실제로 해리엇의 남편이 죽은 후에 정식으로 결혼한 두 사람은 결혼하기 전까지 성적 관계를 한 번도 맺지 않았을 가능성이 높다. 이와 유사한 여러 경험을 겪으면서 밀은 공중의 감정이 개인의 선택을 폭압하는 상황에 치를 떨게되었다. 명저 『자유론』에서 밀은 어떤 행위에 참여하는 당사자들에게만 영향을 끼치는 행위를 "자기본위적" 행위라고 부르면서, 이러한 행위는 결코 법적 제재의 대상이 될 수 없다고 주장했다. 도박이나 음주, 평범하지 않은 성행위 등을 대부분의 사람들이 도덕적으로 반대하는 일은 있을 수 있지만, 설령 그렇다 해도 그 행동이 당사자들에게만 영향을 끼친다면 이를 합법적으로 규제할 수 없다는 주장이었다. 밀은 어떤 행동이 동의하지 않는 제3자에게 영향을 끼치는 경우, 즉 "타자관련" 행위일 경우에만 그 행동을 법적으로 타당하게 규제할 수 있다고 주장했다.

"자기본위적" 행위와 "타자관련" 행위에 대한 밀의 구분은 인간에 대한 심오한 이해에서 나온 것이다. 자기 인생을 살기 위해 인간에게는 자유의 영역이 있어야 하며, 이러한 자유의 영역은 무엇보다도 사적 결정과 사적 관계를 최우선으로 보호해야 한다. 밀은 이처럼 자유의 영역을 보호하는 사회가, 관습적 규범으로 하여금 사적 자유를 멋대로 짓밟도록 허용하는 사회에 비해 각 개인에게도 훨씬 더 공정할 뿐 아니라 전체적으로 봐도 더 강력한 사회라고 믿었다. 종교와 성적 표현의 유사점을 살펴본 앞의 논의에서 탐구해온 것이 바로 이 개념이다.

데블린과 밀이 무엇 때문에 충돌하고 있는지 살펴보기 위해서는 성행위가 다른 이들의 법익에 잠재적으로 영향을 미칠 수 있는 세 가지 방식을 구분해야 한다. 첫째 범주에 속하는 성행위는 어떤 종류든 폭력이나 강압을 포함할 수 있다. 강간이나 아동에 대한 성적 학대 등이 여기에 포함된다. 이러한 행위가 법에 의해 적절히 통제되어야 한다는 점에 대해서는 데블린과 밀이 모두 동의한다.[2]

둘째 범주에 속하는 성행위는 직접적 불쾌감을 조성하는 사례로, 해를 끼치거나 권리를 침해하는 첫 번째 범주의 성행위와 비슷하다. 이 범주에 어떤 행위가 속하는지를 이해하기 위해서는 법적으로 생활방해nuisance 범주에 해당하는 행위들을 떠올려보면 된다. 만일 인근 사유지에서 발생한 역겨운 냄새나 소리 때문에 누군가가 자신의 사유지에서 쾌적하게 지낼 수 없다면 그 사람은 정당한 법적 대응에 나설 수 있다. 이 경우 생활방해에 의한 권리침해는 공갈폭행에 의한 권리침해와 매우 유사한 형태를 띤다.[3] 이때 발생하는 불쾌감을 혐오감이라고 부를 수 있다면, 그 혐오는 원초적 대상에 대한 혐오이지 투사적 혐오가 아니라는 점에 주의해야 한다.

이처럼 단순한 소음이나 악취와 관련된 사례를 빼면, 직접적으로 불쾌감을 조성하는 또 다른 사례를 생각해내기란 사실상 어렵다. 그러나 최소한 몇 가지 성행위는 이 범주에 포함된다. 예를 들어 누군가가 버스에서 자위행위를 하거나 거리 한복판에서 성기를 노출하는 경우, 이 행위는 아무리 좋게 보아도 생활방해와 죄질이 비슷한 것으로 보인다. 사람들은 이런 행위가 밀이 말하는 "자기본위적" 행위가 아니라고 느낀다(실제로 이러한 행위를 하는 사람들은 많은 경우 다른 사람들에게 영향을 끼치겠다는 목적을 갖고 있다. 노출증 환자들이 타인에게 겁을 주고 불쾌감을 일으키려는 의도를 갖고 있음은 이미 널리 알려진 사실이다). 어린이들이 영향을 받는 경우에는 이러한 행위가 자기본위적이지 않다는 점이 아주 뚜렷하게 드러나지만, 직접적 불쾌감을 느끼는 사람이 성인인 경우에도 이러한 행위들을 자기본위적이라고 볼 수 없는 것은 마찬가지다. 성인이 겪는 불쾌감 또한 첫 번째 범주에 속하는 행위, 즉 폭력이나 강압에 의한 행위로 발생하는 피해와 비슷하다고 볼 수 있기 때문이다. 혐오의 대상이 원초적 대상인 경우 직접적 불쾌감 조성이 지닌 폭력적·강압적인 속성은 더욱 분명하게 드러난다. 예를 들어 불쾌한 냄새와 어쩌면 건강상의 문제까지도 일으킬 수 있는 공공장소에서의 배설행위는 사람들이 사회적 관념에 영향을 받아 혐오감을 느끼는 공공장소에서의 노출행위보다 분명한 직접적 불쾌감 조성의 사례가 된다. 밀이 이러한 사례들을 구체적으로 언급한 것은 아니지만, 그가 보호하고자 애쓴 자유의 영역에 이러한 행위들을 할 자유가 포함되지 않는다는 점은 상당히 명백하다.

직접적 불쾌감 조성의 법적 사례를 다룰 때에는 상황상의 제약이나 행위자들의 본성을 섬세하게 고려해야 한다. 예를 들어 놀이터에서 배설을 했다는 이유로 어린이를 형사처벌해서는 안 될 것이다. 그러나 똑같은 놀이터에서 성인이 배설을 한다면 그는 형사처벌의 대상이 된다. 직접적 불쾌감 조성을 금지하는 법을 고안하고 집행할 때는 (원초적 대상에 대한) 혐오에 어느 정도 의존하는 수밖에 없다. 그러나 이 경우 상황상의 제약을 극도로 세심하게 고려해야만 한다. 예를 들어 기차역에서 소변을 본 노숙자는 같은 행위를 한 펀드매니저에 비해 관대한 처분을 받을 수 있다. 경제적인 제약만을 고려하라는 뜻이 아니다. 똑같은 펀드매니저라 할지라도 점심을 먹은 뒤 공공장소에서 배설을 하는 경우와 장거리 달리기 대회에 참가했다가 골목길에서 소변을 보는 경우가 똑같은 취급을 받아서는 안 된다.[4]

직접적 불쾌감 조성의 요건을 구성하려면 발생한 혐오감이 어떤 방식으로든 원초적 대상과 관련되어 있어야 한다. 예를 들어, 어떤 사람은 인종이 서로 다르거나 성별이 같은 커플이 공공장소에서 애정 표현을 하는 모습을 보고 혐오감을 느낄 수 있다. 그렇다고 해서 이 혐오감이 법적으로 통제할 수 있을 만큼 심각한 손해의 요건을 구성하는 것은 아니다. 이러한 혐오는 투사적 혐오이며 원초적 대상에 대한 것이 아니기 때문이다(원초적 대상이란 체액, 악취, 기타 등등을 의미한다). 직접적 불쾌감 조성을 법적으로 통제할 수 있다는 생각은 통제 대상이 일종의 피해를 야기한다는 생각에 근거하는데, 대상이 피해를 야기한다는 주장은 원초적 대상의 역할을 끌어들이지 않고 성립하기 어렵다.

마지막 범주에 속하는 행위는 상호합의한 당사자들이 격리된 상황에서 하는 성행위다. 이 경우에는 다른 어떤 제3자도 직접적인 악영향을 받지 않는다. 그럼에도 제3자는 그 행위가 벌어지고 있다는 상상을 함으로써 불쾌감을 느낄 수 있다. 이때 발생하는 '손해'는, 밀이 "단순히 추정적인" 손해라고 부른 바로 그것이다. 사람들은 어떤 행위가 벌어지는 곳에 자신이 있다면 얼마나 불쾌할까 상상하고서는, 상상하는 과정에서 완전히 흥분해버리는 바람에 혐오와 분노를 느낀다. 이때 사람들이 느끼는 혐오감은 순전히 투사적인 것임에 주의해야 한다. 이때 발생하는 혐오에는 어떠한 원초적 대상도 존재하지 않는다. 사실 일반적인 경우, 혐오는 원초적 대상보다는 어떤 행동을 하리라고 상상되는 사람과 원초적 대상 사이에 존재한다고 생각되는 연결고리에 집중된다(누군가가 화장실에서 소변이나 대변을 본다고 생각할 때에는 별다른 혐오감을 느끼지 않으면서도, 행위자를 대변이나 다른 혐오의 원초적 대상과 공상적으로 연결시키는 성행위를 떠올릴 때에는 혐오감을 느끼는 이유가 바로 이것이다). 상호합의한 당사자들이 격리된 상태에서 행하는데도 그러한 행위가 벌어진다는 상상만으로 사람들에게 혐오감을 불러일으킬 수 있는 행위에는 여러 종류가 있다. 동성 간 성행위는 물론 간통, 혼전성교, 자위행위가 이에 포함된다. 이 행위들은 모두 과거에 법적 통제의 대상이었으며 미국의 여러 주에서는 여전히 그렇다. 섹스클럽에서의 스트립쇼도 마찬가지다. 성행위나 유사 성행위 외의 다른 사례를 들자면 비밀리에 주류를 소지하거나 음주하는 행위, 비밀리에 도박장에서 도박을 하는 행위를 들 수 있다. 이처럼 "자기본위적"인 행위를 규제하는 많은 법률이 여전히 법전에 실려 있다. 최근의 사례로는 1991년 연방대법원의 판결을 들 수 있다. 이때 연방대법원은 비공개 클럽에서 스트립쇼를 금지한다는 인디애나 주의 주법을 존치했다. 당시 연방 제7순회항소법원은 스트립쇼를 수정헌법 제1조에 의해 보호받는 표현의 자유로 인정했는데, 연방대법원은 이 주장을 기각하면서 공중도덕을 고려하면 해당 법률이 합헌이라고 볼 수 있다고 판단했다.[5]

데블린과 밀은 이 세 번째 범주에 속하는 사례들을 놓고 의견이 갈린다. 데블린은 사회의 평균적 구성원이 "추정적" 혐오를 느낀다면 아무런 피해도 일으키지 않으며 직접적 불쾌감도 조성하지 않아 생활방해로도 볼 수 없는 행위, 즉 "자기본위적" 행위 또한 충분히 법으로 규제할 수 있다고 보았다. 반면 밀은 사적 자유를 누릴 수 있는 격리된 공간이야말로 사회의 자유와 건강을 보장해주는 영역이라고 생각했다.

'혐오의 정치'로부터 '인류애의 정치'로 이행하기 위해서는 먼저 '어떤 사회에서 살고 싶은가?'라는, 보다 일반적인 질문에 답해야 한다. 본질적으로, 이는 집단을 앞세우는 사람들과 개인적 자유의 영역을 지켜야 한다고 주장하는 사람들 사이에 늘 있어온 해묵은 논쟁이다. 이를 좌우의 이념대립으로 설명할 수는 없다. 수많은 마르크스주의 운동가들은 가장 극렬한 종교적 보수주의자들만큼이나 사람들의 성생활에 간섭하려 들었다. 일례로 1970년대 대학가에서 벌어진 좌익 운동은 남녀의 올바른 성행위란 무엇이며, 남녀가 입어야 하는 적당한 옷은 무엇인지, 언제 결혼을 해야 하고 언제 결혼을 해서는 안 되는지 등등의 지침을 처방했다. 이들은 자신들이 그토록 반대하던 보수주의자들과 단지 무엇을 규제하고 무엇을 규제하지 말아야 하는지 구체적 사항을 놓고 대립했을 뿐, 사생활 규제가 적절하다는 보수주의자들의 주장 자체에 대해서는 아무런 이견이 없었다. 좌우파 모두가 개인의 자유를 하찮게 취급했으므로, 밀의 지지자들은 낙담한 채 둘 사이에 끼어 있는 수밖에 없었다. 엄밀히 따지면 중간은 아니겠지만, 밀의 입장은 좌우 이념대립의 "중간"에 있었던 셈이다.

그렇다면 문제가 되는 것은 누군가의 이념적 성향이 좌파에 가까운지, 우파에 가까운지가 아니다. 이 문제를 놓고 학계의 좌파 이론가들과 일상의 보수주의자들이 대립한다고 본다면 큰 오산이다.[6] 오히려 문제는 정치의 기초적 단위, 즉 정치적 권리의 1차적 귀속주체를 개인으로 볼 것인지, 집단으로 볼 것인지 여부에 달려 있다. 과연 개인에게는 집단의 판단에 좌우되지 않는 고유한 자유의 영역과 권리가 있는가? 아니면 집단의 이해관계가 언제나 개인의 권리에 우선하는가?

종교 영역에서 볼 때 미국은 유럽에 비해 집단주의적 가치에 지속적으로 반대하며 개인적 자유의 영역을 강하게 존중해왔음을 알 수 있다. 예를 들어 유럽의 많은 지역에서는 공립학교나 공무원 사회 등 공공영역에서 이슬람교도들이 히잡*을 쓰지 못하도록 막거나 유대인들이 야물커**를 쓰지 못하도록 금지하는 등의 법을 시행하고 있는데, 미국인 대부분은 이런 규제가 존재한다는 사실에 경악한다.[7] 반면 성적인 문제에서는 유럽 대륙에 비해 미국과 영국이 집단주의적 입장에 더 가까웠다. 성 "도덕"이 잘 지켜지는지 공적으로 감시해야 한다는 입장을 선호한 미국이나 영국과는 달리, 유럽 대륙의 국가들은 개인을 훨씬 더 보호하는 입장이었다(예를 들어, 프랑스에서는 상호합의된 성인 간의 성행위를 금지하는 모든 법이 20세기 초반에 폐지되었다. 같은 시기 영국에서는 이성 간, 동성 간을 막론하고 항문성교가 여전히 중죄였다).[8] 미국인들은 양심의 자유를 매우 소중히 여겨왔지만, 유럽 대륙에 비하면 최근까지도 성행위를 관계 당사자들만이 할 수 있는 선택, 즉 양심의 문제로 간주하지 않았다.

이처럼 독특한 역사에도 불구하고, 오늘날의 미국은 몇몇 내밀하고 사적인 문제에 관한 한 더 이상 경찰의 통제를 인정해서는 안 된다는 합의에 도달했다. 통제는커녕, 사실 이러한 영역은 경찰이 감시할 만한 문제도 되지 못한다.

---

* 이슬람의 전통 복식 중 하나로 여성들이 머리와 상반신을 가리기 위해 쓰는 가리개.

** 유대인 남자들이 머리 정수리 부분에 쓰는 작고 동글납작한 모자.

역사: 소도미 법의 이론과 실제

소도미 법은 역사가 길다. 이 법은 영미법 전통의 일부로서, 한때는 미국연방의 모든 주에서 어떤 형태로든 인정되었다. 구체적인 조문은 다를지라도 1961년 이전에는 50개 주 전부가 소도미 법을 유지했으며, 바워스 대 하드윅 판결이 있었던 1986년에도 24개 주에는 여전히 소도미 법이 있었다.

소도미 법에는 두 가지 명백한 목적이 있다. 하나는 2세 생산으로 이어지지 않는 성행위를 통제하는 것이다. 이에 따르면 동성애자뿐 아니라 이성애자도 소도미 법의 적용을 받는다. 따라서 소도미 법은 무엇보다도 항문성교와 구강성교를 우선적으로 규제했고, 몇몇 주의 경우 여기에 상대방의 자위행위를 도와주거나 성기에 물체를 삽입하는 행위를 포함시키기도 했다. 바워스 대 하드윅 판결 당시에도 여전히 법전에 적혀 있던 소도미 법의 몇 가지 사례는 다음과 같다. 이 법률들은 성별을 막론하고 성행위에 참여하는 모든 사람들에게 적용되었던 것이다.

메릴랜드: 소도미는 중죄다. 타인의 성기를 자신의 입에 넣거나 자신의 성기를 타인의 입에 넣는 행위를 포함하여 타인과 맺는 모든 형태의 부자연스럽고 변태적인 성행위는 중죄에 해당한다. 이 절에 따라 기소를 할 경우, 그처럼 부자연스럽고 변태적인 성행위가 이루어진 특정한 방법을 구체적으로 제시할 필요는 없다.

플로리다: 타인과 부자연스럽고 음탕한 행위를 하는 자는 누구나 경범죄로 처벌받는다. 자신의 아이에 대한 어머니의 모유수유는 이 절을 위반한 행위로 보지 않는다.

오클라호마: 자연의 섭리에 반하여 가증스럽고 끔찍스러운 범죄를 저지르는 행

위는 중죄다. 정도와 상관없이 성기를 항문에 삽입하는 행위는 자연의 섭리에 반하는 범죄를 구성하기에 충분한 요건이 된다.

애리조나: 타인의 강요가 없는 상태에서 고의로 성욕을 불러일으키거나, 성적 열망에 호응하거나, 성적 욕구를 만족시키기 위한 목적에서 어떠한 방식으로든 부자연스럽게 남녀 성인의 신체 전부나 일부에 외설적이고 음탕한 행위를 하는 자는 경범죄로 처벌받는다.

맥락상 동성 간 성행위를 하는 사람들에게만 국한된 것이기는 해도, 미주리 주의 법 또한 이 기나긴 '금지된 행위'의 목록에 실어줄 만하다.

일탈적 성교란 성욕을 불러일으키거나 만족시킬 목적에서 어떤 사람의 성기를 다른 사람의 입, 혀 또는 항문과 접촉시키거나 정도와 상관없이 남성이나 여성의 성기에 손가락이나 기구 또는 물체를 삽입하는 행위를 의미한다.

이러한 법들은 사생활 침해는 물론이고 그 모호함의 정도로 봤을 때도 충격적이라 할 만하다. 아마도 이 법을 입법한 사람들은 불쾌감을 줄지도 모르는 표현을 피하고, 사람들이 법조문을 읽음으로써 새로운 성행위에 대한 아이디어를 얻는 일을 방지하고자 했을 것이다. 그 결과 법이 과연 무엇을 금지하는지가 대단히 불명확해졌다. "음탕한", "부자연스러운" 혹은 이 모든 법조문에서 보이는 "어떠한 방식으로든" 같은 구문들을 경찰은 매우 광범위하고 자유롭게 해석할 수 있었다. 메릴랜드의 주법은 심지어 기소할 때 기소대상이 되는 행위를 구체적으로 제시할 필요가 없다며 모호함을 더욱 부추기고 있다. 타인을 성적으로 흥분시킬 목적에서 질이나 항문 안에 손가락이나 다른 물체를 삽입하는 행위를 특정하고 있는 미주리 주의 주법은 예외적으로 명확하지만, 다른 주의 주법들도 이 행위를 충분히 금지할 수 있다. "어떠한 방식으로든"이라는 포괄적 지시문이 법조문에 포함되어 있기 때문이다. 이러한 법들이 얼마나 모호한지는 플로리다의 주법이 단적으로 보여준다. 이 법에서는, "비정상적인 성행위"를 했다는 죄목으로 모유수유를 하는 어머니들을 체포하지 못하도록 경찰관들에게 경고를 해야 한다는 입법자들의 우려가 느껴진다. 이러한 부연 없이 해당 법조문을 일반적으로 해석할 경우, 모유수유조차 처벌받을 수 있다고 입법자들 자신이 예상했던 것이다. 이 법조문이 얼마나 모호한 것인지 알 만하다.

그러니까 나중에는 동성애 행위만을 겨냥하게 되긴 했지만 원래 소도미 법은 사생활을 심각하게 침해하는 규제, 곧 미국인 수백만 명의 일상적 성행위에 대한 규제의 한 형태였던 셈이다. 이와 마찬가지로 영국 법의 "버거리buggery" 죄는 항문성교만을 처벌하는 법이기는 하지만 두 남자가 아니라 한 쌍의 남녀가 해당 행위를 하는 경우에도 적용되었다. 미국처럼 영국에서도 초기의 소도미 법은 분명 2세 생산으로 이어지지 않는 성관계를 감시하려는 목적을 띠고 있었다. 비록 세상일이라는 게 보통 그렇듯, 이 법의 규제를 받은 사람들은 대부분 이미 결혼한 부부였지만 말이다.[9]

소도미 법의 두 번째 목적은 특별히 동성애 행위를 감시하는 것이다. 이러한 형태의 소도미 법은 영국에서 발전된 것으로 보이며, 정도는 덜했지만 19세기 후반 유럽의 다른 지역에서도 전개됐다. 바워스 판결 당시 미국의 몇몇 주에도 동성애를 표적으로 삼는 소도미 법이 있었다. 영국 법은 한 번도 여성 간 동성애를 염려해본 적이 없는 것으로 보이며, 여성들이 할 수 있는 동성애 행위는 한 번도 불법화된 적이 없다.[10] (또한 영국 법은 이성애자들 혹은 여성 동성애자들 사이에서 구강성교나 물체를 사용한 성교가 벌어질까 봐 걱정지도 않았다.) 그러나 남성에 대해서는 달랐다. 영국에서 소도미란

1861년까지는 최고 사형, 그 이후에도 징역 10년에서 종신형까지 처할 수 있는 범죄였다. 그런데도 당시 사람들은 소도미 법('소도미 법'은 '버거리 법'의 보다 현대적인 명칭이다)을 보다 폭넓게 적용해야 한다고 생각했다. 당시 영국에는 성행위에 관하여 '상호합의'가 가능한 나이를 13세에서 16세로 상향 조정함으로써 여성들을 인신매매로부터 보호하고자 했던 법안이 인기를 끌었는데, 헨리 라부쉐르는 항문성교는 물론 훨씬 광범위한 남성 사이의 동성애 행위를 형사범죄화하는 내용을 이 법안에 추가하여 1885년 의회에서 통과시켰다. 라부쉐르의 수정법안은 "공적 장소에서든 사적 장소에서든, 다른 남성과 어떠한 방식으로든 중대하게 품위를 손상하는 행위를 하는 모든 남성은 경범죄에 해당한다. 형기는 최대 2년이다. 수형기간 동안의 노역 여부는 판사의 재량에 맡긴다"[11]고 규정했다.

이 시기의 의회 의원들은 남녀 사이의 항문성교에 관해서는 그다지 염려하지 않았던 것으로 보인다(비록 피임기구와 피임 관련 정보를 배포하는 행위는 이후로도 오랜 시간 동안 범죄로 남았으며, 존 스튜어트 밀은 젊은 시절 바로 이 혐의로 감옥에 가야 했지만 말이다). 또한 영국인들은 결코 여성 동성애자들에 관해서는 염려하지 않았다. 오직 남성 동성애만을 겨냥한, 말 그대로 신경증적인 과민 반응은 수많은 사람들의 체포와 유죄판결로 이어졌다. 그중 가장 유명한 사례는 아마도 오스카 와일드에 대한 악명 높은 선고일 것이다. 와일드가 속해 있는 사교 클럽에 퀸즈베리 후작이 "와일드는 비역꾼처럼 군다"는 메모를 남겼을 때, 와일드는 어리석게도 퀸즈베리 후작에게 명예훼손 소송을 걸었다(당시 후작은 "비역꾼sodomite"이라는 단어를 차마 쓸 수 없어 철자를 somdomite라고 바꾸었다). 메모를 남길 만한 타당한 이유가 있었다는 이유로 퀸즈베리가 이 소송에서 승소하자 와일드는 소도미 법이 아닌 라부쉐르의 수정법안에 따라 기소를 당했다. 구강성교를 선호했던 만큼, 와일드가 파트너들과 어떤 식으로든 항문성교를 했다는 증거는 발견되지 않았기 때문이었다. 첫 재판은 불일치 배심으로 끝났으나 두 번째 재판은 유죄 평결로 이어졌다. 와일드는 최고 형기를 선고받았으며, 형기를 마친 뒤에는 건강을 완전히 잃어 46세의 나이로 프랑스에서 숨을 거두었다.

와일드에 대한 판결은 '혐오의 정치'를 보여주는 전형적인 사례다. 이 사건을 담당했던 윌스 판사는 형을 선고하면서 다음과 같이 말했다.

피고 오스카 와일드와 알프레드 테일러가 저지른 범죄는 극악하다. 피고들과 관련된 끔찍한 재판 두 건의 세부사항을 들은 신사는 누구나 감정이 북받쳐 오를 것이거니와 본관 역시 마찬가지다. 저열한 언어로 그러한 감정들을 표현하고 싶은 마음을 억누르기 위해 본관은 아주 강한 자제심을 발휘해야만 했다. …… 피고들에게는 훈계를 할 필요도 없다. 이러한 짓을 하는 자들은 아무런 수치심도 느끼지 못하는 것이 분명하며, 어떤 판결로든 그들을 계도할 수 있으리라는 기대는 난망하다. 이 사건은 본관이 다루었던 어떤 사건보다도 끔찍하다.

이것이 바로 데블린의 나라다. 비록 판사는 자신의 "감정"을 묘사하지 않겠다고 했지만 피고들에 대한 그의 격렬한 거부는 그가 혐오감을 느끼고 있다는 사실을 명백히 보여준다. 실제로 윌스 판사가 형을 선고하면서 했던 말은 여기에 인용된 것보다도 훨씬 길고 법률적 판단보다는 토악질에 가까운 편이다. 윌스는 오랜 세월을 판사로 재직한 사람이었다. 그 기간 동안, 그는 살인과 강간을 포함한 다양한 중죄를 다루어왔다. 그런 마당에 와일드가 대체 무슨 짓을 했다고 이 사건에 "끔찍하다"는 딱지를 붙였단 말인가? 와일드는 단지 일련의 남창들과 구강성교를 했을 뿐이었다(와일드와 관계를 맺은 사람들 중 오직 한 명만이 남창이 아니었는데, 그는 20대 청년으로서

와일드를 열렬히 추종했다. 그러므로 "젊은이를 타락시켰다"는 죄목은 이 사건에서 문제가 되지 않았다). 와일드는 자신의 파트너를 최대한 친절하고 후하게 대접했으며 그들에게 비싼 선물을 주기도 했다. 그 선물 가운데에는 이후 와일드가 유죄판결을 받는 데에 한몫을 했던, 그의 이름이 새겨진 은제 담뱃갑도 있었다. 와일드는 다른 사람들이 없는 곳, 대체로는 상류층 전용 호텔에서 성관계를 맺었다. 그러므로 구경꾼들에게 직접적 불쾌감을 조성하지도 않았다. 이를 "어떤 사건보다도 끔찍하다"고 한 건 단순한 광기의 발현으로밖에 보이지 않는다. 그러나 빅토리아 시대의 일반적인 영국인들은 바로 이 광기를 통해 와일드의 행위를 바라보았다. 대단히 위선적이라고밖에 할 수 없는 시각이었다. 이 시기 남성 엘리트들의 "공립학교"에서는 사디스트적인 체벌 행위와 함께 남성 간 동성애 역시 일상적으로 벌어지고 있었기 때문이다.

점차로 단속이 사라지긴 했지만 당시 영국에서 이성 간의 소도미 또한 엄격한 단속의 대상이었던 것은 사실이다. 그런데 이성 간 소도미에 대해서는 한 번도 윌스 판사가 보여준 것과 같은 공개적이고 폭력적인 혐오가 표출되지 않았다. 반면 동성애 행위와 관련해서는 '혐오의 정치'가 그 시대를 주름잡고 있었다. 울펜덴 위원회가 1957년 보고서를 제출하기 전까지는 이 상황에 도전한 사람이 아무도 없었다(울펜덴 위원회의 보고서 제출을 계기로 데블린은 널리 알려진 것처럼 다시 한 번 '혐오의 정치'를 옹호했다).

미국에서도 사정은 다르지 않았다. 초기의 주법들은 다양한 범위의 성행위를 불법화했다. 이 시기의 소도미 법은 2세 생산으로 이어지지 않는 모든 성행위를 광범위하게, 어쩌면 모호하게 통제하려는 것처럼 보였다. 그러나 시간이 지나면서 광신자들은 (특히 남성 간의) 동성애를 감시하는 데에 집착하기 시작했다. 미국의 법은 어떠한 영국 법보다도 훨씬 다양한 행동들을 규제했다. 사실상 미국의 모든 소도미 법은 구강성교와 항문성교를 다루며, 전형적으로는 동성애자나 이성애자 남성은 물론이고 레즈비언 간에 벌어지는 구강성교와 항문성교에도 적용되었다. 그리고 많은 경우 광범위한 영역의 상식적인 이성애적 행위에도 적용되었다. 이러한 법 중 몇몇은 너무도 모호해서 혼자 하는 자위행위에도 적용되는 것으로 해석할 수 있었다(예를 들어 애리조나 주의 주법은 "타인"이라는 요건 대신 "남녀 성인 1인"이라는 요건을 필요로 한다). 그렇기는 하지만 독신자나 부부가 소도미 법으로 기소될 가능성은 낮았다. 미혼인 이성애자들도 소도미 법의 주요 표적은 아니었다. 그들은 오직 간통이나 간음에 대한 부가적 혐의로만 소도미 법에 따라 기소를 당했기 때문이다. 시간이 지나면서 간통과 간음을 규제하는 법도 폐지되자, 영국에서 그랬듯 도덕주의자들의 열정은 점차적으로 오로지 동성 간 성행위, 그중에서도 특히 게이들 사이의 성행위에만 초점을 맞추게 되었다.

이러한 변화의 원인을 단번에 알아내기는 쉽지 않다. 미국이 그랬듯, 빅토리아 시대 영국의 도덕규범은 규제할 수 있는 모든 영역을 가능한 모든 방식을 동원해 엄격히 통제하려 했다. 어째서 남성 동성애에 대한 불안이 유독 심했는지를 오늘날 가늠하기란 다소 어려운 일이다. 내 어린 시절만 떠올려 보아도 사람들은 남성 동성애라는 주제가 언급될 때마다 특별한 혐오감을 드러내며 어깨를 움츠리곤 했다. 이미 이성애자들 사이의 구강성교는 큰 문제가 아니던 시절이었는데도 말이다. 혐오라는 감정이 발생하는 원인을 짚어내기란 일반적으로 어려운 일이다. 마찬가지로, 영국과 미국 모두에서 남성 동성애만을 특히 혐오스럽게 여긴 비대칭성이 왜 발생했는지를 알아내기란 어렵다. 그러나 추측을 해보는 것은 가능하다. 어쩌면 남성들이 누리던 권력과 우월성 그 자체가 불안감을 고조시킨 이유였을지도 모른다. 그들은 자신들의 성적 욕망이 2세 생산으로 이어지지 않는, 비非가부장적인 방식으로 표현되기를 바라지 않았다(사회가 와일드처럼 공개적으로 "일탈적" 삶을 살기로 한 남자들을 추적할 때 드러낸 비정상적인 열정을 보면 이러한 해석이 타당해 보인다).[12] 영국이나 미국보다는 여러 측면에서 게이들에 대한 박해의 정도가 약했던 유럽 대륙에서도 이러한 추세를 따랐다. 독일은 1871년 대륙 최초로 남성의 동성 간 성행위를 불법화했다.[13] (영국의 경우와 마찬가지로, 독일은 단 한 번도 여성 간 동성애 행위를 불법화한 적이 없다.)

소도미 법에는 세 가지 명백한 문제가 있다. 첫째, 소도미 법은 용납할 수 없을 만큼 사생활을 침해하며 심지어는 부조리하다. 개인이 자기 손가락을 어디에 넣든 말든 국가가 무슨 상관이란 말인가? 보다 일반적으로 이야기하자면, 파트너와 동의가 된 상태에서 무슨 짓을 하든 국가는 간섭할 이유가 없지 않은가? 오늘날 대다수의 미국인들은 간통의 형사처벌조차도 반대한다. 밀의 입장을 따르자면 간통이란 혼인서약을 위반함으로써 배우자의 법익에 영향을 준다고 볼 수 있는 행위인데도 말이다(하기야 계약의 위반은 민법상의 문제일 뿐 형법 위반이라고는 볼 수 없다). 오늘날 대다수의 미국인들이 상호합의된 모든 형태의 성행위에 대한 국가의 감시를 거부한다는 점은 분명하며, 이성애자들의 행위에 관해서는 이 입장을 취해온 지 이미 오래되었다. 둘째, 소도미 법 중 다수는 용납할 수 없을 정도로 모호하여, 법을 해석할 때 정부 측 행위자의 재량에 지나칠 정도로 의존한다. 법률의 모호성은 전형적으로 헌법상의 문제를 초래한다. 셋째, 소도미와 관련된 주법들은 동성애자들의 행위만을 불법화하고 비슷한 행동을 한 이성애자들은 규제하지 않는 만큼 차별적이라 할 수 있다. 설령 법조문에는 차별이 없다 하더라도, 최소한 최근에는 소도미 법이 동성애자들에게만 적용·집행되었기 때문에 차별적이다. 이성애자들보다 동성애자들에게 적용되는 경우 소도미 법의 사생활 침해가 훨씬 더 심각하다는 말도 덧붙여야겠다. 충분히 조심하

기만 하면 이성애자는 모든 종류의 성행위를 완전히 포기하지 않고도 준법
시민으로 살아갈 방법을 찾을 수 있겠지만, 동성애자는 준법시민으로 살아
가기 위해 기본적으로 모든 성관계를 완전히 포기해야 하기 때문이다(비록
서로의 자위를 도와주는 행위는 대부분의 주법이 허용하고 있지만, 게이의 경우 이
행위조차 "그 외의 어떠한 비자연적이고 변태적인 성행위"에 포함될 수 있다).

소도미 법은 레즈비언들에 대한 폭력과도 분명히 관련되어 있지만, 특히
게이에 대한 폭력과는 뚜렷한 상관관계를 보인다. 소도미 법에 따라 게이들
은 범법자로 정의된다. 이에 따라 폭력적 성향이 있는 사람들은 게이에 대
한 폭력이 일반 시민에 대한 폭력으로 간주되지 않으리라는 생각을 하게 된
다. 게리 데이비드 콤스톡은 동성애자에 대한 폭력을 다룬 중요한 논문에서
동성애자 폭행사건의 전형적인 가해자들은 동성애자들에 대해 뿌리 깊은
증오를 가진 사람들이 아니라는 결론을 내렸다. 오히려 가해자들은 대체로
술에 취한 채 누구에게든 시비를 걸고 싶어 안달이 난 젊은이들이었다. 대
단히 개연적이게도 이들은 만일 자신들이 게이를 표적으로 삼는다면 경찰
이 폭력사건을 외면하리라고 믿었다.[14] 사실 콤스톡의 연구는 경찰 자신이
종종 가해자가 된다는 사실을 보여주었다. 대도시 소속의 어느 경찰관은 지
난 한 해 동안 자기가 게이 17명을 두들겨 팼다는 사실을 익명으로 밝혔다.
마이클 하드윅을 추적할 때 토릭 경관이 보인 열정, 하드윅을 굴욕적이고
치욕스러운 처지에 빠뜨리는 데 성공했을 때 그가 보인 기쁨은 그다지 이
례적인 것이 아니다. 이례적이지 않기로는 하드윅이 세 남성에게 연속적으
로 구타를 당한 사건 또한 마찬가지다. 이 사람들은 하드윅의 집으로 차를
몰고 가서는 하드윅의 얼굴을 걷어차 코 연골을 모조리 박살냈으며, 갈비뼈
를 여섯 대나 부러뜨렸다.[15] 무엇 때문에 이러한 폭력이 벌어졌을까? 잘 알
려진 게이 바에서 하드윅이 공공연히 술을 마셨다는 정보는 그가 동성애자

라는 사실을 확인해주었다. 이로써 하드윅은 범법자로 공인된 셈이었다. 소도미 법은 하드윅 사건이나 이와 비슷한 많은 사건에 대한 책임을 벗어나기 어렵다.

자유, 사생활, 그리고 수정헌법 제14조

수정헌법 제14조의 일부를 인용해보면 다음과 같다. "미국의 모든 주정부는 미국 시민의 천부적 특권을 제약할 수 있는 어떠한 주법도 제정하거나 집행해서는 안 된다. 또한 미국의 모든 주정부는 정당한 법적 절차 없이 개인의 생명, 자유 혹은 재산을 강탈해서는 안 된다. 주정부의 사법관할 구역 내에서 개인에게 적용되는 평등보장조항은 어떤 경우에도 부정될 수 없다." 남북전쟁이 끝난 직후에 제정된 이 수정헌법의 최우선 목표는 무엇보다도 남부의 주들이 과거에 노예였던 사람들의 기본권을 제약하지 못하도록 보장하는 것이었다. 이후 세월이 흐르면서 이 수정헌법은 모든 개인, 특히 한계로 내몰리거나 예속된 개인들의 기본권을 보호하기 위한 중심적 장치가 되었다. 많은 경우에는 "천부적 특권"이라는 문구가 투쟁의 역사에서 중요한 역할을 수행했지만, 동성애자의 인권과 더 깊은 관련을 맺고 있는 것은 두 번째와 세 번째 조항, 즉 적법절차조항Due Process Clause과 평등보장조항이다. 이 두 조항이 각기 무엇을 의미하는지, 또한 이 조항들이 무엇을 보호하고 있는지를 생각해보는 일은 매우 복잡하고 혼란스러운 일이다. 두 조항 모두 기본적 자유를 보호하는 조항이자 평등과 관련된 요소를 강력히 포함하고 있는 조항으로 해석되어왔기 때문이다.

제2장에서 살펴보았듯, 평등보장조항은 체계적인 위계질서나 예속화를

구현, 강화하는 법으로부터 예속적 위치에 있는 집단을 보호해왔다. 예속적 지위를 공인받은 집단에 속하지 않은 시민들도 적의나 공포감에 의해 평등권을 근본적으로 침해당할 경우 평등보장조항에 따라 보호받을 수 있었다. 그런데 평등보장조항에는 또 다른 측면이 있다. 투표할 권리나 여행할 권리 등 헌법에 열거되지 않은 시민의 기본권 몇 가지가 바로 이 조항을 통해 인정되고 헌법적 근거를 획득했기 때문이다. 여기에서는 이 측면에 대해 더이상 자세하게 다루지 않는다. 그러나 다음 장의 로머 대 에반스 사건을 다룰 때에는 평등보장조항의 바로 이 측면이 대단히 중요해진다. 차별로부터 게이와 레즈비언들을 보호하는 데에 중요한 계기를 제공했던 로머 대 에반스 사건은 처음부터 평등보장조항의 이 전통을 참조했기 때문이다.

그러나 지금은 적법절차조항에 따라 개인의 실질적 자유를 보호하는 방식에 초점을 맞추어보자. 적법절차조항이 시민의 기본권에 대한 절차상의 침해를 방지한다는 데에는 의심의 여지가 없다. 논쟁은 적법절차조항이 '실질적 자유'를 보호하는지 여부를 두고 발생한다. "실질적 적법절차"는 혁신주의 시대*에 악명을 얻었다. 이 시기, 노동자들을 보호하는 법에 적대적이었던 판사들이 "실질적 적법절차"를 근거로 다양한 진보적 개혁을 좌절시켰기 때문이다. 당시 좌절된 진보적 개혁 중에는 최소임금보장법과 최장노동시간제한법 등이 있었는데, 판사들은 이러한 법이 "계약의 자유"를 침해한다고 주장했다. 이후 오랜 세월 동안, 적법절차조항을 활용하여 실질적 자유를 보호하고자 하는 시도는 탄력을 받지 못했다. 그러다가 사생활 침해에 가까운 성생활 통제에 대한 불만이 비등하자 이에 대한 대응으로서

---

* 혁신주의 시대란 일반적으로 미국 역사에서 1890~1920년대를 일컫는 말로, 이 시기 미국인들은 1890년대의 불황에 대한 반작용으로 민주주의 신장, 정직하고 효과적인 정부의 수립, 대기업 등 특수이익 집단에 대한 통제, 노동자들에 대한 사회적 정의의 실현 등을 목표로 다양한 사회개혁을 추진했다.

연방대법원이 적법절차조항을 활용했고, 그럼으로써 적법절차조항으로 실질적 자유를 보호할 가능성이 새로이 타진된 것이다.

실질적 적법절차 이론이 현대적으로 부활할 수 있었던 직접적인 계기는 '그리즈월드 대 코네티컷 주' 사건이었다. 피임을 목적으로 "어떠한 약물이나 기구를 사용하는 행위"를 모조리 불법화시킨 코네티컷 주의 주법이 이 사건을 촉발시켰다. 코네티컷의 주법은 또한 별도의 "공범"처벌조항을 통해 피임과 관련한 상담과 조언의 제공을 불법화했다. 이 공범처벌조항에 따라, 가족계획Planned Parenthood이라는 단체의 총괄책임자와 의료이사는 기혼자들에게 피임방법을 조언하고 피임기구를 처방했다는 혐의에 대해 유죄가 인정되어 벌금형을 선고받았다(그러므로 이 법은 오직 기혼자들의 권리를 제약했다는 측면에서만 문제가 되었다고 할 수 있다). 1965년, 연방대법원은 이 법이 미국연방 수정헌법 제14조의 적법절차조항에 위배된다는 결론을 내렸다.[16] 이 판결에서 더글러스 대법관은 수정헌법 제14조가 영장 없는 수색과 체포를 받지 않을 자유를 보장한다는 점에 착안하여, 비록 헌법상에 구체적으로 명시되어 있지는 않으나 "사생활 보호의 권리"가 시민권이 "드리운 그림자" 혹은 시민권이 "뿜어내는 열기" 속에 암시되어 있다고 인정했다.

그리즈월드 대 코네티컷 주 사건이 다룬 "사생활 보호의 권리"는 헌법에 구체적으로 열거되지 않은 권리 중 하나였다. 이때 문제가 되었던 피임의 권리는 "성적 자유"를 향한 진보적인 움직임의 일환으로 보였다(비록 부부들은 오랜 옛날부터 다양한 인공적 피임법을 활용해왔으며, 약물의 등장은 단지 미혼자와 기혼자의 피임을 조금 더 쉽게 만들어주었을 뿐이지만 말이다). 그러나 더글러스 대법관의 심리는 "진보적" 선호와는 아무런 관계가 없다. 과거 중국에서 시행되었던 것처럼 부부에게 한 명 이상의 자녀를 낳지 못하도록 하는 법률을 미국에서 만든다고 가정해보자. 그리즈월드 대 코네티컷 주 판결에 따르면, 이 법은 피임을 금지하는 법과 마찬가지로 개인의 사생활 권리를 침해하는 것으로서 위헌판결을 받아 무효화되었을 것이다. 이 책의 앞선 장에서 이미 주장했듯 개인의 존엄성이나 자율성에 대한 위협은 좌익과 우익 양쪽에서 모두 나온다. 이러한 양측 모두의 위협에 대하여 그리즈월드 대 코네티컷 주 사건은 비록 헌법에 구체적으로 열거되지 않았다 하더라도 개인에게는 사생활을 간섭받지 않을 기본권이 있다는 의견을 대표적으로 피력한다.

그리즈월드 대 코네티컷 주 사건은 "사생활 보호의 권리"를 다룬 논쟁적 사건들의 기초가 되었는데, 그중 (제한적) 낙태 권리를 보호하는 계기가 된 '로 대 웨이드' 사건[17]이 가장 중요하다. 논쟁이 벌어질 때마다 보통 그러하듯이, 로 대 웨이드 사건에서도 주요논점은 엉망진창으로 흐려졌다. 이때에는 낙태 권리가 헌법에 명시적으로 열거된 적이 없지 않느냐, 이것만 봐도 낙태 권리를 인정하기 위해서는 불법적인 정치력을 동원해야 하는 게 틀림없다는 식의 주장이 암암리에 설득력을 얻었다. 사람들은 진심으로 이런 주장을 믿었다. 그러나 사생활 보호의 권리만 따로 떼어놓고 생각하는 대신, 헌법에 구체적으로 열거되지 않은 수많은 권리들이 다양한 방식으로 인정받아왔다는 사실을 고려하면 상황이 달라진다. 사실 헌법은 조문에 직접적으로 열거된 것 이외에도 수많은 권리를 보호한다. 이는 전혀 놀라운 일이 아니다. 투표권이나 여행권처럼 우리가 가장 소중하게 여기는 권리들이 바로 이처럼 헌법에 열거되지 않았으나 헌법에 의해 보호받는 권리에 속한다 (평등보장조항이 이 권리들을 모두 간접적으로 인정한다). 아무리 보수적인 법학자라도 헌법에 열거되지 않았다는 이유로 투표권이나 여행권에 문제를 제기하지는 않는다. 적법절차조항도 마찬가지다. 오직 구체적으로 정의된 자유권만이 적법절차조항에 따라 보호된다고 주장할 사람은 아무도 없을 것이다. 사생활 보호의 권리에 반대하는 사람들도 이런 식의 광범위한 반대 의견을 제시하는 것은 아니다. 그들은 수많은 권리가 있지만 그중 "사생활 보호의 권리"만은 위헌이라는 지엽적 주장을 하고 있을 뿐이다. 오랫동안 인정받아온 다른 권리들과는 달리, 왜 사생활 보호의 권리만이 판사들이 인정할 만큼 합법적인 권리가 될 수 없는지에 대해 반대자들은 충분한 근거를 대지 못하는 것으로 보인다.

더글러스 대법관이 수행하려는 프로젝트는 사회통념에 어긋나지 않을 뿐만 아니라 미국 헌법전통의 중심에 닿아 있다. 그렇기는 하지만 "시민권이 드리운 그림자" 운운하는 더글러스의 설명은 많은 법학자들에게 법적 이론이라기에는 지나치게 애매한 것으로 다가온다. 많은 학자들은 또한 사생활이라는 개념 자체가 불분명하며 어떤 측면에서는 오해를 불러일으킨다고 본다. 사실 나 또한 그렇게 생각한다. 그러나 다음의 두 문제를 구분해서 생각해보아야 한다. 첫째, 성적 선택과 관련하여 적법절차조항은 헌법에 구체적으로 열거되지 않은 자유권을 인정할 만한 기초를 제공하는가? 둘째, 더글러스 대법관의 특정한 설명을 받아들여야 하는가?

첫 번째 질문에 대한 대답은 "그렇다"이다. 미국의 헌법전통에 따르면, 평등보장조항은 법조문에 구체적으로 열거되지 않은 권리를 포함하여 미국인들이 일상적으로 행사하는 권리 일체를 간접적으로 보호한다. 이와 마찬가지로, 적법절차조항이 "자유" 영역에 속하는 몇 가지 권리들을 법조문에 구체적으로 열거되지 않은 경우에도 보호한다는 점은 미국의 오랜 전통에 따라 확립됐다. 이러니저러니 해도 자유 자체는 헌법에 명시적으로 언급되어 있는 만큼, 판사들은 그들의 역할에 따라 이 "자유"가 무엇을 의미하는지를 알아내야 한다. 이는 헌법이 "신앙의 자유"나 "자유"처럼 대단히 일반적인 개념만을 제시해줄 때 판사들에게 발생하는 불가피한 임무, 즉 법리 해석의 임무다.

미국 헌법의 주된 설계자인 제임스 매디슨은 특정한 권리를 권리장전에 열거하는 행위가 열거되지 않은 다른 권리들의 헌법적 중요성을 부정하는 것으로 읽힐 수 있다는 사실을 잘 알고 있었으며, 바로 그 이유 때문에 "본 헌법에 특정 권리를 열거한 사실이, 국민이 보유하는 그 밖의 여러 권리를 부인하거나 폄하하는 것으로 해석되어서는 안 된다"고 명시하는 수정헌법 제9조를 제안했다.

"사생활 보호의 권리"에 대한 요구가 뜨거운 논쟁거리로 떠오르기 훨씬 전부터, 이처럼 헌법에 열거되지 않은 자유의 권리는 반복적으로 적법절차 조항 속에 자리를 잡아왔다. 1923년, '메이어 대 네브래스카 주' 판결[18]에서 연방대법원은 공립 혹은 사립학교에서 현대인들이 사용하는 언어 중 영어 를 제외한 언어를 가르치는 모든 행위를 불법화하는 법률을 무효화시켰다. 연방대법원은 적법절차조항에 암시되어 있는 광범위한 자유권을 다음과 같이 인정했다.

> 신체적 구속을 받지 않을 자유뿐 아니라 계약할 권리, 모든 종류의 일상적 직업 을 가질 수 있는 권리, 유용한 지식을 획득할 권리, 결혼할 권리, 가정을 꾸리고 아 이들을 양육할 권리, 자신의 양심에 따라 신을 숭배할 권리, 관습법에 따라 평화 적 행복 추구의 본질적 부분으로 인정되는 특권을 일반적으로 향유할 권리.

2년 후에 '피어스 대 자매회' 판결[19]에서 연방대법원은 모든 아이들로 하여 금 사립학교가 아닌 공립학교에 출석하도록 요구하는 법을 무효화시켰다. 그러한 법은 "자신이 보호하고 있는 아이들에 대한 양육과 교육을 감독할 부모와 보호자들의 자유"를 위헌적으로 침해한다는 이유에서였다. 이와 같은 일련의 사건들은 1928년 브랜다이스 대법관에 의해 정식화되었으며, 비록 처음에는 반대의견으로 출발했지만 기나긴 자유주의 전통을 확정짓는 것으로 거듭 인용되었다. 그의 개념은 다음과 같다.

미국 헌법의 초안자들은 행복 추구를 가능하게 하는 조건을 확보하는 일에 착수했다. 그들은 인간의 정신적 본성, 즉 감정과 지성의 중요성을 깨달았다. 물질적인 요소는 인간 삶의 고통이나 기쁨, 만족을 오직 부분적으로만 좌우한다는 사실을 그들은 알고 있었다. 그들은 미국인들을 믿음, 생각, 감정, 느낌이라는 차원에서 보호하려고 애썼으며, 정부의 간섭을 받지 않고 홀로 남겨질 권리를 미국인들에게 부여했다. 이 권리야말로 모든 권리 중에서 가장 포괄적인 권리이며, 문명화된 모든 사람들이 가장 가치 있게 여기는 권리다.[20]

이에 따라 적법절차조항은 사적 관계의 일반적 영역에 속하는 권리들을 보호하는 것으로 이해되어왔다. 여기에는 여러 권리가 포함되는데, 그중 하나는 일단 가족과 관련된 권리다. 그리즈월드 판결이 부부가 가정에서 피임법을 사용할 권리를 보호한 것은 이와 같은 일련의 사건들을 올바르게 참조한 결과였다.

그렇다면 자유권은 부부에게만 국한되는가? 1972년 '아이젠슈태트 대 베어드' 판결[21]에서, 연방대법원은 그렇지 않다는 대답을 내놓았다. 이 판결은 공개석상에서 미혼 여성에게 피임용 발포제를 배포하는 행위를 다룬 사건이었다. 이는 적법절차조항이 아닌 평등보장조항에 근거한 사건이었으나, 판결문은 적법절차조항이 보장하는 자유권을 이해하는 데에 중요한 단초를 제공한다. "개인에게 피임약에 접근할 권리가 있다면 그 권리는 미혼자와 기혼자 모두에게 동일하게 적용되어야 한다. 헌법이 보장하는 사생활의 권리는 개인에게 귀속된 것이지 부부에게 귀속된 것이 아니기 때문이다." 아이젠슈태트 사건을 다룬 재판부는 수정헌법 제14조가 집단이나 단체, 심지어는 부부도 아닌 오직 "개인"에게만 권리를 귀속시킨다는 점을 바로 보았고, 그리즈월드 판결 및 이와 관련된 다른 사건들에서 확립된 자유권이란 곧 스스로 내밀한 선택을 할 수 있는 사적 개인들의 권리라고 추론했다. 이렇게 보기 시작하면 평등보장조항에 따라 해당 권리들을 결혼하지 않은 사람들에게까지 확대해야 한다. 이는 연방대법원이 판시한 내용이기도 하다.

> 부부는 자체적인 정신과 마음을 가진 별개의 총체가 아니라, 저마다 독립적인 지성적·감성적 구조를 갖춘 두 개인의 연합이다. 사생활 보호의 권리라는 게 존재한다면 그 권리는 부부가 아닌 개인에게 속하는 것이다. 그 개인이 결혼을 했는지, 하지 않았는지는 중요하지 않다. 자녀를 낳을지 여부를 결정하는 것처럼 개인에게 근본적인 영향을 끼치는 문제에 관한 한, 개인은 정부의 부적절한 간섭을 받지 않을 권리를 갖는다.

적법절차조항에 따라 내밀한 관계의 영역에서 일련의 자유 법익을 인정해온 기나긴 전통이 있다는 점을 분명히 해두어야 한다. 이러한 법익은 결혼이나 가족과 관련되어 있는 경우에도 개인의 결정권에 속하는 것으로 이해되며, 아이젠슈태트 대 베어드 판결은 성적 선택과 관련된 권리는 결혼을 한 개인들뿐 아니라 결혼을 하지 않은 개인들에게도 있음을 명백히 설시했다.

사생활 침해적인 코네티컷 주의 주법을 무효화하기 위해 적법절차조항을 근거로 들었다는 점에서 그리즈월드 판결은 옳았다. 그러나 더글러스 대법관이 주장한 방식에는 몇 가지 문제점이 있다. 특히 그가 활용한 사생활의 개념이 그렇다. "사생활"이란 사법 영역에서 가장 모호하고도 혼란스러운 개념 중 하나다.[22] 이 개념에는 정보의 비공개, 눈에 띄지 않음, 격리된 상태, 자율적 결정 등의 관념이 혼재되어 있다. 성적 자유의 영역에서 살펴보면, 사생활이라는 개념은 자유로운 결정이라는 개념을 암시한다. 즉 (내밀한 관계를 맺고 아이를 양육하거나 피임을 하는 등의) 선택은 당사자가 직접 해야 하는 것이며 국가의 감독을 받지 않아야 한다는 것이다. 여기에는 또한 격리의 개념이 암시되어 있다. 이 개념은 직접적 불쾌감을 느끼지 않도록 타인을 보호하기 위한 것이다. 동시에 이 개념은, 가정을 어떠한 경우에도 정부의 간섭을 받지 않는 특권적 공간으로 인정하는 것이기도 하다. 그리즈월드 판결에서 더글러스 대법관이 던진 수사적 질문에는 이러한 개념의 혼재가 잘 드러난다. 그는 이렇게 물었다. "피임약을 사용했다는 숨길 수 없는 증거를 찾기 위해 경찰이 부부의 침실이라는 신성한 구역을 수색하도록 허용해야 할 것인가?"

사생활에 관한 한, 개인에게 결정권이 있다는 생각과 보호받는 공간으로서의 가정이라는 개념은 무관하지 않다. 두 개념은 '격리'라는 개념으로 연결되어 있다. 앞서 구분했던 성행위의 세 가지 범주로 돌아가 보자. 국가의 통제를 받지 않고 개인이 직접 내려야 하는 결정은 오직 세 번째 범주에 속하는 것들뿐이라고 믿는 편이 개연적이다. 세 번째 범주에 속하는 결정만이 오로지 상호합의한 당사자들에게 배타적으로 영향을 끼치며, 타인에게는 피해를 주지 않기 때문이다. 당사자 간에 완벽한 상호합의가 이루어진 경우, 격리된 상태에서 벌어지는 행동은 대체로 동의하지 않는 제3자에게 해를 끼칠 가능성이 없다. 유일한 예시는 아니지만, 가정은 분명 격리된 장소에 속한다. 상호간에 완전한 합의를 이룬 당사자들이 가정에서 어떤 행동을 하는 경우, 이 행동은 대체로 밀이 말한 "자기본위적" 행위가 된다. 공공장소에서 같은 행동을 하는 경우에는 제3자의 법익에 영향을 끼칠 가능성이 더 높다. 그러나 밀이 말한 "자기본위적" 행위의 범주가 특권적 공간으로서의 가정이라는 개념과 완전히 동일한 것은 아니다. 가정에서 벌어지는 행동 중 상당수는 당사자 간의 상호합의 없이 일어나며 동의하지 않은 쪽에게 해를 끼친다. 가정이라는 공간을 침범할 수 없는 사생활의 영역으로 간주하는 시각은 아동학대, 가정폭력, 부부강간 등이 법의 엄정한 손길을 벗어나게 만드는 데에 악용되었다. 뿐만 아니다. 어떤 행동은 가정의 테두리 밖에서 벌어지는 경우에도 밀이 말하는 "자기본위적" 행동이 될 수 있다. 예를 들어 호텔 방이나 비공개 클럽, 인적이 없는 야외에서 벌어지는 행동은 모두 "자기본위적" 행동이다.

그리즈월드 판결 및 이를 참조한 일련의 사건이 오류를 범하고 있는 것은 사실이다. 하지만 그 오류는 내밀한 관계를 맺을 실질적 자유권이 적법절차 조항에 내재되어 있다고 인정한 데에서 발생하는 것이 아니다. 이들 재판이 문제가 되는 까닭은 사생활이라는 개념이 내포하는 결정권의 개념과 가정이라는 공간적 개념을 혼동했기 때문이다. 이에 따라 가정이라는 영역은 정부의 간섭으로부터 자유로운, 행위자가 자유롭게 스스로의 행동을 결정할 수 있는 특권적 공간인 것처럼 여겨지게 되었다.

이러한 오류를 명백히 드러내 보여주는 사건으로 '스탠리 대 조지아 주' 판결[23]이 있다. 이 재판에서 연방대법원은 개인에게 음란물을 사적으로 사용할 권리가 있다는 결론을 내렸다. 단, 가정 내에서 말이다. 가정을 끌어들이는 대신 연방대법원은 타인에게 직접적 불쾌감을 조성하지 않는 한, 음란물을 개인적으로 소유하고 격리된 상태에서 사용할 권리가 헌법에 의해 보호된다는 식으로 결론을 내릴 수 있었다. 하지만 연방대법원은 "개인의 지적·감정적 요구를 가정이라는 사적 공간 안에서 만족시킬 권리"에 대해서만 이야기하고 음란물을 통제하는 국가의 권력은 "개인이 자기 가정이라는 사적 공간에서 음란물을 소유하는 행위에까지는 미치지 않는다"고 결론을 내림으로써 논점을 흐리고 말았다. 만일 스탠리가 호텔 방에서 잡지를 읽고 있었거나, 휴가 기간에 일시적으로 임대한 오두막에서 읽고 있었다면 어떻게 되겠는가? 경찰에게는 음란물 소지의 증거를 찾기 위해 리조트나 호텔, 사적인 형태의 사무실을 수색할 권리가 있는가? 만일 그렇다면, 이처럼 격리된 공간은 어째서 가정만큼 보호를 받을 수 없는 것인가? "가정"에 대한 연방대법원의 호소는 수사적으로야 울림이 있었을지 몰라도 분석적으로는 별로 유용하지 못하다.[24]

혼란이 일어날 만한 다른 이유도 있다. 적법절차조항은 종종 전통적이거나 보수적인 조항으로 생각되었다. 영향력 있는 두 건의 용어 정의가 적법절차조항에 의해 보호받는 자유를 "국가의 역사와 전통에 깊숙이 뿌리박고 있으며"[25] "평화적 자유의 개념에 내재적인 것"[26]이라고 묘사했기 때문이다. 그러나 오직 전통만을 참조해야 한다고 하더라도, 그 전통을 어디까지 적용해야 하는지에 대한 문제가 남는다. 예를 들어 동성애자들의 권리를 "소도미 법에 저촉되는 동성애 행위에 참여할 권리"라고 묘사한다면, 분명 그러한 권리가 "국가의 역사와 전통에 깊숙이 뿌리박고 있으며" "평화적 자유의 개념에 내재적인 것"이라고 주장하기는 어려울 것이다. 그러나 보다 일반적인 수준에서 이야기하자면, 미국의 전통은 개인에게 자신의 성생활에 대한 내밀한 결정을 스스로 내릴 권리를 인정하고 있다. 이 권리는 누구보다도 기혼자들에게 명백히 인정되지만, 아이젠슈태트 판결은 이 권리를 미혼자들에게까지 확장했다. 나아가 적법절차의 용어 정의 중에는 전통과는 별 관계가 없는 접근을 시사하는 것들도 있다. 예를 들어, 한 용어 정의는 "해당 권리가 미국의 시민적·정치적 제도의 기초에 위치하고 있는 자유나 정의 같은 근본적 원칙들을 위배하지 않고서는 부인될 수 없는 성질의 것인지 여부"[27]야말로 중심적인 문제라고 주장한다. 동의하지 않는 제3자에게 해를 끼치는 행위를 제외한다면 내밀한 관계를 맺을 권리는 이 조건을 충족시킨다.

바워스 대 하드윅 판결: 사생활 침해와 둔감성

게이인 마이클 하드윅은 퇴근 후 게이 바에서 술을 마시고 있었다. 가게에 방음벽을 설치하는 친구들을 도와준 참이었다.[28] 자리를 털고 일어나면서 그는 게이 바의 앞문에 놓여 있던 쓰레기통에 맥주 캔을 버렸다. 바로 이 순간, 경찰차 한 대가 주위를 지나쳤다. 하드윅을 본 경찰관은 차를 몰고 돌아와서 하드윅에게 맥주 캔을 어디에 두었느냐고 물었다. 하드윅은 쓰레기통에 버렸다고 답했다. 경찰관은 하드윅을 차에 태우고는 게이 바에서 무엇을 하고 있었느냐고 물었다. 하드윅은 자기가 그곳에서 일하는 직원이라고 답했다. 이로써 그는 동성애자라는 정체를 드러낸 셈이었다. 경찰관은 하드윅에게 쓰레기통에 버렸다고 한 맥주 캔을 보여 달라고 요구했다. 그러나 경찰차 안에 앉은 상태로 쓰레기통에 접근할 수는 없는 노릇이었다. 그렇다고 경찰관이 허락하지도 않았는데 경찰차에서 내릴 수도 없었다. 그러기에는 하드윅이 너무 겁을 먹은 상태였다. 결국 경찰은 공공장소에서 음주를 했다는 이유로 하드윅에게 딱지를 뗐다. 그런데 이 딱지는 사실 오류투성이였다. 딱지의 두 부분에 서로 다른 재판기일이 적혀 있었던 것이다. 더 늦은 재판기일이 앞으로 오게끔 딱지가 접혀 있었기 때문에, 하드윅은 앞선 날짜에 해당하는 재판기일에 출두하지 않았다. 그러자 체포영장이 발부됐다. 두 시간 후, 토릭 경관은 하드윅의 집에 도착했다. 영장 집행에 통상 48시간이 걸린다는 점을 고려하면, 토릭이 이 사건에 대해 얼마나 열성적으로 관심을 보이며 개인적으로 영장을 집행했는지를 알 수 있다.

토릭 경관이 찾아왔을 때 하드윅은 집을 비우고 없었다. 그러나 하드윅의 룸메이트가 영장을 가진 경관이 찾아왔었다고 이야기해주었기 때문에, 하드윅은 경찰에 출두하여 자기가 받은 딱지에 두 종류의 서로 다른 날짜가 적혀 있음을 보여주었다. 경찰서 직원은 하드윅에게 50달러의 벌금을 부과했고 하드윅은 벌금을 지불했다. 경찰서 직원은 벌금 영수증을 발급해주면서, 토릭이 개인적으로 영장을 집행했다는 사실에 놀라워했다. 3주 후, 하드윅은 자기 집 앞에서 젊은 남자 세 명에게 구타를 당했다. 그가 동성애자라는 소문이 널리 퍼진 게 분명했다.

며칠 후에 토릭 경관이 하드윅의 집을 다시 찾았다. 하드윅의 집에 놀러 왔던 친구가 소파에서 자고 있다가 문을 열어주었다. (이 시점에서 영장은 유효기간이 만료된 지 이미 3주가 지난 상태였다.) 토릭은 집안으로 들어와 침실 문을 열었다. 하드윅은 웬 소음이 들리기는 했지만 그냥 바람 소리라고 생각했다고 한다. 그는 하던 일을 계속했는데, 그 일이란 남성 파트너와의 구강성교였다. 토릭 경관이 자기가 현장에 와 있다는 사실을 알리고 하드윅을 체포한 것은 대략 1분이나 지난 뒤의 일이었다. "저는 '대체 무슨 짓입니까? 내 침실에서 뭘 하고 있는 거냐고요?'라고 말했습니다." 이에 토릭은 자기에게 영장이 있다고 응수했다. 하드윅은 그 영장에는 더 이상 아무런 효력이 없다고 지적했다. 토릭은 자기가 옳은 일을 하고 있기 때문에 영장의 효력만료와 같은 사소한 문제는 중요하지 않다고 답했다. 옷을 입는 동안 자리를 비워 달라는 하드윅과 그 친구의 요청을 거절한 토릭은 그들을 경찰서로 연행한 뒤 다른 수감자들에게 그들이 동성애자라고 말했다(실제로는, 그는 간수를 포함한 구치소 관리자들에게 하드윅이 "거시기를 빨다가" 잡혀왔으며, 감옥에서도 똑같은 짓을 충분히 더 당할 수 있을 거라고 말했다). 하드윅의 소도미 법 위반혐의는 경찰기록에 남았다. 1816년에 제정된 조지아 주법은 "개인의 성기를 구강 또는 항문과 접촉하는 행위를 포함하는 모든 형태의 성행위를 하는 자는 소도미 법을 위반한 것이다"라고 명시하고 있었다.

이 시점에서 미국시민자유연맹American Civil Liberties Union이 하드윅의 사건에 관심을 가졌다. 이 단체는 하드윅 사건이 소도미 법에 문제를 제기할 수 있는 좋은 기회라고 생각했다. 상호합의한 두 성인이 격리된 공간에서 성행위를 했기 때문이다. 잠시 동안은 한 이성애자 커플이 조지아 주의 소도미 법에 대한 문제제기에 참여했다. 이들이 이성애자였던 만큼, 소도미 법에 대한 그들의 문제제기는 성적 지향과는 무관했다. 그러나 지방법원은 그들의 참여를 거부했다. 그들이 "주법 행사의 결과로 인해 직접 손해를 입을 즉각적인 위험"에 처해 있지 않다는 게 이유였다. 겉보기에는 중립적이지만, 소도미 법이 사실상 동성애자들에게만 불평등하게 집행되는 것임을 주정부가 인정한 셈이다.

주정부가 소도미 법을 방어하기 위해 세운 전략은 광범위한 성적 금기를 문제 삼는 대신 동성애에만 가차없이 집중하는 것이었다. 이 사건이 연방대법원에까지 상고되었을 때, 조지아 주의 법무장관 바워스는 변론 내내 동성애에 대해서만 이야기했으며, 변론 취지서에서는 "동성애와 관련된 소도미는 또 다른 일탈적 행위로 이어진다. 당장 떠오르는 몇 가지만 꼽아보아도 이러한 행위에는 사도마조히즘, 집단섹스, 복장도착 등이 포함된다"고 주장했다(하드윅은 한 번도 이런 행위를 한 적이 없었는데도 말이다). 바워스는 반복적으로 "게이 찜질방"을 언급했으며, 공중보건에 대한 국가적 관심과 소도미 법 사이에 연관성이 있다고 시사했다. 폴 캐머런의 가장 충격적인 주장들을 전면에 내세우지는 않았으나, 조지아 주의 일반적인 전략은 바로 캐머런이 취했던 것과 같은 혐오와 공포의 전략이었다. 미국 심리학회와 미국 공중보건학회American Public Health Association는 기혼자의 80퍼센트를 포함하여 이성애자들 사이에서도 소도미 법 위반이 빈번하게 일어난다는 사실을 공히 지적했지만, 주정부는 이를 무시했다. 하버드 대학교의 법학 교수인 로렌스 트라이브는 하드윅이 한 성행위가 격리된 공간에서 벌어진 내밀한 행위라는 점을 강조하면서, 이런 문제에 대한 국가의 불간섭에 개인의 법익이 달려 있다고 주장했다. 그는 '하드윅' 변론을 통해, 사생활에 관한 정부 권력의 한계가 어디까지인가 하는 일반적 문제를 연방대법원이 집중적으로 다룰 수 있도록 노력했다.

1986년 6월 30일, 연방대법원은 5 대 4로 소도미 법을 존치했다. (이 결과는 이후 파월 대법관이 마지막 순간 표를 바꾸었다는 사실이 알려지면서 더욱 큰 논란을 가져왔다. 파월 대법관은 이후 이때의 결정을 후회하면서, 자기가 틀렸을지도 모른다고 공개적으로 인정했다.)[29] 화이트 대법관의 다수의견이나 이보다 훨씬 더 가혹한 버거 대법원장의 보충의견은 인간적 상상력의 결핍이라는 치명적인 결함을 보여준다. 이 책에서 정의한 바에 따르면, 그들은 "인류애"를 결여하고 있다.

혹자는 판사들이 왜 상상력을 활용해야 하느냐고 물을지도 모르겠다. 판사들의 일이야 헌법을 충실히 해석하는 것뿐이지 않은가? 물론 그렇다. 하지만 이 사건은, 연방대법원에까지 상고되는 수많은 법적 난제들과 마찬가지로, 기술적인 논변만 통해서는 해결될 수 없는 것이었다. 대신 판사들은 이 사건과 유사하거나 차이가 있는 관련 사건들을 검토했어야 했다. 즉, 그들은 인간의 목적이란 무엇이며 그들이 가지고 있는 이해관계는 또 무엇인지를 이해하려고 노력했어야 했다. 조지아 주법으로 제약당한 권리가 적법절차조항에 의해 보호되는 것인지를 살피기 전에 판사들은 우선 그 권리가 대체 무슨 권리인지를 상세하게 따져보았어야 한다. 이 법은 만인에게 보장된 권리, 즉 상호합의하에 내밀한 관계를 맺을 권리를 위협하는가? 이런 식으로 표현하면 해당 권리는 근본적이고 뿌리 깊은 것으로 보인다. 사실 조지아 주의 소도미 법은 원래 성적 지향과 무관하게 모든 사람들에게 적용되는 것이었으므로, 소도미 법이 "만인에게 보장된, 상호합의하에 내밀한 관계를 맺을 권리"와 관계되어 있다는 해석은 법의 원문에 충실한 해석이었다. 소도미 법이 문제 삼는 권리를 이런 식으로 해석하는 게 타당한지를 따져보기 위해, 판사는 마이클 하드윅이 청구하는 자유가 연방대법원이 이미 인정하고 있는 개인의 자기결정권과 유의미한 정도로 유사한지를 살펴보기만 하면 되었다.

그러나 화이트 대법관은 이 문제를 지엽적으로만 다루었다. "미국연방의 헌법이 동성애자들로 하여금 소도미 행위를 할 기본권을 보장하는지"만을 따졌던 것이다. 문제를 이렇게 틀 지운 화이트 대법관은 "['사생활 보호의 권리'와 관련된] 이전 판례가 선포한 권리 중 어떤 것도 동성애자들이 청구하고 있는 권리, 즉 소도미 행위에 참여할 헌법적 권리와 아무런 유사성이 없다"고 판시했다. 소도미 행위에 참여할 권리를 보호하기 위해 적법절차조항을 인용하는 행위는 "아무리 좋게 보아도 경박한 시도라고밖에는 할 수 없다"는 것이었다. 마찬가지로, 버거 대법관은 보충의견에서 "소도미 행위에 대한 법적 금지는 머나먼 고대로부터 기원한다"면서 "동성애자들이 행하는 소도미 행위가 어떤 식으로든 기본권으로 보호된다는 입장은 수천 년에 걸쳐 전해져 내려온 도덕적 가르침을 내팽개쳐 버리는 것"이라는 가혹한 결론을 내렸다.

이러한 판단은 사실관계를 곡해한다. 앞에서 살펴보았듯, 동성애 행위를 소도미 법으로 규제하려는 독특한 열정은 오히려 최근에 발생한 것이다. "서구문명의 역사" 전체가 동성애를 맹비난해온 것도 아니다. 여성들 사이의 동성애는 거의 한 번도 금지된 적이 없었다. 심지어는 동성애에 적대적인 영국에서도 사정은 마찬가지였다. 이성애자들이 저지를 수 있는 "소도미 행위"는 고대의 여러 사회에서 승인된 행위였다. 예를 들어, 앞서 언급했던 것처럼 항문성교는 고대 그리스인들이 활용한 피임 방법이었다(또한 많은 사회에서는 여성의 처녀성을 유지할 목적에서 항문성교를 하기도 한다). 남성 간의 동성애 관계는 수동적인 역할을 하는 시민에 대한 사회적 반감이 만연해 있었던 만큼 신중한 감시의 대상이 되었지만, 이후의 소도미 법으로 금지된 몇 가지 행위는 공공연히 인정받았으며 그 밖의 다른 행위들도 광범위하게 용인되었다. 남성들이 서로에게 성적 매력을 느끼는 현상은 정상적이고 자연적인 것으로 생각되었으며, 사람들은 심지어 신들도 그러한 사랑을 나눈다고 상상했다. 근대의 역사를 살펴보아도 마찬가지다. 19세기 초, 프랑스는 상호합의된 성행위에 대한 형벌을 모조리 폐지했다. 물론, 미국 법원이 판단을 내릴 때 반드시 역사적·국제적 사실들을 참조해야 하는 것은 아니다. 하지만 연방대법원 측에서 먼저 역사를 운운했으니 법원이 들먹인 사례가 사실과는 다르다는 점을 지적하는 일은 중요하다.

그러나 역사적 사실에 대한 곡해는 별 문제조차 되지 못한다. 이 두 의견의 가장 큰 문제점은 충격적일 정도의 도덕적 둔감성을 드러낸다는 점이다. 물론 당시는 미국 전역에 동성애자들에 대한 적의가 널리 퍼져 있는 시기였다. 그러나 그때에도 동성애자들이 합법적으로 할 수 있게 해달라고 요구한 행위가 이성애자들이 합법적으로 하는 행위와 "아무런 유사성도 없는" 행위가 아니라는 점, 그러기는커녕 오히려 두 행위가 아주 밀접하게 닮아 있다는 점을 알아채기란 어렵지 않았을 것이다. 성적으로 내밀한 관계를 맺을 권리는 개인에게 속하는 권리이며, 아이젠슈태트 판결에서 연방대법원은 이미 이 권리가 개인의 결혼 여부에 영향을 받지 않는다고 판시한 상태였다. 그러므로 연방대법원은 결혼만이 수정헌법 제14조의 보호를 받는 유일한 관계라고 이야기함으로써 자신의 도덕적 둔감성을 변호할 수 없게 되었다. 성생활과 관련된 결정을 내릴 권리는 이미 개인의 기본권으로 확립된 상태였던 만큼, 마이클 하드윅이 청구한 권리가 바로 그 개인의 기본권이라는 사실을 알아보기 위해서는 평범한 상상력을 한 걸음 내딛기만 하면 됐다. 창의력은 전혀 필요하지 않았다. 하드윅이 자기 침실에서 하던 행위는 결혼 여부와 관계없이 수백만 명의 이성애자들이 미국 전역에서 합법적으로 하던 바로 그 행위였다.

선의를 품고 있는 사람이라면 어떻게 하드윅 사건에서 문제가 된 권리와 다른 사건들에서 인정된 권리 사이에 "아무런 유사점이 없다"는 결론을 내릴 수 있는가? 이 지점에서 우리는 '혐오의 정치', 즉 동성애자들을 완전한 인간이라기에는 어딘가 좀 모자란 존재, 부엌 바닥을 기어다니는 바퀴벌레처럼 묘사하는 방식에 대해 다시 생각해보아야 한다. 부엌에 바퀴벌레가 살고 있다는 사실을 아는 경우에도 사람들은 그 사실을 인정하기 싫어한다. 그래서 사람들은 무척 가혹한 방식으로 바퀴벌레를 대하는 것이다. 게이와 레즈비언들은 오랜 세월 편견의 대상으로 낙인찍혀왔으며, 이에 따라 판사들은 아무런 주저 없이 바퀴벌레를 대하듯 가혹한 시선으로 이들을 바라보게 되었다. 자신들의 친구나 친척 중에도 동성애자들이 몇 사람쯤 있다는 사실은 알지도 못한 채, 이 판사들은 동성애자들을 다른 모든 인간과 다른, 도덕적 외톨이 계급으로 취급했다. 조지아 주 법무장관 바워스의 주장에는 이런 생각이 뚜렷하게 반영되어 있다. 오스카 와일드에게 유죄 판결을 내렸던 월스 판사의 세계에 팽배해 있던 감정, 곧 혐오는 바워스 대 하드윅 판결의 다수의견과 버거의 보충의견에서도 똑같이 모습을 드러냈다. 이 혐오는 동성애자의 입장에 서서 그들의 목적이 무엇이고, 그러한 목적이 이성애자들의 행동이나 권리와는 어떻게 닮아 있는지 바라보고자 하는 시도 자체에 대한 거부감을 보여준다.

두 의견은 데블린적 성격을 보여준다는 점에서 더욱 가혹하다. 전통만 믿고 따르면 헌법이 개인의 어떤 권리를 보호해야 하는지 저절로 답이 나오기라도 하는 듯, 이 두 의견은 오랜 전통을 끌어들이고 있다. 앞서 살펴보았듯, 데블린은 혐오에 대한 호소와 집단주의적 사회관을 매우 밀접하게 연결시켰다. 혐오를 법적 규제의 근거로 만드는 것이 바로 집단주의적 가치였다. 데블린의 이론을 직접 끌어들이지는 않지만 바워스 대 하드윅 판결의 다수의견과 보충의견은 전통을 참조함으로써 동성애자들에 대한 낙인찍기를 정당화한다. 그러나 반대의견이 지적했듯, 이전 판례들이 인정한 것은 결집된 사회집단이 가지고 있는 데블린식의 권리가 아니라 내밀한 관계를 맺고 개인적 행복을 추구하는 데에 필요한 개인의 결정권이다. 이와 같은 기본권은 다수가 좋아하지 않는다는 이유만으로 소멸되지 않는다. 그러나 연방대법원은 다수가 싫어할 뿐만 아니라 전통에도 부합하지 않는다는 "동성애자들의 소도미"에만 집중했기에 마이클 하드윅이 다른 사람들처럼 행복을 추구하고 있을 뿐이라는 사실을 바로보지 못했다. 그러므로 바워스 대 하드윅 재판을 통해 데블린과 밀의 토론이 재현되었다고 볼 수 있겠다. 이 토론을 보면, 사회에 대한 두 가지 청사진 중 하나를 선택할 경우 각기 반대급부로 무엇을 잃게 되는지가 명백하게 드러난다.

블랙먼 대법관의 반대의견은 흥미롭게도 이 문제를 종교의 자유와 비유하면서, "개인에게 자신의 인생에 대한 자유로운 선택권을 부여하려면 필연적으로 다양한 개인들이 다양한 선택을 하리라는 사실을 수용해야 한다"고 주장했다. 그는 '위스콘신 주 대 요더' 사건을 인용했다. 이 사건은 다수의 종교와 다르다고 해도 아미시파의 독특한 성격 역시 존중받고 수용되어야 함을 인정한 사건이었다. 반대의견을 따랐던 판사들은 "타인의 권리나 이해관계에 어떠한 영향도 끼치지 않는다면, 독특하고 사회 일반과 일치하지 않는 삶의 방식이라도 단지 다르다는 이유만으로 비난당해서는 안 된다"고 판시했다. 이에 따라 그들은 "타인과 맺는 내밀한 관계의 속성을 스스로 통제하고자 하는 개인들의 근본적 법익"은 다수가 싫어한다는 이유만으로 축소될 수 없다고 주장했다. 이때의 '개인들'이 소수자라고 하더라도 말이다.

바워스 재판의 변론은 적법절차조항에 따라 이루어졌다. 이는 기본적으로 자유에 대한 사건이었던 셈이다. 그런데 미국의 헌법적 전통은 자유와 평등을 밀접하게 연관시킨다. 왜냐하면 언론의 자유나 종교의 자유처럼 근본적인 자유의 권리는 평등이라는 기초가 확립되지 않는 한, 개인에게 보장될 수 없기 때문이다. 예를 들어 사람들을 종교재판에 회부하지 않는 것만으로 종교의 자유를 확립할 수는 없다는 사실은 오랜 세월에 걸쳐 인정됐다. 종교의 자유를 확립하려면 모든 사람들이 누리는 자유의 조건을 동등하게 맞출 필요가 있다. 마찬가지로, 바워스 사건은 동성애자들의 자유를 다루었을 뿐 아니라 그들이 다른 시민들과 '평등한 자유'를 누려야 한다는 주장과도 관계되어 있었다. 스티븐스 대법관이 반대의견에서 지적했듯, 소도미 법을 방어할 수 있는 방법은 두 가지밖에 없다. 첫째는 동성애자들에게 다른 시민들과 평등한 자유권이 없다는 주장이다. 둘째는 모종의 이유에 따라 국가가 일반적으로는 평등하게 적용해야 할 법을 동성애자들에 한해 불공평하게 적용할 권리를 가진다는 주장이다. 평등이라는 기본적 이념에 위배되는 만큼 첫 번째 주장은 받아들일 수 없다. 국가가 "비인기 집단에 대한 관습적 혐오나 단순한 무지 이상의" 이유를 아무것도 제공하지 못하는 만큼 두 번째 주장도 받아들일 수 없다. 스티븐스 대법관과 비슷하게 블랙먼 대법관은 밀의 지지자다운 주장을 한다. "권리에 대한 실질적 간섭"이 일어나지 않는 한, "다양한 개인이 자신의 가치관에 따르지 않는다는 사실에 대한 단순한 인지는 합법적으로 인정할 만한 법익이 아니라는" 것이다.

반대의견을 낸 판사들이 평등의 문제를 제기하고 있으므로 혹자는 이 사건의 변론이 적법절차조항보다는 평등보장조항에 따라 이루어졌어야 한다고 생각할지도 모른다. 블랙먼은 이러한 접근에 공감을 표하며, 인종 간 결혼금지법을 무효화시켰던 판례가 이 사건과 꼭 유사하다고 봤다. 몇몇 법학자들은 평등보장조항에 따른 주장이 지성적으로 더 강력하다고 느꼈다. 그들이 이렇게 느낀 까닭은 부분적으로, 적법절차조항은 반동적이며 전통적인 데 비해 평등보장조항은 진보적이라는 통념 때문이었다. 그러나 적법절차조항을 반동적인 것으로 여겨서는 안 된다. 특히 권리가 합리적인 수준에서 일반적으로 이해되는 경우에는 말이다. 게다가 이 사건에는 평등 문제만이 걸려 있었던 것도 아니다. 많은 집단들이 골고루 차별받아온 역사에 비추어보면, 모든 사람들을 위하여 자유의 법익을 강력히 정당화해야 할 필요는 분명히 있다.[30]

바워스 판결은 연방대법원이 한 법률적 판단 중 가장 형편없는 것이었다. 판결의 내용이나 다수의견과 보충의견이 보여준 가혹함은 필수적인 자유의 법익을 다루지 않고 내버려두었을 뿐만 아니라, '동성애자들은 법 테두리 밖에 있는 존재'라는 생각에도 아무런 문제를 제기하지 않았다. 다수의 편견을 명분으로 들어 개인의 기본권을 제한했다는 측면에서 이 사건은 인종분리주의를 합헌으로 존치했던 '플레시 대 퍼거슨 시' 사건[31] 등 과거의 추잡한 사건과 유사하다. 또한 바워스 판결은 '브래드웰 대 일리노이 주' 사건[32]과도 닮아 있다. 이 사건에서 연방대법원은 여성의 법조계 진출을 금지하는 일리노이 주 주법을 존치했다. 브래드웰 판결에 대한 보충의견은 통념적인 도덕적 판단을 인용하면서 여성들이 특정 역할을 도맡아야 한다고 설파한 것으로 널리 알려져 있다. 불길할 정도로 바워스 판결과 닮아 있는 또다른 사건은 아마 '마이너스빌 대 고비티스' 사건[33]일 텐데, 이는 여호와의 증인들이 종교적 이유로 국기에 대한 경례를 거부하자 연방대법원이 국기에 대한 경례를 강제적으로 요구한 사건이었다. 자기 양심에 따른다는 이유로 여호와의 증인들을 법에 의한 보호를 받지 못하는 자, 전복적인 존재로 취급한 셈이었다. 이러한 연방대법원의 판결은 간접적으로 미국 전역에서 여호와의 증인들을 추악한 폭력사태의 희생양으로 던져주는 결과를 낳았다.[34] 연방대법원이 이 사건을 재심리함에 따라 여호와의 증인들에 대한 폭력사태가 중지된 것은 그로부터 3년 후의 일이었다.[35] 동성애자들은 이보다 더 오랜 세월을 기다려야 했다.

로렌스 대 텍사스 판결: 평등한 자유의 체제를 향하여

정치적 투쟁은 이제 주정부 차원에서 벌어지게 됐다. 1996년에는 바워스 판결 당시 소도미 법이 있었던 주들 중 절반 이상이 이 법을 폐지한 상태였다. 소도미 법이 전면적으로 무효화된 2003년경, 소도미 법이 있는 주의 숫자는 이미 16개 주로 줄어든 상태였다. 소도미 법의 폐지는 사회적 태도의 일반적 변화를 반영한 것이었다. 미국인들은 가정이나 직장, 교회, 미디어 등 미국의 사회구조 전 분야에서 활동하는 게이와 레즈비언들을 점점 더 완전한 인간으로 인식하기 시작했다. 게이와 레즈비언들이 몸을 숨기고 있던 벽장은 그들이 일반 시민과는 다르다는 묘사를 가능하게 함으로써 '혐오의 정치'가 작동할 수 있게 해왔다. 그러나 동성애자들이 이 벽장 밖으로 나오기 시작하자 상상력과 배려심, 우정 같은 일상적 활동에 힘입어 사람들은 동성애자에 대한 시각을 현저히 수정하게 되었다.

1998년 9월 17일, 45세의 의료기술자인 존 게디스 로렌스는 휴스턴에 있는 자신의 아파트에서 타이론 가너와 상호합의하에 항문성교를 하고 있었다. 그는 몰랐지만, 이때 로렌스의 이웃인 로버트 로이스 유뱅스가 로렌스의 집에서 "흉기 소동"이 벌어지고 있다는 불만신고를 했다. 유뱅스는 가너의 옛 연인으로서, 로렌스와 가너를 추행한 혐의로 기소된 전적이 있었다. 그는 경찰에 전화를 걸어서는 총을 든 남자가 "미쳐 날뛰고 있다"고 했다(유뱅스는 나중에 이 말이 거짓말이었음을 인정했고, 허위신고를 한 혐의로 감옥에서 15일을 살았다). 경찰은 총기를 소지한 채 아파트 문을 따고 들어가 두 사람을 체포했다. 로렌스와 가너는 감옥에서 하루를 보낸 뒤 텍사스의 소도미 법을 위반한 혐의로 기소되었다. 처음에는 아무런 이의를 제기하지 않고 치안판사의 선고를 받았지만, 추후 그들은 상고권을 행사하여 연방대법원에 자신들에게 씌워진 혐의를 벗겨달라고 청원했다. 텍사스 주법이 오직 동성애자들의 소도미 행위만을 금지하고 있었으므로, 그들은 평등보장조항과 적법절차조항을 모두 인용하면서 재판에 임했다. 2002년 12월, 연방대법원은 이 사건을 청취하기로 했다. 마침내 2003년 6월 26일, 연방대법원은 6 대 3의 표결로 로렌스와 가너의 손을 들어주었다. 이로써 바워스 판례는 뒤집혔으며 그때까지 잔존하던 소도미 법도 전부 무효화됐다.

보충의견을 쓴 오코너 대법관은 평등이야말로 이 재판에 걸린 가장 중심적인 문제라고 보았다. 바워스 판결 때 그녀는 다수표를 던진 바 있다. 이 사건에서도 그녀는 성적 지향에 따른 차별을 하지 않는 경우에도 소도미 법이 적법절차조항에 따른 위헌이 되는지 여부에 대해서는 아무런 의견도 표명하지 않았다. 그녀는 평등보장조항만 참조해도 텍사스 주의 소도미 법이 명백한 위헌이기 때문에 적법절차조항에 따른 결론을 내릴 필요는 없다고 주장했다. 오코너 대법관은 클리번 판례를 인용하면서 다수가 특정 집단의 시민들을 못마땅하게 여기거나 싫어한다는 이유만으로 국가가 그 집단의 시민들만을 특정하여 불이익을 주어서는 안 된다고 주장했다. "어떤 집단에 대한 도덕적 반감은 평등보장조항하에서 정당한 정부의 법익으로 인정받을 수 없다"는 말이었다.

오코너 대법관의 의견은 평등보장조항에 따른 접근의 가능성과 한계를 모두 보여준다. 평등보장조항만을 인용하더라도 소도미 법을 폐지하는 데에는 아무 문제가 없다. 표면적으로는 중립적인 것처럼 보이는 법 또한 불평등하게 집행되었다는 사실이 증명된다면 평등보장조항에 따라 충분히 무효화할 수 있다. 그러나 이러한 접근은 사생활 침해와 개인의 자유로운 결정권이라는 보다 근본적인 문제에는 접근하지 못한다.

반면 다수의견은, 내밀한 관계를 맺을 자유의 법익이 어떤 속성을 띠고 있는지 대담하게 천명할 시간이 왔다고 판단했다. 이에 따라 로렌스 판결의 다수의견은 "바워스 사건에 대한 연방대법원의 판결은 당시의 기준으로 보나 오늘날의 기준으로 보나 잘못된 것이다"라고 판시했다. 바워스 판결의 다수의견은 자유의 법익을 그릇된 방법으로, 지나치게 지엽적으로 규정했다. 이러한 시각이 교정되면서 로렌스 사건의 판사들은 바워스 사건 때처럼 이 사건 역시 개인이 맺는 내밀한 사적 관계에 대해 정부가 어떤 역할을 해야 하느냐는 문제와 관계되어 있다는 새로운 틀을 제시했다. "자유는 주거지 및 여타 사적 공간에 대한 정부의 영장 없는 간섭으로부터 개인을 보호한다. …… 자유는 생각, 신념, 표현 및 내밀한 행위 등을 포함하는 개인의 자율성을 전제한다." 연방대법원에서 케네디 대법관은 상호합의된 사적 행위를 하는 어떠한 개인에게도 범죄자라는 낙인을 찍어서는 안 된다고 주장했다. 상호합의된 사적 행위는 개인적 선택의 자유라는 영역에 귀속되기 때문이다.

이는 적법절차조항에 근거해 자유라는 법익을 해석하는 가장 정확하고 막강한 방법이다. 케네디 대법관은 또한 강력한 근거를 들어 적법절차조항에는 평등의 요소가 내재되어 있으며, 평등보장조항만을 지엽적으로 적용할 경우에는 평등의 법익이 제대로 구현될 수 없다는 주장도 했다.[36] 오직 만인의 자유를 최대한 적극적으로 보호할 때에만 소도미 법이 찍은 낙인을 제거할 수 있다는 것이다.

평등의 원칙은, 자유의 영역을 보호해야 한다는 단서가 붙지 않는 한 그 자체로는 불충분하다. 정부는 만인의 자유를 공평하게 침해할 수도 있기 때문이다. 예를 들어 기혼이든 미혼이든 커플은 한 명 이상의 자녀를 낳아서는 안 된다는 제한을 두는 법이나, 서로 다른 종교를 믿는 사람들끼리의 결혼을 금지하는 법, 자위를 금지하는 법 등은 평등보장조항을 위배하지 않지만 대단히 위협적이다. 자유의 영역을 보호해야 한다는 생각은 모두를 평등하게 대우해야 한다는 생각과는 독립적인 것이다. 후자는 전자를 완전히 설명하지 못한다. 따라서 모든 사람들의 자유가 평등하게 보호된다고 말하기 전에, 어떤 종류의 자유가 보호되는지를 설명해야만 한다.

로렌스 판결은 "자유"와 "평등한 자유"라는 개념의 상대성을 훌륭하게 설명한다. 그러나 이 강력한 의견에도 이전의 판례들이 담고 있던 치명적인 결함이 깃들어 있다. 로렌스 판결의 다수의견은 사생활이라는 애매모호한 개념에 과도하게 의존한다. 로렌스 판결은 사생활에 결정권 차원의 자유와 공간적 차원의 자유라는 두 가지 측면이 있음을 인정하기는 한다. "주거지 및 기타 사유지"와 "가정"에 대해 언급한 직후, 케네디 대법관은 로렌스 사건이 "공간적 차원과 그보다 더 초월적인 차원 모두에서 개인이 누려야 할 자유와 관계되어 있다"고 판시했다. 그는 "인간이란 가정이 아닌 공간에서도 살거나 존재할 수 있으며, 그러한 공간 중 일부에서는 국가가 지배적 영향력을 휘둘러서는 안 된다"는 점을 분명히 해두었다. 그러나 이러한 구분을 명시했으면서도 케네디 대법관은 중요한 고비마다 사생활에 대한 공간적 개념에 계속해서 의지한다. 이에 따라 케네디 대법관의 헌법적 접근은 개인을 과잉보호하는 동시에 과소보호하게 된다. 어떤 피해가 예상된다면 국가는 가정에 대해서도 일정한 역할을 수행해야 하기 때문이다. 또한 로렌스와 가너가 한 성행위가 "가정에서" 벌어졌다는 사실이 왜 중요한지도 분명하지 않다. 이 사실이 중요해지는 건 아마도 제3자의 법익과 관련된 문제이기 때문일 것이다. 두 사람의 성행위는 격리된 상태에서 벌어진 만큼 제3자의 권리를 전혀 침해하지 않았다. 합의하지 않은 제3자 중 누구도 직접적인 불쾌감을 겪지 않았다.

딱 여기까지만 이야기했으면 좋았을 뻔했다. "가정" 운운은 주의를 분산시키는 사족이었다. 아이젠슈태트 사건의 경우, 빌 베어드는 공개적인 모임에서 학부생들에게 피임약을 나누어주었다. 중요한 점은 이 행동이 가정 밖에서 일어났다는 사실이 아니라, 그가 누구의 권리도 침해하지 않았다는 사실이다. 그는 피임약을 받기 싫어하는 어떤 행인에게도 손해를 끼치지 않았다. 일반적으로 볼 때, 수정헌법 제14조에 의해 보호를 받는 피임행위는 가정이 아닌 곳, 공적인 장소에서 많이 일어난다. 예를 들어 많은 여성들은 점심이나 저녁 식사시간에 레스토랑에서 피임약을 복용하며, 삽입용 피임기구를 넣을 때에는 공중화장실에 간다. 그리즈월드 판결에 대해서도 생각해보자. 이 판결에서는 결혼한 부부의 가정이 중요한 요소로 언급되었는데, 정작 원고들은 가정이 아닌 의료 사무실에서 피임약을 처방하고 피임 관련 조언을 제공했다는 이유로 법정에 서게 된 사람들이었다. 여기에서 보듯, 문제는 행위에 참여하는 사람들이 동의했는지 여부와 동의하지 않는 제3자에게 피해가 발생하는지 여부이지, 행위가 발생하는 장소가 아니다.

한편 실질적인 성행위에는 언제든 제3자에 대한 일종의 피해가 발생할 가능성이 잠재해 있다. 예를 들어 로렌스와 가너가 로렌스의 집이 아닌 호텔 객실에서 섹스를 했다고 해보자. 이 경우에는 대부분의 사람들이 두 사람의 사생활을 보호해야 한다는 점을 즉시 이해할 수 있을 것이다. 호텔 객실은 가정과 비슷한 성격을 지니고 있기 때문이다. 이때에도 중요한 문제는 당사자 간에 상호합의가 이루어졌는지 여부와 제3자에게 피해를 줄 여지가 없도록 격리된 상태에서 해당 행위를 했는지 여부다. 같은 호텔이라도 만일 사람들로 가득 찬 연회장에서 두 사람이 섹스를 하려 들었다면 그런 행위는 보호받지 못했을 것이다. 그런데 만일 두 사람이 비공개 클럽에서 섹스를 했다면 어떻게 되는가? 클럽 내의 격리된 방에서 섹스를 했거나, 두 사람의 성행위를 보고 싶어 하지 않는 사람은 누구도 그 방에 존재하지 않는 상황이었다면? 만일 두 사람이 아무도 없는 숲에서 격리된 상태로 섹스를 했다면? 이에 관한 문제는 이 책의 제6장에서 다룰 것이다.

이처럼 중요한 문제들에 관해 로렌스 판결은 어떠한 지침도 제공해주지 않는다. 가정이라는 공간은 과연 헌법으로 보호되는 자유 법익의 필수적 요소인가, 아니면 부가적인 선택지에 불과한가? 로렌스 판결의 다수의견은 그만큼 불명확했다. 이 의견은 자유권에 대해 일반적으로 언급하는 선에서 헌법이 보호하는 자유가 "가정" 외의 공간에도 확대된다는 점을 시사하지만, 자유권이 확대되는 원칙은 무엇이며 그것이 확대된다면 어느 정도까지 확대될 수 있는지에 대해서는 아무것도 표명하지 않았다. 이에 대해서는 당시에도 이미 존재하던 한 가지 개념, 즉 "자기본위적" 행위라는 밀의 개념을 활용했으면 좋았을 뻔했다. 그 경우 사생활 보호의 대상이 되는 내밀한 관계와 제3자에게 피해를 주거나 불쾌감을 조성하는 행위를 분명히 구분할 수 있었을 것이다.

그러므로 로렌스 판결의 위대한 점은 개념적으로 명료하다거나 예리하고 실용적인 지침을 제공한다는 점이 아니라 자유라는 법익에 접근하는 사법적 태도에 있었다고 하겠다. 본질적으로, 로렌스 판결의 다수의견은 바워스 판결 때 대단히 명백하게 드러났던 '혐오의 정치', 전통, 집단주의로 지배되는 데블린적 사회를 거부했다. 동시에, 로렌스 판결은 존 스튜어트 밀의 사회관을 계승하여 '인류애의 정치'를 주장했다. 로렌스 판결이 개인의 자유를 열정적으로 옹호했다는 점이나, 인간이 품고 있는 삶의 목표가 얼마나 다양한지 상상하는 능력에 의존했다는 점을 보면 이 점이 분명히 드러난다. 오랜 세월 동안 전해 내려왔다는 지혜에 따라 단죄당한 일군의 범죄자 취급을 받는 대신, 게이와 레즈비언들은 로렌스 사건의 사법적 판단에 따라 평등한 시민이자 "성인"으로 자리매김했다. 다른 모든 사람에게 그렇듯, 이들에게도 "성생활 측면에서 사생활을 어떻게 영위할 것인지를 스스로 결정할" 법익이 인정되었다. 이는 도덕적 상상력의 승리였다. 법이 도덕적 상상력과 분리할 수 없을 만큼 단단하게 연결되어 있다는 점을 고려하면, 이는 또한 법의 승리이기도 했다.

제4장

차별과 차별금지: 로머 대 에반스 판결과 적의

동성애자들 중 전투적인 자들은 정부가 동성애라는 삶의 방식에 특별한 계급적 지위를 부여해주길 바란다. 하지만 우리 생각에는, 당신이 낸 세금이 어떤 삶을 보호하기 위해 쓰이는지를 아는 게 더 중요하다. 당신은 동성애자들의 성행위가 콜로라도 인구 대부분의 성행위와는 극적으로 다르다는 사실을 이미 알고 있을 지도 모른다. 하지만 그 차이가 얼마나 극심한지, 그들의 행위가 얼마나 변태적 이고 위험한지를 제대로 안다면, 그 순간 충격을 받지 않을 수 없을 것이다!

동성애자들은 에이즈라는 위험이 코앞에 닥친 상태에서도 자신들의 게걸스 럽고 위험한 성욕을 억제하지 않는다(혹자들은 억제하지 못하는 것이라고 한 다). …… 전반적 경향을 보면, 설문조사에 응한 게이들 중 90퍼센트가 항문성교 를 하고 있었다. 항문성교는 현대사회에서 가장 위험한 성행위에 속한다. …… 설문조사에 응했던 게이들 중 80퍼센트는 파트너의 항문에다가 구강성교를 해 보았다고 응답했다. 1977년, 동성애자들 중 3분의 1을 훨씬 넘는 수가 파트너의 항문에 주먹을 집어넣는 행위를 해본 적이 있다고 시인했다. …… 당신은 이런 식의 삶을 특별히 보호하고 윤리적인 것으로 추어올림으로써 보상하고 싶은가? 동성애자 인권운동가들은 동성애자들이 "당신과 꼭 같다"고 생각하기를 원한 다. 그러나 통계를 보면 그 말이 사실과 얼마나 다른지를 알 수 있다.

−콜로라도 주 수정헌법 제2조 제정을 위한 캠페인 중 회람된 "가족가치를 위한
콜로라도인 연합Colorado for Family Values"의 팸플릿

콜로라도 주 수정헌법 제2조가 금지하고자 하는 권리에서는 특별한 점을 전혀 찾을 수 없다. 이 법이 금지하려는 권리는 대부분의 사람들이 매우 당연한 것으 로 받아들이는 권리일 뿐이다. 대부분의 사람들은 이미 그 권리를 행사할 수 있 도록 보호받고 있거나, 굳이 보호를 받을 필요조차 없다. 수정헌법이 '특권'이라 고 규정하는 권리란, 자유로운 사회에서 일상적인 시민의 삶을 구성하는 무수한 거래와 노력으로부터 배제되지 않을 권리에 불과하다.

−로머 대 에반스 판결의 다수의견, 1996

가족가치와 차별금지법

월 퍼킨스는 콜로라도 주의 콜로라도스프링스에 사는 크라이슬러 자동차 판매원이었다. 1990년대 초에 그는 토니 마르코와 케빈 테베도가 설립한 "가족가치를 위한 콜로라도인 연합CFV"이라는 보수 단체의 위원회에 자리를 얻었다. 토니 마르코는 보수적인 종교 단체를 위해 모금운동을 하는 사람이었고, 케빈 테베도는 비슷한 일을 하는 로비스트의 아들이었다(1995년 테베도는 이 단체에서 해고당했다. 동성애를 치료해준다고 주장했지만 이후 아동 성추행 혐의로 기소당한 목사가 있었는데, 테베도가 그 목사를 변호하여 파문을 일으켰기 때문이다). 2009년의 홈페이지에서 CFV는 스스로를 "전통적인 가족가치를 보존하고, 보호하고, 방어하기 위한 비영리 시민단체"라고 묘사했다.[1]

CFV는 지방자치단체의 동성애자 인권조례를 금지하는 주 단위 국민투표를 실시하는 것을 첫 번째 목표로 삼았다. 퍼킨스가 고용돼 맡은 일은 이 캠페인을 조직화하고 재정적으로 지원하는 것이었다. 퍼킨스는 이후 전직 미국 상원의원인 빌 암스트롱과 콜로라도 주립대학 미식 축구팀의 인기 코치인 빌 매카트니를 끌어들였다. CFV는 또한 폴 캐머런을 전략 고문으로 고용했다.

대부분의 다른 주들처럼 콜로라도 주도 사회적·정치적으로 대단히 다양한 곳이다. 덴버나 볼더 같은 대도시나 애스펀 같은 부유층 거주지는 자유주의적 성향을 보이는 경향이 있다. 이 세 도시는 모두 광범위한 차별금지 조례를 통과시켰다(덴버 자치주 또한 별도로 차별금지법령을 제정했다). 이 법은, 모든 인간은 "주거, 고용, 교육, 공공시설의 이용, 보건복지 및 그 외의 모든 거래와 활동"을 하는 데에 (인종, 성별, 나이 등에 따라서는 물론이고) 성적 지향에 따른 차별을 받지 않는다고 규정했다.[2] 반면 콜로라도 주에서도 변방에 속하는 지역들은 보다 보수적인 성향을 보인다. 특히 콜로라도스프링스는 수많은 기독교 보수주의 단체의 본부 역할을 하면서, 이 단체들을 유인할 수 있는 호의적인 정책을 적극적으로 펼치고 있다.

1990년대 초반에 기독교 보수주의자들이 위기감을 느낀 데에는 그럴 만한 사정이 있었다. 위에서 언급한 세 개 도시의 조례도 걱정스럽기는 했지만, 이들이 보다 불길하게 받아들인 것은 주 차원에서 일어난 발전이었다. 콜로라도 주 의회는 1972년에 소도미 법을 폐지했으며, 차별금지조례를 제정하기 위한 노력이 점차 뜨거워져갔다. 1990년, 대중적으로 인기를 끌던 주지사 로이 로머는 주정부 직원들이 성적 지향에 따라 차별을 받지 않도록 하는 시행령을 통과시켰다.[3] 1991년에는 게이와 레즈비언을 대상으로 한 증오범죄를 처벌하자는 주법이 발의되었고, 심지어는 콜로라도스프링스에도 차별금지조례가 도입되었다. 두 법은 모두 발효되지 못했다. 그런데도 기독교 보수주의자들은 사회가 변화하고 있다는 불안한 인상을 받았다.[4]

퍼킨스와 마르코의 입장에서는 자신들이 계속해서 "전투적 동성애자들의 공격"이라고 불러왔던 무언가가 더 이상 전진하지 못하도록 막는 일이 극도로 시급한 문제였다. 퍼킨스는 동성애자들이 "성에 대해 근본적으로 일탈적인 집착"을 보인다면서, 아동 성추행 사건 중 압도적인 수가 동성애자들의 소행이라고 주장했다. 사실 그는 CFV의 한 팸플릿에서 "아동에 대한 성적 학대는 많은 동성애자들의 삶에서 큰 비중을 차지한다"는 혐의를 제기했다.[5]

1992년 3월 20일, 퍼킨스는 장갑차를 타고 콜로라도 주 의회 의사당으로 가서는 8만 5000명의 서명이 담긴 청원서를 제출하면서 "이 문서가 미국 전체에서 가장 중요한 문서 중 하나라고 생각한다[16]고 선언했다. 퍼킨스는 콜로라도 주 수정헌법 제2조를 무기명투표에 부치는 데 필요한 서명을 충분히 모았다.

차별금지법 일반에 대해서든, 성적 지향에 따른 차별을 금지하는 구체적 법에 대해서든 관심을 갖는 것 자체는 정당한 일이다. 강력한 종교적 신념을 가진 사람들은 차별금지법으로 인해 자신의 종교에서 교리상 탐탁지 않게 여기는 사람들을 강제로 고용해야 할지도 모른다는 걱정을 한다. 꼭 성적 지향에만 국한된 문제가 아니다. 예를 들어, 차별금지법으로 인해 어떤 종교를 믿지 않는 사람을 그 종교단체에 고용하도록 강제한다면 그것은 문제가 될 수 있다. 솔트레이크시티의 한 교회는 모르몬교도가 아니라는 이유로 수위 한 사람을 해고했는데, 1987년 연방대법원은 이러한 결정이 차별금지법에 위배되지 않는다고 결정했다.[7] 비록 수위라는 직업이 종교적 기능을 수행하는 것은 아니지만, 연방대법원이 종교적인 기능과 비종교적인 기능을 구분하려고 시도하는 것 자체가 종교기관에 대한 연방대법원의 간섭 및 감시라는 나쁜 선례를 남기리라고 판단한 것이다. 연방대법원은 차별금지법이 존재한다 해도 종교단체는 자신의 종교를 믿는 사람들을 선호할 상당한 재량권을 누린다는 점을 명확히 했다.

반면, 문제가 인종이나 젠더, 성적 지향 혹은 결혼 여부일 경우에는 종교적 이유에 따른 종교단체의 거부가 어느 정도까지 차별금지법으로 규제되어야 하는지에 대해서 여전히 논란의 여지가 있다. 더불어 (종교단체가 아닌) 개인이 종교적 이유에 따른 차별을 할 때에는 어느 정도까지 차별금지법의 규제를 받는지에 대해서도 논쟁이 벌어지고 있다(일례로, 몇몇 주에서는 집주인들이 종교적인 이유를 들어 미혼 이성애자 커플에게 방을 내주지 않겠다고 해서 논쟁이 촉발됐다). 덴버와 애스펀에서는 종교적 반대에 대해 차별금지법의 적용을 면제해주는 조항을 만듦으로써 이 문제를 고려했음을 보여주었다. 만일 콜로라도 주 수정헌법 제2조의 목적이 성적 지향에 대한 종교적 교리가 충분히 존중되도록 보장하는 것이었다면, 모든 차별금지법과 시행령에 비슷한 예외규정을 두도록 요구하는 것으로도 충분했다.

마찬가지로, 사적 관계를 맺을 자유가 제약받을지도 모른다는 걱정을 할 수 있다. 소규모 임대차 건물주들이 종교적·도덕적인 이유로 어떤 사람들을 못마땅하게 여기는데, 차별금지법 때문에 그 누군가에게 건물을 임대해주어야만 한다고 가정해보자. 이에 따라 사적 관계를 맺을 자유가 침해당하고 말리라는 걱정이 든다면, 소규모 임대차 건물(혹은 가족단위 경영이 이루어지는 소규모 기업)에 대해서는 차별금지법의 적용을 면제해주자는 법을 제안할 수 있다.

좀 더 일반적으로 이야기해보자. 오늘날의 사회는 매우 빠르게 변화하고 있다. 이런 시대에, 가족가치에 헌신하는 조직들 입장에서는 보수 기독교 노선의 연장선상에서 이해되는 '가족'의 미래를 염려하는 일이 정당한 것일 수 있다. 그런 조직은 전통적 가족의 법익을 증진시키기 위해 법을 활용하려고 시도할 수도 있다. 예를 들면 이 조직들은 약물이나 알코올 중독을 치료하거나 결혼 상담을 하는 데에 드는 비용을 국가가 보조하라고 요구할 수 있을 것이다. 많은 경우 알코올이나 약물오남용, 혹은 결혼생활 유지에 필요한 지속적 부부상담의 부족이 상황을 파탄으로 몰고 간다는 사실이 널리 알려져 있기 때문이다. 또는 이혼한 배우자의 양육비 지불 회피에 대한 처벌을 강화하라는 법을 제안할 수도 있을 것이다. 취약한 환경에 놓인 아이들에게는 이 법이 무척 필요하다. 또는 직장에서 가족휴가나 의료목적의 휴가를 확대하도록 하는 방안을 고려해볼 수도 있다. 이렇게 하면 어린이 양육과 노인 부양에 따르는 부담이 줄어들 것이다. 간단히 말하자면, 지방법원판사 제프리 베일리스가 이야기했듯 "전통적 가족가치를 증진시키고자 하는 사람은 특정한 집단에 반대하는 대신 친가족적 행동을 하는 편이 나은 것으로 보인다".

CFV가 제안한 무기명투표안, 즉 콜로라도 주 수정헌법 제2조는 위에서 언급한 어떤 접근방법도 취하지 않았다. 이 조항이 제안한 것은 게이와 레즈비언들에게서 차별금지법의 혜택을 받을 수 있는 권리를 매우 포괄적으로 박탈하려는 것이었다. 조항은 다음과 같다.

동성애자, 레즈비언, 양성애 성향에 근거한 모든 보호조치를 철폐한다. 콜로라도 주정부의 모든 부서는 물론 특정 정부기관과 정치조직의 하위집단, 지방자치단체, 학교는 동성애자, 레즈비언 혹은 양성애 성향과 그러한 성향에 따르는 행위, 관습 혹은 관계를 구실로 특정한 사인私人이나 사인의 집단에 소수자의 지위나 소수자 할당제 혜택, 보호적 지위를 부여하거나 그들을 차별금지법 적용의 대상으로 삼아서는 안 되며, 그러한 주장을 용납해서도 안 되고, 이를 주요 내용으로 하는 규제와 조례, 정책을 실행하거나 채택하거나 강요해서도 안 된다. 이 수정조항은 전면적으로 자동 발효된다.

수정헌법 제2조가 실행되면 어떤 일이 벌어질까? 콜로라도 주 대법원은 이 주민투표를 다음과 같이 분석했다.

최소한으로 추정할 때, 수정헌법 제2조의 즉각적 목적은 성적 지향에 근거한 차별을 금지하는 콜로라도 주와 지방정부 주체들의 현행 주법, 규제, 조례, 정책 등을 폐지하는 것이다. [덴버, 볼더, 애스펀의 조례 및 로머의 시행령과 콜로라도 보험공단의 유사규정을 포함하는 다양한 주법, 규제, 조례, 정책이 예시로 열거된다.] 성적 지향에 근거한 차별을 금지하는 다양한 주립대학의 규정도 이에 들어간다. [예시가 다시 열거된다.]

수정헌법 제2조의 "궁극적 효과"는 주 헌법이 먼저 수정되지 않는 한 어떠한 정부 주체도 추후 현행과 비슷하거나 현행보다 더 보호적인 주법, 규제, 조례 혹은 정책을 실행하지 못하도록 금지하는 것이다.

수정헌법 제2조가 가져올 변화는 전통적으로 "공적" 성격을 띤다고 간주된 영역에만 한정된 것도 아니다. 차별금지법은 공적 영역은 물론 사적 영역에서의 고용과 "공공시설로 간주되는 장소에도 적용된다". (예를 들어 볼더의 조례는 "일반 공중을 대상으로 한 모든 종류의 판매영업에 종사하는 사업체 및 일반 공중에 대한 서비스, 시설, 특전이나 혜택을 제공하는 모든 장소, 일반 공중의 청원에 따라 재정적 지원이나 정부보조금을 받는 모든 장소"를 공공시설로 정의했다.) 얼마나 많은 부속단위를 갖추어야 공공시설로 인정받는지 여부는 시설의 종류에 따라 다르지만, 공공시설로 간주될 만큼 많은 수의 임대단위를 제공하는 임대주들 또한 이 변화에 영향을 받는다. 이에 더해 주거, 부동산, 보건복지 서비스에서의 모든 거래와 사적 고용 차원에서 게이와 레즈비언들에게 적용되었던 특별한 법적 보호의 혜택은 폐지된다.

다시 말해 수정헌법 제2조는 민주주의 사회에 살고 있는 게이, 레즈비언들이 삶의 많은 부분에서 더 이상 일상적인 특전을 누리지 못하도록 막고, 그들이 겪는 차별이 아무리 부당하더라도 이에 대항하는 어떤 형태의 법적 조치도 취할 수 없도록 하는 것이었다. 이것이야말로 수정헌법 제2조가 진정으로 목표한 바였다. 수정헌법 제2조가 가져올 변화는 전면적이다. 이에 따라 게이와 레즈비언들은 다른 모든 사람들과 구분되는, 그들만의 계급으로 분리된다. 오직 그들만이 차별에 대한 구체적인 법적 보호를 받을 수도,

추구할 수도 없게 된다.

하지만 수정헌법 제2조는 게이와 레즈비언들의 "특권"을 부정하는 것이지, 그들이 이미 가지고 있는 평등한 권리를 부정하는 것은 아니지 않은가? 이것이야말로 수정헌법의 지지자들이 언제나 동원해온 수사였다. 그러나 잠시만 생각해보자. 어떤 공동체가 특정 집단에 대한 차별을 금지하는 법을 통과시키는 이유는 무엇인가? 단지 친절한 모습을 보이려고 그러는 것은 아니다. 차별금지법이 제정되는 이유는 문제가 인지되기 때문이다. 일반 공중의 상당수가 해당 집단의 구성원들에 대한 차별이 심각하여 법을 바꾸어야만 하는 단계에 이르렀다고 느끼는 것이다.

이제, 1960년대 미시시피 주에 있었을 법한 수정헌법 제2조를 상상해보자. 수정헌법 제M조라고 부를 이 법은 투표 결과에 따라 아프리카계 미국인들이 (오직 그 사람들만이) 더 이상 주 차원에서든 지역 차원에서든 차별금지법에 따른 보호를 받지 못하도록 금지하려고 한다. 이 수정헌법의 지지자들이 계속해서 "특권이 아닌 평등권을 달라!"고 주장한다고 하자. 자기들은 아프리카계 미국인들을 혐오하는 것이 아니라, 단지 그들의 "특별한" 권리를 부정할 뿐이라면서 말이다.

이런 식의 국민투표가 모든 시민들에게 평등한 위치를 회복시켜주기 위한 중립적인 법이 아님은 금세 알 수 있다. 많은 시민들이 차별을 인지하고 어떻게든 그 문제를 해결하기 위해 아프리카계 미국인들의 법적 보호를 추구했던 것인 만큼, 수정헌법은 아프리카계 미국인들이 그와 같은 법적 보호를 더 이상 받지 못하도록 막는 인종차별적인 법이 될 것이다. 아프리카계 미국인들을 차별금지법에 따라 보호받지 못하는 집단이라고 명시함으로써, 이 법은 아프리카계 미국인들을 다른 모든 사람들과 구분한다. 인종차별을 금지하는 법을 금지하는 수정헌법은 단순히 아프리카계 미국인들에게 불균형적인 영향을 미치는 데에서 그치지 않는다. 수정헌법은 차별을 받아도 법에 의한 시정을 요청할 수 없는 집단으로 아프리카계 미국인들을 지명한다. 이탈리아계 미국인, 가톨릭교도, 자전거 선수, 동물애호가, 흡연자, 60세 이상의 시민, 그 밖의 상상 가능한 모든 집단에 속한 모든 미국인들은 아프리카계 미국인만 아니면 차별 시정을 요구할 수 있다. 오직 아프리카계 미국인만이 그렇게 할 수 없다. 그렇다면 아프리카계 미국인들에게 독특한 방식으로 낙인이 찍히고 있으며, 법에 따라 아프리카계 미국인들만은 다른 시민들이 누리고 있는 지위를 누리지 못하도록 거부당했다고 생각하는 편이 맞지 않겠는가?

콜로라도 주의 수정헌법 제2조는 수정헌법 제M조와 같다. CFV가 제안한 법은 종교를 가진 시민 및 전통적 가족을 보호하겠다는 목적을 가진 협소한 법이 아니었다. CFV는 이른바 표적 집단이라 불리는 게이와 레즈비언들에게 광범위하고도 무한한 장애를 가하려고 제안한 것이다(심지어 한 번도 섹스를 해본 적이 없는 동성애자들도 이 법의 적용을 받는다. 수정헌법은 신중하게도 동성애자의 행위뿐 아니라 동성애자라는 정체성 또한 겨냥하고 있기 때문이다).

수정헌법 제2조는 사회에 대한 데블린적 개념을 표현한다. 평균적인 인간이 무언가를 대단히 탐탁지 않게 여긴다면, 그 평균적인 인간에게는 법을 사용하여 해당 행동을 저지할 자격이 있다는 것이다. 수정헌법 제2조는 유권자들에게 동성애적 지향에 대하여 강력한 반감을 보여달라고 요구하면서 이렇게 촉발된 분노를 광범위한 법적 불이익의 기초로 삼는다. 누군가가 어떤 행동을 한다는 상상을 다수 사람들이 싫어한다는 이유만으로 해당 행동을 하는 개인들의 완전한 평등권을 축소시켜서는 안 된다는 밀의 주장은 단지 강 건너에서 불구경을 할 수밖에 없는 처지가 된다. 이러한 상황을 반전시킨 것이 바로 로머 대 에반스 사건이었다.

경기는 시작되었다. 퍼킨스와 마르코, 그리고 그들이 동원한 수많은 사람들은 꽤 많은 돈을 모았다(상당 부분은 퍼킨스가 직접 기증한 것이었다). 그들은 주 전체를 대상으로 전단지를 배포했다. 캠페인은 영리하게 진행되었다. 전반적으로 볼 때, 이들의 캠페인은 날것 그대로의 혐오나 반감을 전면으로 내세우지는 않았다. 그들이 내세운 주장은 언제나 "특권이 아닌 평등한 권리를!"이었다. 이 문구를 읽은 일반적인 시민들은 자신이 게이나 레즈비언에 대한 혐오를 표현하고 있다는 사실을 인지하지 않고도 수정헌법을 지지하는 한 표를 던질 수 있게 되었다. 시민 상당수는 또 다른 이유로 수정헌법을 지지했다. 그들은 대체로 차별금지법의 보호를 받는 다른 소수자들이었는데, 이들은 성적 지향이 차별금지법의 구성요소에 포함될 경우 자신들의 집단이 이미 누리고 있는 보호 혜택이 약화될 것을 우려했다(예를 들어, 그들은 성적 지향에 따른 차별을 금지하는 데에 주정부의 예산이 투입됨에 따라 자신이 속한 집단은 더 적은 돈을 받게 되고 사람들의 지지도 덜 받게 되리라고 생각했다).

선의를 가진 시민들 중 상당수도 수정헌법에 찬성표를 던졌다. 법조문이 너무 길고 내용도 복잡해서 혼란스러웠던 것이다. 출구조사에 따르면, 유의미한 수의 유권자들이 자기가 어느 쪽을 지지하는 투표를 했는지 이해하지 못했다.

그러나 혐오에 대한 호소가 승리를 주도했다는 점을 의심할 수는 없다. CFV는 문학적 재능을 발휘해 "특권이 아닌 평등한 권리"를 전면에 내세웠다. 이 단체는 심지어 "혐오는 전통적 가족가치가 아닙니다"[8]와 같은 슬로건을 반복적으로 내걸었다. 그러나 이 장의 첫 부분에서 인용한 전단지에서 전형적으로 드러나듯, 게이나 레즈비언의 퇴폐적 삶이나 그들의 끔찍한 성행위를 묘사하는 자료가 항시 제공되었다. 편리하게도, 어떤 경우에는 이런 자료가 "혐오는 전통적 가족가치가 아닙니다"라는 칼럼 바로 옆에 실리기도 했다. 1993년 10월 15일, 수정헌법 제2조에 대한 재판에서 나는 윌 퍼킨스의 증언을 직접 들었다. 이때 그는 다소 떨떠름한 말투로 동성애자들이 대변을 먹고 피를 마신다는 전통적인 캐머런식 주장을 실은 또 다른 팸플릿을 회람시켰다고 인정했다. 수정헌법을 지지하는 사람들은 전략고문으로 캐머런을 고용했을 때 그가 어떤 시각을 가지고 있는지 더할 나위 없이 잘 알고 있었다.

혐오에 대한 호소는 단지 지원 사격에 불과했던 것일까? 아니면 전략의 가장 핵심적인 부분이었을까? 퍼킨스와 마르코는 "타락"이나 "일탈" 같은, 혐오와 관련된 용어를 사용했다. 그들은 또한 캐머런에게 캠페인의 핵심적인 역할을 맡겼다. 콜로라도 주의 법무장관은 수정헌법을 방어할 수 있는 핵심적 지위에 캐머런을 임명하기도 했다. CFV는 질병과 아동 성추행, "전투적인 동성애자들의 공격"에 대해 계속 이야기했다. 무엇보다도 그들은 게이와 레즈비언들의 행위가 평균적인 콜로라도인들과는 "극적으로 다르다"고 지속적으로 주장함으로써, 동성애자들에 대한 어떤 공감도 일어날 수 없도록 막고 그들 역시 일상적인 삶을 살고 있다는 사실을 삭제하려고 했다. 혐오를 조장하는 일과 '인류애의 정치'를 약화시키는 일은 함께 일어났다. 성행위에 관한 자료가 언제나 팸플릿 맨 앞, 한가운데에 실려 있었던 것은 아니지만 이 자료들이야말로 중요했던 것이다. 그들이 취한 전략은 우선 유권자들에게 혐오감을 느낄 만한 이유를 충분히 주는 것이었다. 그러나 일단 혐오를 불러일으키는 데에 성공한 다음에는, 사회적으로 수용되는 선에서 "찬성" 표를 던질 구실 또한 제공해야 했다. 이 구실 덕분에 유권자들은 자기가 "찬성" 표를 던진 이유를 스스로에게나 다른 사람들에게 정당화할 수 있었다.

1992년 11월 3일, 수정헌법 제2조는 813,966 대 710,151(53.4퍼센트 대 46.6퍼센트)로 가결되었다. 이에 대해 마르티나 나브라틸로바 등의 사람들과 볼더 밸리 학군, 덴버 시, 덴버 자치주, 볼더 시, 애스펀 시, 애스펀 시의회 등의 다수 정부 주체들이 원고가 되어 수정헌법에 이의를 제기했다. 이들은 수정헌법의 발효를 저지하고자 했다.

1막: 콜로라도 주─기본권과 정치적 진보

수정헌법 제2조와 관련된 소송은 세 개의 개별적인 법 이론과 관계되어 있는 만큼 매우 복잡했다. 이 소송 과정을 추적하면 수정헌법에 대한 지지가 진정으로 의미한 것이 무엇이었는지, 그리고 연방대법원이 이 수정헌법을 거부한 것이 어째서 옳은 결정인지에 대한 통찰력을 높일 수 있을 것이다.

이 드라마의 1막은 원고들이 수정헌법 실행을 정지하라며 지방법원 판사인 H. 제프리 베일리스에게 예비적 금지명령을 신청하면서 시작된다. 이 시기에 원고들은 수정헌법이 발효되기 위해서는 수정헌법이 합리적 근거뿐만 아니라 압도적인 주의 법익에 근거하여 제정되었음을 주정부가 직접 증명해야 한다고 요구할 수 있는 방법을 모색하고 있었다. 이 법이 합리성 기준조차 결여하고 있다고 계속적으로 주장하면서도, 대부분의 법률이 합리성 심사기준을 통과하는 만큼 원고들은 수정헌법 제2조를 엄격한 심사가 필요한 법의 범주 안으로 끌어들일 수 있는 이론을 고안하는 데에 전략의 초점을 맞추었다.

콜로라도 주의 수정헌법 제2조를 엄격한 심사의 대상으로 만들기 위해 평등보장조항을 활용하는 방법에는 두 가지가 있었다. 첫째는 성적 지향에 따른 구분을 위헌의심차별이라고 주장하는 방법이었다. 이는 앞서 제2장에서 살펴본 방법이다. 이러한 전략은 다른 사건에서 한 번도 성공한 적이 없었던 만큼 성공할 가능성이 적어 보였다. 둘째는 제3장에서 살펴본 방법으로, 투표권이나 여행권처럼 미국연방헌법이 구체적으로 열거하지는 않았지만 평등보장조항에 내재된 것으로 인정되는 "기본권"이 있는데 콜로라도 주의 수정헌법 제2조가 그중 하나를 침해한다고 주장하는 것이었다.

1막이 진행되는 동안 원고들은 둘째 전략을 보다 정교하게 가다듬었고, 콜로라도 주 대법원은 이 전략을 받아들였다.[9] 원고들은 모든 시민에게는 자신의 법익을 보호하기 위해 지역과 주의 법률을 제정할 수 있는 기회가 주어지는데, 수정헌법 제2조는 게이와 레즈비언들을 그 기회의 "울타리 밖으로 밀어냄"으로써 그들로부터 "정치적 절차에 평등하게 참여할 권리"를 박탈한다고 주장했다. 그들은 선거구당 의원 정수 시정제도reapportionment나 소수당 권리 제도minority party right 등을 다룬 다양한 사건들, 즉 "정상적인 정치적 절차를 통해 원하는 법의 입법을 실현시킬 특정 집단의 능력을 제한하고자 하는" 다양한 시도들과 관련된 일련의 판례에 근거를 두었다. 콜로라도 주 대법원에서는 기존 판례들이 모두 인종과 관련된 것이었더라도 그 핵심은 인종에 따른 구분이 위헌의심차별에 속하는지 여부가 아니라고 지적했다. 오히려 대법원은 기존 판례의 핵심이란 평등보장조항이 "정치적 절차에 평등하게 참여할 기본권을 보장해야 한다[는 원칙, 그리고] 독립적으로 식별되는independently identifiable 집단의 참정권 행사 능력을 침해하려는 어떠한 시도도 법의 엄격한 심사를 받아야 한다"는 원칙이었다고 주장했다.

이는 분명 흥미로운 법 이론이지만 여기에도 몇 가지 문제가 있다. 무엇보다 큰 문제는, 정치적 절차에 평등하게 참여할 일반적 권리를 도출하기 위해서 투표권에 관한 사건들을 확대 적용했다는 점이다.[10] 혼란을 더욱 가중시켰던 것은 위에서 설명한 법 이론이 "독립적으로 식별되는 집단"이라는 개념을 사용한다는 점이었다. 물론 "독립적으로 식별되는 집단"이 이미 위헌의심차별의 지위를 갖고 있는 집단만을 의미하는 것은 아닌 만큼, 위헌의심차별의 지위를 확정받지 못했다는 이유만으로 게이와 레즈비언들이 "독립적으로 식별되는 집단"에서 배제되지는 않는다. 그러나 "독립적으로 식별"된다는 개념이 어디까지 적용되는지 확정할 방법을 찾지 못하면 이 이론은 너무 광범위하고 전면적인 이론이 되고 만다(예를 들어 중죄를 저지른 사람들의 집단은 독립적으로 식별되는 집단으로서, 여러 법에 따라 차별을 받는다. 그렇다고 콜로라도 주 대법원이 중죄를 저지른 범죄자들에 대한 법적 차별에 문제를 제기하려는 것은 아니다). 콜로라도 주 대법원은 이 개념이 오직 전통적으로 차별금지법에 의해 보호를 받아왔거나 그러한 보호로 인한 혜택을 받아온 집단만을 포함한다고 암시함으로써 그 뜻을 한정 지으려고 노력했다. 그러나 이런 노력이 "독립적으로 식별된다"는 말을 운용 가능한 개념으로 만드는지 여부는 불분명하다.

더욱 문제가 되는 것은 이 법 이론과 바워스 대 하드윅 판결이 맺게 되는 관계다. 바워스 판결에 따르면 게이와 레즈비언에게는 당연하게도 범죄자라는 낙인이 찍히게 되는데, 헌법에 합치되는 것으로 알려져 있는 많은 법조항은 정치적 절차에서 범죄자들에게 불이익을 준다. 예를 들어 여러 주의 법전에는 여전히 유죄 판결을 받은 범죄자들의 투표권을 박탈하는 법이 남아 있다. 만일 동성애자들이 범죄자라면, 혹은 범죄자 취급을 받을 수 있다면, 그들이 정치적 절차에서 불평등한 대우를 받는 것도 가능한 일 아닌가? 물론, 비록 동성애적 지향을 가진 사람들이 범죄 행동(혹은 범죄로 분류될 수 있는 행동)을 할 가능성이 대단히 높다고 하더라도 그 행위와 성향은 구분될 수 있으므로 동성애적 지향만으로 사람들을 불평등하게 대하는 것은 옳지 않다고 주장할 수도 있을 것이다. 그러나 이런 방법은 늘 모호한 구분이 될 수밖에 없다.

로머 대 에반스 판결의 1막에서 원고들이 거둔 승리는 호소력이 있었지만 그 법적 근거는 빈약해 보였다.

2막: 재판 ─ 적의의 행진

예비적 금지명령을 인용함으로써 콜로라도 주 대법원은 지방법원이 수정헌법 제2조의 위헌 여부에 대한 본안판단을 할 수 있도록 했다. 이에 따라 드라마의 2막은 다시 지방법원 판사 H. 제프리 베일리스의 덴버 법정으로 돌아온다. (엄격한 심사의 전통적 기준에 따라) 이제 콜로라도 주는 수정헌법 제2조가 "압도적인 주의 법익"에 봉사하는 법일 뿐만 아니라, 해당 법익을 보호하기 위한 가장 협소하고도 부담이 적은 방식이라는 점을 증명해야만 했다.

그런데 원고들은 여기에서 그치지 않고 베일리스 판사가 성적 지향에 따른 구분을 위헌의심차별로 판단하기를 원했다. 이 문제에 관한 한 원고들은 실패하고 말았다. 그들은 게이와 레즈비언들이 하나의 계급으로서 위헌의 심차별의 전통적 기준을 충족시키는 세 가지 특징을 띤다는 점을 증명하기 위해 다양한 전문가들의 증언을 동원했다. 그 기준이란 차별의 역사, 정치적 무력성, 그리고 해당 집단을 구분하는 특성의 불변성이다. 베일리스 판사는 게이와 레즈비언들이 역사적으로 차별을 받아왔다는 원고들의 주장에는 설득력이 있다고 생각했으며, 동성애적 지향이 불변한다는 주장 역시 강력하고 흥미로운 주장이라고 보았다. 비록 이 문제에 관해 최종적인 결정을 내리지는 않았지만 말이다. 그러나 그는 게이나 레즈비언들이 정치적으로 무력하다는 원고들의 주장은 납득하지 못했다. 그는 수정헌법 제2조가 무효화시킨 차별금지법 자체가 남녀 동성애자들이 가지고 있는 실질적 정치력의 증거라고 말했다. 결국 베일리스 판사는 성적 지향에 따른 구분이 위헌의심차별이라는 결론을 거부했다.

그러므로 재판은 대체로 수정헌법 제2조가 강력한 주의 법익에 봉사한다는 점을 증명하려 했던 주정부의 시도를 중심으로 전개되었다. 콜로라도 주의 법무장관이었던 게일 노턴의 전략은 직설적이고도 공격적이었다. 그는 열거할 수 있는 모든 압도적 법익을 열거한 뒤 학계의 전문가들을 동원하여 각각의 법익을 지지하는 증언을 하게 했다.

처음에는 여섯 종류의 압도적 법익이 제시되었다. 여섯 가지 법익이란 (1)파벌주의의 분쇄(콜로라도 주정부는 수정헌법 제2조를 발효시킴으로써, "심한 분열을 초래하는" 이 문제에 대한 정치적 토론이 지방정부에서 자취를 감추게 될 것이라고 주장했다). (2)"전투적 동성애자들의 공격" 위험에 노출되어 있다는 콜로라도 주의 정치적 기능을 온전히 보존함. (3)전통적으로 위헌의심차별로 인정되던 차별을 시정할 수 있는 주의 능력을 보존함. (4)사적·가족적·종교적 사생활에 대한 정부의 간섭을 방지함. (5)특정 이익집단의 정치적 목적에 정부 보조금이 지급되는 일을 방지함. (6)아이들의 육체적·심리적 복지를 증진함 등이다. 콜로라도 주정부는 이러한 법익 각각이 모두 강력할 뿐 아니라, 설령 각각의 법익이 그 자체로는 압도적이지 않을지라도 여섯 가지 법익을 모두 합치면 압도적인 법익이 될 수 있다고 주장했다. 재판이 꽤 진행된 다음에는 일곱 번째 압도적 법익이라는 것이 첨가되었는데, 그것은 "공중도덕"이라는 법익이었다. 콜로라도 주정부는 일곱 번째 법익이 앞선 여섯 가지 법익 전체보다도 더 중요하다고 주장했다.

베일리스 판사는 첫 번째 법익은 압도적 법익이 아님을 궁극적으로 확인했다. 사실 그는 "피고들이 첫 번째로 주장하는 압도적 법익의 반대야말로 가장 압도적인 법익일 것"이라고 판시했다. 지역공동체 차원에서 보면, 활발한 정치적 토론이 제거되기보다는 존재하는 것이야말로 압도적 법익이기 때문이다.[11] 그는 또한 "본 법정은 제시된 증거만으로 볼 때 콜로라도 주의 정치적 기능을 위협할 만한 전투적 동성애자들의 공격이 있다는 피고들의 주장을 받아들일 수 없다"며, 두 번째 법익도 별로 압도적이지 않음을 확인했다. 세 번째 압도적 법익은 콜로라도 주에 자원이 부족한 나머지 이미 보호를 받고 있는 집단으로부터 물적·인적 자원을 빼앗아 오지 않고서야 새로운 집단을 차별로부터 보호할 수 없다는 주장에서 비롯한 것이었다. 베일리스 판사는 덴버 시장의 증언과 덴버의 차별금지조례를 집행하는 담당 공무원의 증언을 보면 "덴버의 차별금지조례에 성적 지향을 포함시킨다고 해서 집행요원의 증원이나 비용의 증가가 초래되지는 않는다"는 점이 증명된다고 생각했다.

네 번째 압도적 법익은 좀 다른 이야기였다. 종교의 자유에 대한 보호는 분명 압도적인 주의 법익이었다. 그러나 베일리스 판사는 수정헌법 제2조가 해당 법익을 달성하기 위해서는 "가능한 한 최소의 제약만을 가하는" 방향으로 더 협소하게 정의되어야 한다고 주장했다. 즉 침해최소성 요건을 충족시켜야 한다는 것이다. 이는 콜로라도 주정부가 차별금지법에 종교와 관련한 예외규정을 두기만 하면 되었다. 이미 덴버와 애스펀의 조례는 그러한 예외규정을 두고 있기도 했다.

다섯 번째 법익과 관련하여, 콜로라도 주정부는 사람들이 차별금지법을 준수하는 과정에서 "동성애 이데올로기"를 받아들이도록 강요당하리라고 주장했다. 콜로라도 주정부는 준비서면에서 "예를 들어 어떤 임대주가 차별금지법에 따라 동성애자 커플에게 아파트를 임대해주도록 강요당한다면, 그 임대주는 최소한 암묵적으로 특정 이데올로기를 받아들이라는 강요를 당하는 셈"이라고 주장했다. 베일리스 판사는 주정부가 주장하는 압도적 법익이 "어떠한 신빙성 있는 근거나 설득력 있는 주장으로도 뒷받침되지 않는다"는 결론을 내렸다.

여섯 번째 압도적 법익은 아이들의 신체적·심리적 복지의 증진이었다. 콜로라도 주정부는 수많은 동성애자들이 아동 성추행을 저지른다는 전문 증인 진술서를 제출했다. 이에 대해 베일리스 판사는 원고들이 요청한 저명 심리학자의 광범위한 증언을 볼 때, 소아성애자들의 대다수는 이성애자이며 따라서 피고들이 주장하는 압도적 법익이 증명되지 못했다고 응답했다. 마지막으로 제기된 문제, 즉 공중도덕의 문제에 관해서 베일리스 판사는 직접적인 응답을 하지 않고 단지 콜로라도 주정부가 엄격한 심사의 통과 기준을 만족시키지 못했다는 결론만을 내렸다.

이상이 바로 콜로라도 주정부가 제기했던 압도적 법익의 최후였다. 이런 판단이 이루어지는 과정에서 수정헌법에 콜로라도 주의 압도적 법익이 걸려 있다는 주장을 지지하는 전문가들이 증언을 했는데, 바로 이 지점에서 재판은 일종의 서커스처럼 변해버렸다. 폴 캐머런의 조언에 따라 (나중에 밝혀진 바지만, 이 사건에서 자문을 제공하는 대가로 노턴은 캐머런에게 세금 1만 달러 이상을 지불했다) 콜로라도 주는 주정부의 입장을 지지하는 놀라울 만한 증인집단을 불러모았다.[12] 캐머런식의 극단적 관점을 가진 사람들이 아동 성학대와 전통적 가족가치에 대한 증인 명단을 채웠다. 주정부의 증인 몇 명은 캐머런처럼 공인된 전문가 조직에서 추방되었거나 맹렬한 비난을 당한 경력의 소유자였는데, 그렇게 된 까닭은 이들의 주장이 증거를 대놓고 무시하거나 캐머런과 마찬가지로 조작된 증거에 의지했기 때문이다.[13] 캐머런 자신도 증인 명단에 이름을 올렸다(한 번도 증언대에 오르지는 않았지만, 그의 증언은 전문가 증인 진술서 형태로 재판기록에 포함되었다). 콜로라도 주정부는 게이와 레즈비언에 관해서라면 무엇이든 나쁜 이야기를 하리라고 알려진 학자들을 증인으로 요청하는 데에 열을 올리는 것처럼 보였다.

전문 증인 진술은 진실에 대한 탐색이 아니다. 양측은 모두 자신의 시각을 지지해줄 전문가들을 당당하게 요청한다. 그렇다고는 해도 콜로라도 주가 요청했던 전문가들에게는 어딘지 추잡한 면이 있었다. 이들 중 다수는 더 이상 신뢰받지 못하는 인물로 이미 널리 알려져 있었다. 수정헌법 제2조의 통과를 이끌어냈던 반동성애 감정이 이 법을 방어하던 콜로라도 주정부의 주된 입장이었다.

가장 이상하면서도 흥미로운 사실을 많이 드러내주었던 증언은 "공중도덕"에 관한 것이었는데, 이 증언 중 대부분은 사건과 아무런 관련이 없었다. 콜로라도 주정부는 아마도 동원된 사회과학 전문가들이 그다지 명망 높은 존재가 아니라는 점을 이미 알고 있었을 것이다. 그러던 차에 주정부는 정말로 저명한 몇몇 지성인들이 도덕철학과 그 역사에 대해 증언하고 싶어 한다는 점을 깨닫게 되었다. 그 증인들은 세계의 모든 위대한 사상가들이 동성애자들이란 타락한 존재이며 도저히 받아들일 수 없는 존재라고 확인해주었다고 증언하기를 원했다.

재판을 가장한 이 전투장에서 증언을 한 주요 증인으로는 옥스퍼드 대학교의 철학자인 존 피니스(현재에는 노트르담 대학교에서도 근무하고 있다)와 프린스턴 대학교의 정치이론가 로버트 조지, 토론토 대학교의 철학자 데이비드 노백(이후 버지니아 주립대학교로 옮겼다), 그리고 하버드 대학교의 정치이론가 하비 맨스필드가 있다. 노백은 유대교적 사유를 학문적이고도 섬세한 추론과정을 거쳐 설명했다. 논쟁의 여지가 있기는 하지만 그의 증언은 학문적 주류에 속하는 입장이었다.[14] 게다가 노백은 자신이 제공한 역사적 자료에 따라 현대 민주주의자들이 해야 하는 일이 어떤 식으로든 달라진다는 주장을 한 것도 아니었다. 그러나 다른 세 명의 증인들은 수정헌법 제2조를 옹호하고 사상의 역사적 흐름이 이 법을 지지한다고 주장하는 데에 매우 열정적이었다. 그들은 기이한 주장의 혼합물 같은 것을 제공했다. 가톨릭의 자연법 교리에 관해 보수적 분파의 입장을 대표하던 로버트 조지는, 증언 도중 피임과 자위가 나쁜 것과 정확히 같은 이유로 동성애 행위가 나쁘다고 믿는 자신의 입장을 드러냈다. 그는 피임, 자위, 동성애 중 어느 하나라도 하는 세입자가 있다면, 임대주는 그 세입자에 대한 임대를 거부할 권리를 가져야 한다고 주장했다. 이 입장은 지나치게 극단적이라서 콜로라도 주에 "공중도덕"을 수립하는 것과는 아무런 관련이 없는 게 분명했다. 하버드 대학교의 맨스필드는 동성애가 반드시 뿌리 깊은 불행으로 귀결되고 마는 병적이고 비참한 삶의 방식이라고 주장했다.[15] (이 주장이 어째서 수정헌법을 지지하는 근거가 되는지는 매우 분명하지 않다. 수정헌법은 콜로라도 주의 동성애자들을 이전보다도 더 불행하게 만들 가능성이 높기 때문이다.) 그는 게이와 레즈비언의 행복도를 다른 이들의 것과 비교한 모든 주장을 지지했으며, 그 과정에서 아프리카계 미국인들과 여성에 관한 서구 정치철학의 고전을 인용하고, 루소나 토크빌, 플라톤과 아리스토텔레스 같은 사상가들의 이름을 열거했다. 그들이 단 한 번도 게이나 레즈비언의 삶을 다른 이들의 것과 견주지 않았다는 사실은 무시한 채로 말이다.

3막: 연방대법원—적의와 합리적 근거

콜로라도 주정부는 주 대법원에 상고했지만, 주 대법원은 최초 심리에서 제시했던 것과 같은 이유로 수정헌법 제2조를 위헌이라고 판결했다.[16] 이에 콜로라도 주는 미국연방대법원에 상고하기로 결정했고, 연방대법원은 이 사건의 심리를 허가했다.

이 시점에서 어떤 전략을 세울 것인지가 원고들에게는 매우 중요한 문제로 떠올랐다. 바워스 판결의 선례가 있었으므로 기본권 전략을 취하는 것은 위험한 선택이었다. 바워스 판결에 정면으로 도전하지 않기 위해, 원고들은 클리번 판결과 농무부 대 모레노 판결을 언급하며[17] 수정헌법 제2조에 합리적 근거가 없다고 주장했다. 모레노 사건은 오직 모든 구성원이 친인척 관계로 연결된 가정만이 식료품 할인 구매권을 배급받을 수 있다는 지급 요건을 심리한 재판이었다. 이 재판에서 연방대법원은 어떤 법을 추동하는 힘이 비인기집단에 대한 혐오나 공포인 경우 그 법에는 합리적 근거가 없다고 확인해주었다. 모레노 판결문에서 연방대법원은 "아무리 최소한으로 해석하더라도, 평등보장조항은 비인기집단을 해치고자 하는 노골적 욕구가 정당한 정부의 법익을 구성하지 못함을 의미한다"고 적었다.[18]

1996년 5월 20일, 연방대법원은 6 대 3의 표결로 콜로라도 주의 수정헌법 제2조를 위헌으로 판결했다. 케네디 대법관은 다수의견에서 이 사건이 평등보장조항과 법치주의의 핵심에 직접적으로 접근하는 것이라고 밝혔다. 미국의 헌법은 "시민들 사이에 차별적 집단이 존재한다고 보지 않으며, 그것을 용납하지도 않는다"는 것이었다. 그는 연방대법원이 공공 숙박시설에서의 인종 분리를 합헌으로 판결했던 악명 높은 '플레시 대 퍼거슨' 사건(1896년)에서 할랜 판사가 제시한 반대의견 일부를 인용했다. 이렇게 함으로써 케네디 대법관은 특정 집단을 체계적으로 예속시키는 위계적 질서에 대한 기나긴 투쟁과 로머 판결을 연결시켰다.

케네디 대법관은 짧은 의견서의 대부분을 콜로라도 주 수정헌법 제2조가 요구하는 자격박탈을 분석하는 데에 할애함으로써, 이러한 자격박탈이 정말로 특정 집단을 체계적으로 예속시키는 위계질서를 만들어낸다는 점을 판시했다. 케네디는 수정헌법이 동성애자들의 "특권"을 부정할 뿐이라는 콜로라도 주정부의 주장을 받아들이기 어렵다며 거부했다(반대의견을 낸 스캘리아 대법관은 콜로라도 주정부의 해석을 수용했다). "이 법의 영향을 받는 법적 지위의 변화는 전면적이며 포괄적이다. …… 주법에 의해 동성애자들은 사적 영역과 공적 영역 모두에서 고립된 집단으로 구분되어 거래와 관계 맺기에 제약을 받게 된다." 그러고 나서 케네디는 수정헌법 제2조로 인해 생겨날 수 있는 체계적인 불평등의 영역을 열거한다.

그런 다음 케네디 대법관은 대부분의 법률이 사람들을 어떤 기준으로든 구분하며 그 결과로 구분된 사람들은 불이익을 받기도 한다는 점을 인정한다. 바로 이 이유 때문에, 어떤 법이 기본권에 관계되어 있거나 위헌의심차별에 해당하는 경우를 제외하면, 법에 의한 구분은 "특정한 합법적 목적과 합리적 관계가 있는 경우" 전형적으로 존치된다. 그러나 수정헌법 제2조는 바로 그 합리성 심사기준을 통과하지 못한다. 이 법은 특정 집단의 인생 전체에 걸쳐 광범위하고 전면적인 권리들을 박탈하며, 이러한 박탈은 법의 제정 목적과 전혀 일관되지 않는다. 그러므로 "이 수정헌법은 표적 집단을 향한 적의를 제외하면 무엇으로도 설명할 수 없다. 또한 이 법은 정당한 주의 법익과 아무런 합리적 관계가 없다". 더불어 이 수정헌법은 너무 협소한 동시에 지나치게 광범위하다. 즉 "이 수정헌법은 단 한 가지 속성을 근거로 개인의 정체성을 규정한 뒤 그 개인에 대한 보호를 광범위하게 거부한다. 그 결과 해당 개인들은 구체적인 법에 따라 보호받을 권리를 박탈당하는데, 이런 식의 권리 박탈은 미국 법학에서 선례를 찾을 수 없는 것이다. …… 이 수정헌법을 제정하는 일은 미국의 헌법전통과 일치하지 않는다".

스캘리아 대법관의 반대 의견은, 소도미 법이 바워스 판결에서 합헌으로 존치되었다는 점을 지적하면서 악명 높은 '데이비스 대 비슨'(1890) 판결을 끌어들인다. 어떤 집단의 특징적인 행위가 불법화되는 경우, 해당 집단이 보유한 권리를 일반적으로 박탈할 수 있다는 취지였다. 데이비스 판결에서 연방대법원은 아이다호 주의 주법을 존치했는데, 이 법은 중혼을 설파하거나 옹호하는 조직의 구성원들(즉, 모든 모르몬교도들)이 가지고 있는 투표권과 공직재직권을 박탈한 법이었다. 스캘리아 대법관은 만일 모르몬교도들이 자주 저지르는 행위, 혹은 그들이 특징적으로 하는 행위가 투표권 박탈의 근거가 될 수 있다면 콜로라도 주의 수정헌법 제2조로 게이와 레즈비언들의 권리를 박탈하는 일 또한 합헌이 되어야 한다고 추론했다.

스캘리아 대법관이 데이비스 대 비슨 판결을 인용한 것은 충격적인 일이다. 이 사건은 연방대법원 역사상 가장 많은 비판을 받은, 정말이지 많은 사람들의 분노를 일으켰던 재판이기 때문이다. 케네디 대법관이 지적했듯, 데이비스 판결은 개인의 신념을 근거로 삼아 투표권을 부정한 만큼 좋은 판례가 아니었다. 이 사건이 남긴 유일한 교훈은 유죄판결을 받은 중죄인이 투표권을 부정당할 수도 있다는 이념뿐이었는데, 이는 수정헌법 제2조와 아무런 관계가 없었다(왜냐하면 앞서 지적했듯, 소도미는 콜로라도 주에서 더 이상 불법이 아니었기 때문이다).

종교의 자유를 근거로 수정헌법 제2조를 정당화할 수 있다는 주장에 대하여, 케네디 대법관은 차별금지법에 종교 관련 예외규정을 두는 훨씬 더 협소한 해결책만으로도 그러한 염려를 충분히 불식시킬 수 있다는 결론을 내렸다. 수정헌법 제2조가 발효되는 범위는 지나치게 넓어서, 그에 대해 어떤 정당한 목적도 인정하기가 어려웠다. 결론적으로, 수정헌법 제2조의 진정한 목적은 동성애자들을 다른 모든 사람들에 비해 불평등한 지위로 떨어뜨리는 것일 뿐이라고 추론할 수밖에 없다. "콜로라도 주정부는 이런 일을 할 수 없다. 주정부는 특정한 개인의 집단을 주의 법으로부터 소외시킬 수 없기 때문이다"라는 게 케네디 대법관의 주장이었다.

케네디 대법관의 의견은 하도 간결해서 의문의 여지를 많이 남긴다. 그가 수정헌법 제2조에 대해 제기했던 주요 문제는 그 법의 목적이 부당하다는 점인가? 그게 아니면, 배후의 목적이야 어떻든 수정헌법 제2조에 의해 부과되는 위계질서의 전면적 속성 자체가 평등보장조항에 대한 위반이라는 뜻인가? 나는 부당한 의도나 목적이 이 분석의 핵심이라고 주장하는 학자들과 의견을 같이한다.[19] 권리박탈의 전면적인 속성도 물론 중요하기는 하다. 그러나 그 속성은, 주정부의 주장과는 달리 수정헌법의 진정한 목적이 (동성애자들이 누리는 특권을 폐지하여) 종교의 자유를 보호하고 평등권을 복원하는 데에 있지 않다는 점을 밝히는 과정에서 자연스럽게 드러날 뿐이다. 그러므로 케네디 대법관의 해석은 모레노나 클리번 판결을 인용한 것이며, 위계질서 자체를 문제 삼았던 브라운이나 러빙 판결과는 법리상 동일하지 않다. 겉보기와는 달리, 콜로라도 주 수정헌법 제2조가 정당한 정부의 법익과 아무런 합리적 관계가 없음을 보여주는 열쇠는 다름 아닌 차별을 추동하는 목적이 부당했다는 사실인 것 같다.

CFV는 케네디 대법관의 의견에 공격적인 비난으로 응수했다. 윌 퍼킨스는 다수의견을 낸 판사들이야말로 "일탈적 삶의 방식을 미국인들의 목구멍에 쑤셔넣으려는 세력"[20]이라고 묘사하면서, 이 판결이 내려진 날은 "미국 전역의 양심 있는 사람들에게는 정말로 소름끼치는 날"이라고 했다. 그는

미국인들이 곧 봉기하여 다수의견을 냈던 여섯 명의 판사들을 탄핵시킬 것이라는 의견을 내놓았다.[21]

로머 판결에서 케네디 대법관이 취한 입장은 아주 안전한 것이었다. 콜로라도 주 수정헌법 제2조 자체도 그렇고, 이 법을 방어하는 측의 변론도 그렇고, 처음부터 끝까지 부당한 의도로 가득 차 있었기 때문이다. 그런 만큼 로머 판결이 주는 선례적 효과는 미미할 수밖에 없다. 이 재판은 성적 지향을 다룬 이후의 차별금지법 사건에 대해 거의 아무런 지침도 제공해주지 못한다. 부당한 의도가 명백한 경우에는 게이나 레즈비언에게 불이익을 주는 법이 합리성 심사기준을 통과하지 못할 것이다. 좀 더 강하게 나가면, 게이나 레즈비언에 대한 다양한 형태의 차별을 위헌으로 선언하는 데까지 합리성 심사기준을 확대 적용하는 것도 가능할 것이다.

그러나 보다 미묘하게 불이익이 가해지는 경우, 혹은 보다 지엽적인 권리 박탈만이 이루어지는 경우는 어떤가? 이런 식의 차별적인 법률들은 합리성 심사기준을 통과할 수 있다. 그러므로 엄격한 심사를 적용할 것인지 여부는 여전히 중심적인 문제가 된다. 게이나 레즈비언들이 광범위한 불이익을 받지 않도록 확고히 보호하려면, 성적 지향에 따른 차별을 두는 법들이 인종이나 젠더에 따른 차별을 두는 법들과 마찬가지로 엄격한 심사의 대상이 되어야 할 것으로 보인다.

위헌의심차별: 성차별? 불변성?

콜로라도 주 대법원은 성적 지향에 따른 구분을 두는 법에 엄격한 심사기준을 적용할 수 있는 한 가지 가능성을 제시했다. 그러나 기본권에 바탕을 둔

이 접근은 정치적 절차에 관련하여 광범위한 불이익을 부과하는 예외적인 사건 일부에만 적용할 수 있기 때문에 판례로 활용하기에는 곤란하다.

그러므로 위헌의심차별을 활용한 접근법에 눈길이 가게 된다. 이 접근에는 두 종류가 있는데, 둘 중 어떤 접근이 더 전도유망한지를 살펴보도록 하겠다.

첫째 접근은 솔직하고 단순한 접근이라고 부를 만하다. 성적 지향에 의한 차별은 그 자체로 위헌의심차별이라는 주장이다. 게이와 레즈비언들이 길고도 추악한 차별의 역사를 견뎌온 만큼, 이러한 접근을 지지할 만한 근거는 충분하다. 그러나 이 접근은 반복적으로 실패해왔다. 재판부는 성적 지향을 위헌의심차별로 볼 만한 근거가 과거에는 있었을지도 모르나 현재에도 있다고 장담하기는 어렵다고 보았기 때문이다.

이에 따라 몇몇 이론가들은 새로운 접근을 시도하게 됐는데, 이를 성 평등 접근이라고 부른다. 성별에 근거한 차별은 이미 "중간 정도의 엄격한 심사"를 받아야 하는 차별이다. 따라서 이에 의존하는 접근은 게이와 레즈비언들을 이미 인정받은 법적 범주 안에 포함시킴으로써 보호하려는 시도라고 할 수 있다. 이 접근법을 가장 유창하고 결연하게 옹호해온 앤드루 코플먼의 주장은 이런 식이다.

가령 인종 간 결혼금지법을 생각해보라. 이 법이 인종차별과 관련되어 있는지 여부를 알아보고 싶다면, 결혼에 참여하는 두 사람 중 한 사람의 인종을 바꾸었을 때 결혼이 가능해지는지 여부를 따져보면 된다. 존이 흑인이고 샐리가 백인이라고 가정해보자. 그들은 인종 간 결혼금지법에 따라 결혼할 수 없다. 그런데 샐리 대신 메리를 넣어보자. 어쩌다 보니 메리는 흑인이었다. 그러면 보라, 존과 메리는 결혼할 수 있다. 그러므로 이러한 차별은 인종에 근거한 것이고, 따라서 위헌의심차별이라 할 수 있다. 마찬가지로, 제니퍼와 수전의 경우를 생각해보자. 제니퍼와 수전은 동성부부의 입양을 금지하는 주에 살고 있으므로 아이를 입양할 수 없다(동성결혼이라는 어려운 문제는 잠시 제쳐두도록 하자). 그러나 수전을 밥으로 교체하기만 하면, 그리고 우연히도 밥이 마침 남자였다면, 보라! 두 사람은 아이를 입양할 수 있게 된다. 그저 한 사람의 성별을 바꾸는 것만으로도 변화가 일어났다. 성적 지향에 대해서는 언급할 필요조차 없었다. 요점은 남자를 여자로, 혹은 여자를 남자로 바꾸는 변화가 결정적인 법적 차이와 연결된다면, 그 법은 성별에 근거한 차별과 관련되어 있다는 것이다. 그리고 성별에 근거한 차별은 엄격한 심사의 대상이다.

분명 영리한 주장이다. 그러나 많은 사람들은 이 주장을 법형식주의적이라고 비웃을 것이다. 다시 말해, 이 접근법은 법의 허점을 짚어내기는 했으나 실제로 벌어지는 사건 자체와는 별 관계가 없는 것으로 보인다. 제니퍼와 수전이 입양할 권리를 박탈당했을 때 정말로 벌어진 사건은, 그들이 성적 지향이라는 속성 때문에 처벌을 받고 있다는 것이다. 사람들은 그들의 성적 욕망을 나쁜 것으로 간주하고, 아이들이 동성부부의 "병적인" 분위기에서 자라기를 바라지 않는다. 바르게 보려면 이 차별이 성적 지향과 관계되어 있으며, 익히 알려진 방식으로 여성을 차별하는 것은 아니라고 주장해야 한다. 인종 간 결혼금지법과 유비관계가 성립하기는 하지만 이는 단지 피상적일 뿐이다. 이 주장은 차별의 진정한 근원을 파헤칠 만큼 충분히 깊게 들어가지 못한다.

그러나 이러한 문제제기에 대하여 코플먼은 매력적인 답변을 내놓는다. 동성애자들에 대한 편견을 깊이 탐색해보면, 그 뿌리는 결국 성차별이라는 것이다. 성적 지향에 대한 차별은 성별을 이분법적으로 구분하기 위한 방편이자 여성에 대한 남성의 가부장적 통제를 유지하는 방법이다. 사회가 제니퍼와 수전을 문제 삼는 까닭은 그들이 가부장적 통제를 벗어났기 때문이다. 그러므로 피상적인 의미에서뿐만 아니라 근원적 차원에서도, 두 사람이 직면한 차별은 사실 성차별의 한 형태라는 것이다.

글쎄, 맞는 말일지도 모른다. 특히 레즈비언에 대한 편견은 많은 부분 그렇게 설명할 수 있다. 어쩌면 게이들에 대한 편견도 일부분 설명될 수 있을지도 모르겠다. 오스카 와일드의 선택이 영국 사람들에게 그토록 큰 충격을 준 까닭은 그가 가부장적 역할을 거부하고 대신 즐거움을 위한 섹스를 선택했기 때문이다. 어쩌면 게이들에 대한 편견은 보다 일반적인 불안에 의해 촉발된 것일지도 모른다. 그 불안이란, 게이들이 맺는 관계가 성별 구분을 혼란시키는 데에서 오는 불안이다. 그러나 미국에서 반反동성애 운동을 고무시키는 게이들에 대한 편견은 가부장제가 무너질지도 모른다는 불안보다는 자신의 신체가 '뚫릴' 수 있다는, 신체적 취약성에 대한 근원적 불안 때문에 촉발된다(이 불안이야말로 남성들이 느끼는 전형적인 불안이다). 이처럼 근원적인 신체적 불안은 여성에 대한 통제를 잃어버리는 것에 대한 공포라는 말로는 설명할 수 없다. 대부분의 동성애 반대 운동이 처음부터 레즈비언의 존재 자체를 무시해왔다는 사실은 코플먼의 심오한 이론과 조화시키기 어렵다.

그래서 코플먼의 중요한 작업에 대해 크나큰 경의를 표하기는 하지만, 나는 이 이론이 게이나 레즈비언들에 대한 차별이라는 영역에서 무슨 일이 벌어지고 있는지를 일부 설명하기는 해도[22] 심각하게 불완전하며, 따라서 평등보장조항하에서 게이와 레즈비언들이 더 강한 보호를 받을 수 있도록 해주는 가장 만족스러운 방법은 아니라고 결론내렸다. 그러므로 다시, 솔직하고 단순한 접근으로 돌아가는 수밖에 없다. 법원이 이 접근을 수용하게 하려면 어떤 주장을 펼쳐야 할까?

일단은 차별의 역사, 정치적 무력성, 문제되는 속성의 불변성 등 전통적으로 엄격한 심사의 대상이 갖추어야 했던 조건들이 사실은 위헌의심차별의 필수적인 요건이 아니라는 점부터 지적해야겠다. 이 조건들은 긴 시간에 걸쳐 점차적으로 형성되었다. 여러 재판에서 이 기준이 유용하게 활용된 것은 사실이지만, 연방대법원은 한 번도 이 세 가지 요건이 모두 갖추어져야 엄격한 심사의 대상이 될 수 있다고 주장한 적이 없다.

다음으로는 이 세 가지 기준의 근저에 깔려 있는 직관적 개념을 유추해보겠다. 몇 가지 구분에 대해 엄격한 심사를 적용하는 이유는, 한 집단을 구분하는 기준이 어떤 식으로든 편견에 물들어 있을 가능성이 높은 경우에는 좀 더 신중해져야만 한다는 생각 때문일 것이다. 편견이 존재할지도 모른다는 우려는 로머 판결에서 케네디 대법관이 적의에 대해 보였던 우려보다 좀 더 광범위하다는 사실에 주목하라. 어떤 집단이 역사적으로 편견의 대상이 되어 그 집단에 대한 고정관념이 형성되었다면, 그 집단을 구분하는 기준 또한 이 고정관념으로 오염당했을 가능성이 있다. 그 집단에 대한 악의가 전혀 없는 경우에도 말이다. 예를 들어 여성에 대한 차별은 별다른 악의가 있어서 생겨난다기보다는 여성을 비하하는 고정관념에 의존하고 있을 가능성이 매우 높다. '프론티에로 대 리처드슨' 판결은 성별에 근거한 구분을 엄격한 심사의 대상으로 확립한 사건인데, 이때 브레넌 대법관은 다음과 같이 판시했다.

미국이 오랜 세월 성차별이라는 불행한 역사를 경험했다는 사실에는 의심의 여지가 없다. 전통적으로 그러한 차별은 "낭만적 가부장주의"라는 태도에 의해 합리화되었는데, 이 태도가 거둔 실질적 효과는 여성들을 존중하는 것이 아니라 새장에 가두어 놓는 것이었다. ……그 결과 우리 주의 법령집은 점차 끔찍하면서도

고정관념에 찌든 성별 구분으로 가득 차게 되었다.[23]

엄격한 심사를 실시하는 이유는 누군가가 악의적 의도를 품었을 경우를 대비해서가 아니라(어쨌든 "낭만적 가부장주의"는 여성들에게 친절하게 대해주자는 태도였다), 여성들의 완전한 평등을 저해하는, 여성들에 대한 유구한 편견이 존재하기 때문이다.

그러므로 어떠한 차별의 기준을 엄격히 심사할 때 차별의 역사를 한 가지 기준으로 삼는 까닭은, 이 역사로 인해 해당 기준 자체가 오염되었을 가능성 때문이다. 나는 이것이야말로 위헌의심차별을 결정할 때 중심적인 기준, 즉 몇몇 사례에서 엄격한 심사가 필요하다고 느껴지는 핵심적인 이유이며 마땅히 그렇게 되어야 한다고 제안한다.

오랜 세월 동안 차별을 받았기 때문에 어떤 집단이 정치적으로 무력해졌다면, 그러한 정치적 무력성은 위헌의심차별의 중요한 구성요건이 된다. 어떤 집단에 대한 편견이 심한 곳에서는 그 집단이 자신들의 법익을 진지하게 받아들이도록 입법자들을 압박할 기회가 별로 없을 것이다. 이는 물론 해당 집단에게 불이익을 주는 차별이 과연 정당한 것인지 의심해볼 만한 근거가 된다. 1985년에 프론티에로 판결에서 브레넌 대법관이 판시했듯, "동성애자라는 정체성이 공개되는 순간 그 사람은 즉각적으로 맹렬한 비난의 대상이 되는 만큼, 동성애자 집단의 구성원들은 정치적인 장에서 공개적으로 자신들의 권리를 추구하기 어려운, 특별히 무력한 상황에 처해 있다."[24] 그러나 엄격한 심사의 핵심적인 기준은 해당 구분 자체가 편견으로 오염되었을 가능성이므로, 정치적 무력성을 엄격한 심사의 필수적인 조건이라고 이야기해서는 안 된다. 어떤 집단은 정치적 운동을 하고 있음에도 여전히 압도적인 편견과 고정관념의 표적이 될 수 있다. 여성들은 심지어 오늘날에도 이런 일을 겪고 있다. 장애인들 또한 자신들의 법익을 방어하기 위해 조직을 갖추었으며 법을 제정하기도 했다. 그런데도 장애인들이 지속적인 차별을 받고 있다는 증거는 너무나 분명하여, 장애에 따른 구분에 엄격한 심사를 적용해야 할 필요성이 강력하게 대두되고 있다. 게이와 레즈비언들도 비슷한 상황에 처해 있다. 이들은 단체를 조직하고 정치적 활동에 참여할 수 있지만, 여전히 압도적인 편견과 낙인의 표적이 된다. 그러므로 동성애자들이 정치적으로 활동하는 중이라는 이유만으로 성적 지향을 엄격한 심사의 대상에서 빠뜨려서는 안 된다.

문제가 되는 속성의 불변성은 어떨까? 불변성 기준은 자주 비판받아왔는데, 그럴 만하다. 인종을 바꿀 수 있게 해주는 알약이 있다고 해보자. 그렇다고 인종차별문제가 덜 심각해지는가? 사람들은 성별을 바꿀 수 있고, 실제로도 그렇게 하고 있다. 그러나 여성들이 겪어온 차별의 역사를 생각해보면, 성별을 바꿀 수 있다는 이유만으로 성별에 따른 구분을 엄격한 심사의 대상에서 제외할 수는 없다. 더욱이 종교는 전적으로 선택의 문제이며 바꾸자면 얼마든지 바꿀 수 있는 속성이다. 그렇다고 종교에 따른 차별이 다른 차별보다 조금이라도 낫다고 생각할 수는 없다(미국연방 수정헌법 제1조에 따라 보호를 받고 있기는 하지만, 사실 종교는 평등보장조항에 전통적으로 열거되어 있는 엄격한 심사의 대상은 아니다. 여기에서 말하고자 하는 바는 종교가 법률상 엄격한 심사의 대상이라는 게 아니라, 어떤 속성이 변할 수 있다고 해서 그 속성에 근거한 차별이 정당해지는 것은 아니라는 점이다). 그러므로 성적 지향이 타고난 것인지, 어린 시절에 획득되는 형질인지, 아니면 그보다도 훨씬 뒤에 형성되는 것인지는 성적 지향을 엄격한 심사의 대상으로 삼을지 여부와는 관계가 없을 수 있다(아마 성적 지향은 타고난 것이라는 설명과 어린 시절에 획득된다는 설명을 결합하는 편이 맞는 답인 것 같지만 말이다).

이제 핵심이 되는 문건을 살펴봄으로써, 엄격한 심사의 조건을 따질 때 법적으로 불변성을 참조하는 근본적인 이유를 파헤쳐보도록 하겠다. 다시 한 번, 프론티에로 판결에서 브레넌 대법관이 제시했던 다수의견을 인용해 보자.

> 성별은 인종이나 국적처럼 태어날 때 우연에 따라 결정된 불변의 속성이다. 그러므로 성별을 근거로 삼아 한 성별에 속하는 구성원들의 권리를 박탈한다면 "법적 부담은 개인의 책임과 관계를 맺고 있어야 한다는 미국 체제의 기본이념"에 위배될 것이다. 또한 성별에 따른 구분, 위헌의심차별이라고 볼 수 없는 지능이나 신체적 능력에 따른 구분과 달리 위헌의심차별이다. 그 까닭은 많은 경우 성별이라는 속성이 사회에서 활동하거나 사회에 기여할 능력과 별다른 관련이 없기 때문이다. 그러므로 성별에 근거한 법적 차별은 개별적 구성원의 실제 능력과는 관계없이 여성이라는 집단 전체를 열등한 법적 지위로 부당하게 격하시키는 결과를 낳는다고 하겠다.

이 문단은 엄격한 심사의 대상을 정할 때 진정으로 문제가 되는 요소는 문제가 되는 속성의 불변성이 아니라, 해당 속성이 당면한 목표와 아무런 관련이 없다는 사실임을 명시한다. 브레넌 대법관은 지능이 유전되는 것인지, 학습되는 것인지에 대해 아무런 견해를 표시하지 않는다. 아직까지 지능에 기여하는 다양한 환경적·유전적 요인들이 규명되지 못한 만큼 이는 현명한 판단이다. 그러나 이 문제를 풀어야만 누군가를 고용할 때 지능에 따라 차별을 둘 수 있는 것은 아니다. 심지어 음악적 재능 같은 경우는 유전되는 것이며 그런 의미에서 불변하는 것일 가능성이 매우 높은 능력이다. 그렇다고 해서 음악적 재능을 고려하여 오케스트라 단원을 뽑는 일이 부당한 것은 아니다. 이런 식의 불변성은 지금 이야기하고 있는 문제와 아무런 관련이 없다. 브레넌 대법관의 요점은 여성들이 단지 여성이라는 이유만으로, 어떤 직업과 관련되어 있을지도 모르는 개인의 능력과는 아무런 상관도 없이, 오랫동안 "여자는 무능하다"는 고정관념의 피해자가 되어왔다는 것이다. 이야말로 성별에 따른 차별이 위헌의심차별인 이유다. 위헌의심차별은 유구한 세월에 걸쳐 형성된 고정관념과 관계되어 있는데, 바로 그 고정관념으로부터 일련의 속성들이 도출된다. 어떤 사람에 대한 고정관념과 그 사람이 실제로 갖고 있는 속성 사이에는 필연적인 관계가 없는데도, 위헌의심차별은 직업과 관계된 자질에 적확하게 초점을 맞추는 대신 고정관념에 의해 유도된 속성에 관심을 갖는다. 여기에서 속성의 불변성은 오랜 세월 동안 해당 속성이 수많은 고정관념을 낳으며 버텨온 이유로 통한다. 어떤 차별을 위헌의심차별로 만드는 핵심적인 개념은 이 불변성이 아니라 바로 "무관성"이다.

이제 성적 지향의 문제로 돌아가자. 이와 관련하여 프론티에로 판결을 참조하는 올바른 방식은, 사람들이 고정관념에 따라 게이와 레즈비언들에게 온갖 속성을 부과한 뒤 "이런저런 속성을 띠고 있는 만큼 동성애자들에게는 나쁜 짓을 해도 된다"고 생각해온 수많은 사례를 떠올려보는 것이다. 예를 들어서 "게이와 레즈비언들은 아동을 성적으로 학대한다"는 고정관념이 있기 때문에, 사람들은 동성애자들을 교육직에서 배제시킨다. 이 고정관념을 뒷받침하는 증거는 아무것도 없다. 그런데도 개인에 대한 온갖 종류의 부당한 판단이 이 고정관념에 따라 일어난다. 그러나 교사 채용을 할 때 지원자가 아이들을 대하는 방식에 의심할 만한 이유가 있는지 살펴보고자 하는 교육기관은 지원자의 성적 지향이 아니라 과거 경력을 검토해야 한다. 성적 지향에 따른 차별과 프론티에로 판결 사이에는 강력한 유비관계가 발생하며, 두 사건 모두에서 문제가 되는 것은 통념적인 "불변성"이 아니다. 차별의 근거가 되는 어떤 속성의 불변성은 그러한 차별이 오랫동안 지속되어온 만큼 수많은 편견이 존재한다는 의미에서 중요하다. 그러나 핵심적인 개념은, 사람들이 편견에 좌우된 나머지 그 속성을 아무 상관도 없는 목적에 적용한다는 사실, 즉 "무관성"이다.

불변성과 관련되어 있기는 하지만 무관성과는 상당히 다른 개념이 또 하나 있다. 이는 해당 속성이 누군가의 삶에서 근원적이고 중심적인 위치를 차지하고 있다는 생각이다. 성적 지향이 타고난 것이라고 믿는 사람들은 게이와 레즈비언에게 더 많은 공감을 표하고 그들에 대한 편견에 기꺼이 반대하는 경향이 있다. 왜일까? 내 생각에 그 까닭은 이렇다. 예전에 사람들은 동성애자로 산다는 것이 마치 담배를 피우는 것처럼 현명하지 못한 선택에 불과하다고 생각했다. 물론 그처럼 선택된 행동도 바꾸기가 어려울 수는 있다. 흡연을 보면 분명하지 않은가? 그렇지만 흡연자들에게 불이익을 주는 법은 여전히 합리적이라고 생각된다. 어쨌거나 흡연자들은 흡연욕구를 자제하고 변화할 수 있으리라고 생각되기 때문이다. 물론 흡연은 동의하지 않는 제3자에게 피해를 끼치는 행위인 반면 동성애는 그렇지 않다(동성애가 누군가에게 피해를 끼친다면, 이성애가 그렇듯 동의하지 않는 제3자를 대상으로 할 때만 그럴 것이다). 그러므로 이 비유는 완벽한 비유라고 할 수 없다. 동성애와 흡연이 비슷하다고 생각한 사람은 한 번 다시 생각해보는 편이 좋을 것이다! 그렇기는 하지만 이제 한 번 상상해보자. 동성애라는 성적 지향이 유전자에 새겨져 있거나 아주 어린 시절에 고착된다는, 아니면 이 둘의 복합적 작용에 의해 형성된다는 사실을 누군가가 알게 되면 그 사람은 동성애에 대한 생각을 바꿀 가능성이 높다. 그는 아마도 이렇게 생각할 것이다. "유전자나 어린 시절의 경험으로 형성된 성향을 바꾸기란 대단히 어려워.

스스로 어쩔 도리가 없는 문제로 누군가에게 불이익을 주는 법을 만드는 일은 가혹한 처사지."

그러나 이 생각은 보다 근원적인 다른 생각, 즉 성행위가 인간의 행복 추구에서 대단히 중요한 문제라는 생각으로 뒷받침되지 않는 한 불완전하다. 위험한 행동을 즐기는 성향이 유전된다는 사실을 새로이 알게 되었다고 해보자. (내 생각이지만) 그렇다고 해서 위험을 즐기는 행동을 제한하는 여러 가지 법들을 폐지해야 되겠다는 느낌이 들 것 같지는 않다. 그 행동이 다른 사람들의 복지를 저해하지 않는 한 말이다. 오토바이 헬멧을 의무화하는 법을 예로 들 수 있겠다. 어떤 사람들은 이 법을 지지할 것이고, 다른 사람들은 이 법이 사생활에 쓸데없이 간섭하는 법이라거나 멍청한 법이라고 생각할 것이다. 하지만 어떤 경우에도 이 법은 기본적인 자유의 문제를 제기하지는 않는 듯하다. 왜냐하면 헬멧을 쓰지 않고 오토바이를 타는 것이 인생의 의미를 추구하는 데에 딱히 중요한 행위라는 생각은 들지 않기 때문이다. 오토바이를 탈 때 헬멧을 쓰라는 요구를 받았다고 해서 누군가의 인격이 돌이킬 수 없을 만큼 손상되지는 않는다. 반면 성적 지향은 사람들의 인격 구조 깊은 곳에 자리잡고 있으며 행복 추구에 중요한 영향을 미치는 것으로 보인다. 그러므로 사람들에게 성적 지향을 바꾸라고 요구하는 행위, 혹은 성적 지향을 드러내지 말라고 요구하는 행위는 그들에게 대단히 심각한 손상을 입히는 무거운 짐이 된다. 누군가에게 부과된 짐이 얼마나 무거운 것인지를 평가할 때에는 그 사람에게 다른 선택지가 있는지 따져보는 편이 자연스러운데, 바로 여기에서 성적 지향이 인생의 초기 단계에 형성되며 바뀌기 어렵다는 사실이 중요해진다. 중요한 개념은 바로 중심성과 중요성인 것이다(제5장에서 살펴보겠지만, 아이오와 주 대법원이 바로 이 점을 훌륭하게 주장했다).

이 추론 역시 일반적으로 생각하는 불변성과는 관계가 없다. 앞선 제2장에서 이미 살펴본 것처럼, 내면적이고도 중요하지만 불변하지는 않는 또 한 가지, 즉 종교에 대해서도 비슷한 추론을 할 수 있기 때문이다. 불변성이라는 개념이 조금이나마 도움이 된다면, 그건 (삶에서 매우 중요한 의미를 띠면서도) 스스로 바꿀 수 없는 속성을 구실로 삼아 사람들에게 불이익을 주는 것이 얼마나 가혹한 일인지를 상기시키기 때문일 것이다.

이처럼 불변성이라는 법적 개념은 그 자체로는 혼란스럽지만, 이 개념을 따라가다 보면 엄격한 심사의 대상을 정하는 데 쓸 만한 훌륭한 다른 기준을 둘이나 얻게 된다. 즉, 목적과의 관련성이라는 개념과 인격에서의 중심성이라는 개념이다. 이 두 가지 요소를 고려할 때, 성적 지향은 엄격한 심사의 대상으로 삼아야 하는 매우 강력한 속성이 된다. 여성이라는 성별에 대해서도 그렇듯, 사회는 사실상 아무런 관련이 없는 많은 것들과 성적 지향을 관련지어 생각한다. 또한 성적 지향은 종교와 마찬가지로 사람들의 삶에서 깊고 중심적인 위치를 차지하고 있어서, 누군가에게 성적 지향에 따라 행동하지 말라고 요구하는 것은 잔인한 일이 된다.

이해할 만한 일이지만, 판사들은 엄격한 심사의 대상이 되는 구분의 수를 쉽게 늘리려 하지 않는다. 그런데 콜로라도 주 수정헌법 제2조를 자세히 검토해보면, 게이와 레즈비언에 대한 차별의 기록이 실제로 대단히 길다는 것을 확인할 수 있다. 수정헌법 제2조는 부당한 의도가 깔려 있다는 증거가 너무도 확실해서 합리성 심사기준조차 통과하지 못했다. 그러나 다른 많은 경우, 특정 집단이 구분되는 이유는 누군가의 악의 때문이라기보다 오랜 차별의 역사와 널리 퍼져 있는 고정관념 때문이다. 사람들은 어떤 집단에 대한 적의를 품었다기보다는, 그저 역사적으로 형성된 고정관념을 품고 있는 것일 수 있다. 이 경우 차별을 뿌리뽑기 위해서는 엄격한 심사가 필요하다.

로머 판결은 주류의 사회적 태도가 소수에게 압력을 가하는 수많은 방식을 보여준다. 콜로라도 주의 수정헌법 제2조는 데블린적 정치의 고전적인 예였다. 이 법을 작동시킨 것은 평균적인 인간의 분노와 혐오였으며, 이에 따라 취약한 소수자들은 민주주의 정치의 일상적 특전과 권리를 전면적으로 박탈당했다. 로머 판결은 로렌스 판결과 마찬가지로 '인류애의 정치'가 승리를 거두며 종결되었다. 고정관념을 넘어 특정 집단 및 그 구성원들의 실제적 삶을 정직하게 마주보려는 시도와 평등한 존중의 승리였던 셈이다. 또한 로머 판결은 존 스튜어트 밀이 설계했던 일반적 정치관, 즉 다수의 태도가 소수자들의 평등권을 박탈할 수 없다는 관점의 승리였다.

그러나 로머 판결의 승리는 국지적이었다. 이 영역에서 무엇이 허용 가능하고 무엇이 허용 불가능한지를 분명히 하기 위해서는 아직도 해야 할 일이 많이 남아 있다. 판사들은 바로 이 발전에 기여할 수 있으며 마땅히 그렇게 해야 한다. 앞서 주장했듯, 현재 협소하게만 정의되어 있는 적의의 개념은 엄격한 심사의 개념을 분명히 정의하고 발전시킴으로써 확장되어야 한다. 좋은 법을 많이 만드는 것도 필수적인 일이다. 미국의 여러 지방자치단체와 주정부에는 성적 지향에 대한 차별금지법이 있지만, 연방으로서의 미국에는 그러한 법이 없다. 이 법을 제정하기 위한 노력에 투여되는 정치적 자원도 너무 적다. 동성결혼이라는 개념을 혐오하는 미국인들 중에서도 게이나 레즈비언들이 주거, 고용, 그리고 일상적 삶의 다른 영역에서 보호받아야 한다는 생각을 받아들이는 사람은 많다. 여성들과 장애인들이 연방 차원에서 차별금지법의 보호를 받고 있는 지금, 게이와 레즈비언만은 그렇지 못하다는 사실은 유감스럽다.

어쨌거나 로머 판결은 결정적인 한순간이었다. 연방대법원까지 상고된 사건에서 혐오가 그토록 공개적으로 모습을 드러낸 적은 거의 없었으며, 연방대법원이 '혐오의 정치'를 그토록 명백히 거부한 적도 거의 없었다.

제5장

결혼할 권리?

결혼할 자유는 오랫동안 필수적인 개인의 권리 중 하나로서 자유인이 평화로운 행복을 추구하는 데에 본질적인 것으로 인정받아왔다.

-미국연방대법원, 러빙 대 버지니아 판결(1967)

남녀를 차별하는 데에 정당하고 합법적인 근거가 전혀 없다는 이유만으로는 그 불평등을 없앨 필요가 생기지 않는다고 생각하는 사람들이 많이 있다. 이 사람들은 불평등을 폐지함으로써 얻을 수 있는 가시적인 이익이 무엇인지를 알고 싶어 한다.

이에 대해 나는 먼저 대답하려 한다. 남녀 간의 불평등을 폐지함으로써 얻을 수 있는 가시적 이익이란, 모든 인간관계 중 가장 보편적인 관계를 부당함이 아닌 공정함으로 다스릴 수 있다는 것이다.

-존 스튜어트 밀, 『여성의 종속The Subjection of Women』[1] 에서

결혼이란 무엇인가?

결혼이란 어디에나 있는 중심적인 관계다. 미국 전 지역에서, 온갖 사회계급에 속한 갖은 인종과 민족의 사람들이, 어떤 종교를 믿는지 또는 종교가 있는지 여부와는 관계없이 결혼을 한다. 대부분의 사람들, 아니 최소한 많은 사람들에게 결혼은 사소한 문제가 아니다. 결혼이란 행복 추구의 열쇠이자 강력한 열망이다. 심지어는 결혼생활이 별로 행복하지 않았던 사람들조차 반복적으로 결혼을 열망한다. 그러므로 "당신은 결혼할 수 없소"라는 말을 듣는다는 것은 미국식 인생 주기를 결정짓는 의례 중 하나에서 완전히 배제됨을 의미한다.

이전 시기에 기혼자들의 왕국으로 들어가는 열쇠는 종교단체나 그 수장, 가족, 기타 시민사회 등 오직 민간인들만이 쥐고 있었을지 모르겠다. 역사를 살펴보면 미국 외의 다른 사회들도 과거에는 결혼과 관련된 권한을 민간에 두었다. 그러나 현대에는 대부분의 다른 국가들과 마찬가지로 미국에서도 정부가 그 열쇠를 쥐고 있다. 교회 등 종교단체를 통해 결혼을 하는 경우에도 국가에 의한 혼인관계증명서를 받지 못한다면 진정으로 중요한 의미에서 사회적·정치적 목적에 부합하는 결혼을 했다고 보기 어렵다. 그러나 민간 주체들과는 달리 국가는 결혼을 해도 되는 사람과 하면 안 되는 사람을 마음대로 결정할 수 없다. 국가가 결혼 문제에 간섭하면 필연적으로 정치적·시민적 평등에 대한 문제가 발생하기 때문이다.

동성결혼은 현재 미국에서 가장 논쟁적인 정치 쟁점 중 하나다. 2008년 11월, 캘리포니아 사람들은 제안 8호Proposition 8를 통과시킴으로써 법원이 허가해준 동성커플의 결혼할 권리를 주민투표로 빼앗았다. 같은 날, 캘리포니아의 유권자들은 공장제 사육장에서 동물들의 학대를 금지하는 법안을 대대적으로 통과시켰다. 이를 보면 캘리포니아 사람들이 엄격한 전통주의자도 아니며 고통에 냉담한 것도 아니라는 점은 분명해 보인다. 그런데도 캘리포니아 사람 다수는 동료 시민들이 갖고 있는 기본권 중 몇 가지를 부정하는 것이 적절하다고 생각했다. 동성애자들의 공동체는 바로 이 점을 대단히 모멸적이며 치욕스럽게 받아들였다. 5월, 캘리포니아 주 대법원은 제안 8호에 의해 실시된 주민투표의 결과를 존치했다. 주민투표를 실시하기 전에 법원 판단으로 성립된 동성결혼들을 무효화시키지는 않았지만 말이다. 머지않아 미국에서는 이 문제와 관련된 투표가 다시 한 번 실시될 예정이다.* 이를 분석하면 현재 미국에서 어떤 일이 벌어지고 있으며 앞으로 미국이 나아가야 할 방향은 어디인지를 이해할 수 있다.

동성결혼의 문제를 다루기에 앞서 결혼이 무엇인지부터 정의해야 할 것이다. 앞으로 살펴보겠지만 결혼은 결코 단순한 문제가 아니다. 내용 면으로 보나 의미 면으로 보나 결혼은 다원적이다. 내용 면에서, 결혼이라는 제

---

* 제안 8호는 현재 위헌판결을 받은 상태다. 2009년 '페리 대 슈워제네거' 사건에서 캘리포니아 지방법원의 워커 판사는 동성결혼의 금지가 평등보장조항에 위배된다고 설시했다. 동성결혼 반대자들은 이 판결에 불복했으나 캘리포니아 주지사 아널드 슈워제네거와 제리 브라운이 모두 제안 8호의 존치 노력을 거부했으므로 이 사건은 '홀링스워스 대 페리'라는 새 이름으로 연방대법원에 상고됐다. 그러나 연방대법원은 주정부의 의사에 반해 연방법원에 상고하는 데에 법적 근거가 없음을 이유로 들어 이를 기각했다. 그리하여 캘리포니아에서 동성결혼은 2010년 이후 다시 합법화됐다.
2012년 2월 7일에 제9연방순회법원은 평등보장조항에 위배된다며 제안 8호의 위헌성을 재확인했다. 스티븐 라인하르트와 마이클 호킨스 판사는 제안 8호에 단지 게이와 레즈비언의 존엄성을 깎아내리고 그들이 맺고 있는 인간관계와 가족관계를 이성애자 커플들의 것보다 열등한 것으로 분류하는 것밖에는 아무런 효과가 없다고 명시했다.
2013년 6월 28일, 제9연방순회법원은 지방법원 판결에 대한 유예조치를 철회함으로써 동성결혼을 다시 가능하게 만들었다. 이로부터 얼마 지나지 않아 원고였던 페리와 슈타이어는 결혼했다. 제안 8호가 통과된 이래 처음으로 캘리포니아에서 법적 결혼을 한 사례다.

도는 성관계, 우정, 동지애, 사랑, 대화, 2세의 생산과 양육, 배우자 상호간의 의무 등 인생의 다양한 요소를 수용하고 지원한다. 이들 중에 한 가지 요소가 없어도 결혼은 유지될 수 있다(불임인 사람, 아이를 낳기에는 나이가 너무 많은 사람, 책임감이 없는 사람, 사랑이나 우정을 나눌 줄 모르는 사람 등 결혼의 요소 중 일부를 충족시키지 못하는 사람들에게도 결혼할 권리는 항상 부여되었다. 불임, 성행위에 대한 무관심, 성관계 거부 등은 이혼 사유가 될 수 있지만 결혼할 권리 자체를 애초에 박탈할 근거가 되지는 못한다). 불행한 결혼이 되기는 하겠지만, 심지어 이들 중에 단 한 가지 조건도 만족되지 않는 경우에조차 결혼은 존재한다. 반면 이처럼 중요한 인생의 요소들은 결혼을 하지 않는 경우에도 존재할 수 있다. 심지어는 이 요소 전체가 결혼과 무관하게 존재하기도 한다. 실제로 수많은 비혼 커플들은 친밀함, 우정, 상호 간의 의무를 다하며 아이들을 낳고 기르기도 한다(이 아이들이 사생아로 간주되어 사회적·법적 불이익으로 고통을 받기는 하지만 말이다). 그러나 "결혼의 내용이 무엇이냐?"는 질문을 받으면 사람들은 대체로 위에서 언급한 인생의 다양한 요소들을 한데 묶어서 떠올린다.

결혼의 의미 역시 단일하지 않다. 첫째, 결혼은 시민권과 연관되어 있다. 기혼자들은 비혼자들이 일반적으로 받지 못하는 수많은 행정적 혜택을 누린다. 이들은 세금을 낼 때 우대받고 보험에 가입할 때에도 비혼자들에 비해 유리한 지위를 차지하며, 이민 시 혜택이나 입양 및 보호에 관련된 권리도 누린다. 배우자의 입원이나 사망 시에 그에 대한 의사결정권과 방문권을 갖고 있을 뿐만 아니라, 배우자에 대한 법정 증언에서 배우자에게 유리한 증언을 하는 경우에도 면책특권을 갖는다. 이 밖에도 기혼자들은 많은 권리를 가지고 있다.

둘째, 결혼에는 표현적인 측면이 있다. 전형적인 경우 결혼을 하는 사람들은 증인들 앞에서 사랑과 헌신의 서약을 한다. 대부분의 부부에게 이 서약은 삶에서 매우 중요한 부분을 차지한다. 이런 서약을 할 수 있을 뿐만 아니라 서약을 할 때 (외압에 따르지 않고) 자유롭게 할 수 있다는 사실은 성인의 인간적 자유를 결정하는 요소로 생각된다. 이제 막 결혼하는 부부의 서약은 이에 대해 응답하는 사회의 서약을 포함하는 것으로 여겨진다. 부부는 사랑과 헌신을 선언하며, 이에 대한 응답으로 사회는 그 헌신을 존엄한 것으로 인정해준다.

마지막으로 결혼에는 종교적인 측면이 있다. 많은 사람들은 자기가 믿는 종교의 지도자가 종교적 규칙에 따라 결혼식을 거행해주지 않는 한 결혼은 완전해지지 않는다고 믿는다.

결혼의 측면이 이처럼 다양한데도 현대의 정부는 이 모든 측면에서 핵심적인 역할을 담당한다. 첫째, 정부는 결혼에 따르는 혜택을 부여하고 관리한다. 둘째, 정부는 결혼의 존엄함을 인정하고 승인해주거나, 최소한 그런 역할을 하는 대리자로 생각된다. 나아가 셋째, 정부는 종교단체와 동맹관계를 맺고 있다. 미국에서는 종교 지도자들이 거행한 결혼식에 법적 효력이 부여된다. 물론 각각의 종교단체는 국가가 허가한 결혼을 거부할 수도 있고, 국가의 기준에 따르면 결혼할 자격이 없는 사람들을 결혼시킬 수도 있다. 그러나 현재 미국에서 공식적으로 인정받는 결혼 중 상당수가 사전에 종교 지도자들을 통해 성사된다는 것만은 사실이다. 어쨌거나 (국가가 발급하는 자격증을 가진) 종교 지도자들이 거행하는 결혼식은 종교적 의식에 그치지 않고 국가의 인정을 받는 공식적 통과의례가 된다. 기혼자들은 이를 통해 갖은 특권을 누리는 시민적 지위를 획득한다.

사람들은 국가가 기혼자들에게 법적으로 제공하는 갖은 특권을 누리기 위해, 다시 말하면 결혼을 하기 위해 자신이 좋은 사람이라는 증명을 할 필요가 없다. 유죄판결을 받은 중죄인들, 양육비를 지불하는 데에 실패한 이혼 부모들, 가정폭력 전과가 있거나 감정적 학대의 전과가 있는 사람들, 불량납세자들, 마약중독자들, 강간범, 살인범, 인종차별주의자나 반유대주의자들처럼 편견에 찌든 사람들도 결혼하겠다는 결정을 내리기만 하면 모두 결혼할 수 있다. 실제로 헌법은 이 모든 사람들에게 마음만 먹으면 결혼할 수 있는 기본권을 보장한다.[2] 어쨌거나 이성과 결혼하는 경우에는 말이다. 어떤 종교는 결혼 전에 성직자와 상담을 하도록 권고하고 결혼할 준비가 되지 않은 사람들의 결혼식 집전을 거부하지만, 국가는 그렇게 하지 않는다. 편하게 하려고 마음먹으면 모든 절차를 생략하고 혼인신고만 해도 결혼할 수 있다. 누가 결혼식을 집전해야 하는지에 대한 규정에는 어떠한 제한도 없다. '보편적인 생활 교회Universal Life Church'처럼 인터넷에 기반을 둔 종교의 목사에게 결혼을 인정받는 것도 가능하다. 어떤 주에서는 누구든 최대 1년에 한 번은 결혼식을 집전할 수 있도록 허용하고 있다. 그렇게 함으로써 친구들이 서로 결혼식을 열어줄 수 있도록 장려하는 것이다.

그렇다고 대다수가 선호하는 방식의 성생활을 하는 사람들만 결혼을 할 수 있는 것도 아니다. 소아성애자, 사디스트, 마조히스트, 남색가, 성전환자 등 모두가 결혼을 하고 국가의 인정을 받을 수 있다. 결혼 상대가 이성이기만 하다면 말이다.

이 모든 사실을 고려해보면 국가가 어떤 결혼을 법적으로 인정한다는 것이 반드시 그 결혼에 대한 승인을 적극적으로 표명한다거나 그 결혼에 존엄성을 부여하는 행위라고 보기는 어렵다. 정말로 결혼을 성사시키는 행위자로서 국가가 행동하는 방식에는 우발성과 근엄함이 이상하게 뒤섞여 있는 것으로 보인다. 그런데도 대부분의 사람들은 국가가 혼인관계증명서를 발급함으로써 특정 결혼을 승인한다고, 또한 발급을 거부함으로써 해당 결혼에 대한 반감을 표현한다고 생각한다.

동성결혼과 관련된 토론의 주요 쟁점은 무엇인가? 동성결혼이 결혼의 일반적 내용을 포함할 수 있는지 없는지가 문제가 되는 것은 분명 아니다. 게이나 레즈비언들에게 우정이나 친밀감, "충족감과 행복을 주는 대화", 상호간의 책임을 나눌 능력이 있다는 사실을 부정할 사람은 거의 없다. 이들이 아이를 갖거나 양육할 수 있음을 부정하는 사람도 거의 없기는 마찬가지다(게이 및 레즈비언들은 이전 결혼을 통해서나, 대리모/대리부 혹은 인공수정을 통해서, 또는 입양을 통해서 아이를 갖고 양육할 수 있다). 물론 어떤 사람도 게이나 레즈비언이 성관계를 맺을 수 있다는 사실을 부정하지는 않을 것이다. 그것이야말로 동성애 관계에 대한 적의의 전형적인 초점이기 때문이다.

동성결혼에 대한 토론은 결혼에 따르는 시민권상의 혜택을 놓고 벌어지는 것도 아니다. 최소한 지금은 그렇다. 현재 미국 사회는 동성커플이든 이성커플이든 평등한 시민권을 누려야 한다는 합의로 나아가고 있다. 여야의 모든 주요 정치인들은 2008년 대선 이후 이러한 입장을 받아들였다. 모든 공화당 정치인들이 동성커플의 시민적 결합이라는 제도를 받아들인 것은 아닌 만큼, 지금까지는 오직 몇 개의 주에서만 결혼과 동등한 정도의 특전을 주는 동성커플의 시민적 결합이 합법화되었지만 말이다(그런데 동성커플의 시민적 결합이나 결혼은 어떤 경우에도 이성결혼과 실질적으로 완전히 평등한 대우를 받지 못한다. 잠시 후 논의하겠지만, 이는 결혼보호법Defense of Marriage Act 때문이다).

마지막으로, 동성결혼에 대한 토론은 결혼의 종교적 측면을 놓고 벌어지는 것도 아니다. 대부분의 주요 종교는 내부적으로 동성결혼이나 동성커플의 시민적 결합 같은 문제를 놓고 열띤 토론을 벌이고 있다. 유니테리언 유니버설리즘이나 개혁파, 보수파 유대교 등 몇몇 교파들은 동성커플의 결혼을 수용했다. 미국 감독교회 등의 다른 종파들은 아직 결혼을 수용하지는 않았으나, 동성커플의 결합에 대해 우호적인 입장이다. 장로회, 루터파 교회, 감리교회 등은 현재 이 문제를 놓고 의견이 분분하며, 비록 미국 가톨릭 교단은 확고한 반대를 공식적 입장으로 내놓고 있지만 이를 믿는 사제와 평신도들도 의견상의 불일치를 보인다. 남부 침례교나 예수 그리스도 후기 성도교회 같은 종파들은 교단 전체가 동성결혼의 인정을 완강히 반대한다. 오늘날 미국에서는 동성커플의 결합에 대하여 종교계 전체가 통합된 입장을 내놓지 않고 있다. 그러나 종교계에서 벌어지는 토론은 뜨겁기는 해도 전형적인 경우 교파 내부에서 벌어질 뿐이며, 공적 영역으로 번져 나오지는 않는다. 사실 미국의 어떠한 주법에 따르더라도 종교단체가 자체적으로 동성커플을 자유롭게 결혼시키거나 그런 결합을 금지할 수는 없다.

　오히려 동성결혼과 관련한 논쟁은 주로 결혼의 표현적 측면을 두고 벌어진다. 바로 이 지점에서 동성커플의 시민적 결합과 동성결혼 사이의 차이가 드러난다. 동성커플들이 시민적 결합이라는 타협책을 거부하고 오직 결혼만을 요구할 때 문제가 발생하는 것도 바로 이 지점에서다. 동성커플들이 시민적 결합을 거부하는 까닭은 결혼이 일종의 존엄성을 띠고 있다는 인식 때문이다. 결혼은 사회가 결혼 당사자들과 그들의 결합을 인정한다는 뜻을 품고 있다. 그러므로 게이와 레즈비언들을 결혼에서 배제시키는 행위는 (동성커플의 시민적 결합을 인정함으로써 그들에게 결혼에 따르는 시민권상의 혜택을 부여하는 경우에도) 그들에게 낙인을 찍고 그들을 비하하는 행위로 여겨지며, 이에 따라 시민권의 평등 및 평등보장조항과 관련된 문제들이 발생한다.

　결혼의 표현적 차원에서는 몇 가지 서로 다른 문제들이 발생한다. 첫째, 혼인관계증명서의 발급이 해당 결혼에 대한 사회적 인정을 표현하는 것이라면, 국가는 특정한 결합을 다른 결합에 비해 선호하거나 존엄한 것으로 공표해야 하는가? 다시 말해, 국가에는 시민적 결합이 아닌 결혼제도를 운영해야 할 정당한 공익적 목적이 있는가? 둘째, 만일 정당한 공익적 목적이 있다면, 동성커플에게 결혼이라는 지위를 인정할지 여부에 대한 찬반 주장은 구체적으로 무슨 내용이며, 우리는 이러한 주장들을 어떻게 받아들여야 하는가?

이 두 가지 질문을 서로 구분하는 것은 매우 중요하다. 국가가 결혼 문제에 개입하는 한, 평등주의 원칙에 따라 국가는 동성커플들에게도 결혼을 허가해야 한다는 주장이 가능하다. 사실은 그것이 바로 이 책의 주장이다. 그러나 정치적·정책적 관점에서 볼 때 국가는 결혼의 표현적 측면을 종교단체나 다른 민간단체에 넘겨줌으로써 해당 단체의 구성원들이 자기 문제를 스스로 결정할 수 있게 해주고, 결혼제도에서 손을 떼는 편이 훨씬 좋을 것이다. 그 대신 국가는 동성커플과 이성커플 모두에게 시민적 결합을 허용할 수 있다.

이후의 논의에서는 미국의 연방제도를 중요한 변수로서 염두에 두어야 한다. "시민적 결합"이라 부르든 "결혼"이라 부르든, 미국에서는 어떤 주정부도 단독으로는 동성커플에게 이성결혼과 완전히 평등한 결합을 제공할 수 없다. 연방 차원의 결혼보호법은 한 곳의 주정부가 인정한 시민적 결합 혹은 동성결혼을 다른 주가 반드시 인정하지 않아도 된다고 명시하기 때문이다. 이 법은 또한 연방정부 역시 주정부 차원에서 이루어진 동성애자들의 결합을 인정할 필요가 없다고 선언한다. 이는 실제적 문제이기도 하지만 표현적 측면의 문제이기도 하다. 결혼보호법의 폐지를 위해 노력하겠다던 대선 공약에도 불구하고, 오바마 정권의 법무부는 여전히 이 법을 옹호하고 있다.

역사 속의 결혼: 황금시대의 신화

요즘 사람들은 결혼이라는 제도에 대해 이야기할 때 자주 향수에 젖는다. 이들이 생각하고 말하는 바는, 아주 최근까지도 결혼이란 한 남자와 한 여자가 맺는 일평생의 약속이었으며 그 목적은 동반자 관계를 맺고 아이들을 양육하는 것이었고 이에 따라 신과 국가가 결혼을 축복했다는 것이다. 옛날에는 사람들이 결혼의 원칙에 따라 살았으며 행복했다고, 그들은 말한다. 다소 수사적이기는 하지만, 이러한 진술의 전형적인 예는 웨스트버지니아 주의 상원의원인 로버트 버드의 선언에서 잘 드러난다. 결혼보호법을 놓고 토론을 벌이던 중에 로버트 버드는 다음과 같이 말했다.

> 대통령님, 인간 경험의 유구한 기록을 살펴보면, 다양한 가치 체계를 가진 수많은 문명과 문화의 경계를 넘어 인류는 남녀 간의 영구적인 관계야말로 사회를 안정적이고 힘 있고 건강하게 만들어주는 핵심이라는 점을 발견했음을 알 수 있습니다. 따라서 이 관계야말로 법적 보호를 받을 만한 가치가 있는 관계라고 하겠습니다.

사람들은 과거의 어느 황금시대에는 결혼의 순수성이 유지되었으나 이제는 모든 것이 해체되고 있다고 말한다. 이혼은 사방에 만연해 있고, 어른들이 이기적 쾌락만을 추구하기 때문에 아이들은 충분한 지도와 지지, 사랑을 받지 못한 채 자라고 있다. 그러니 우리가 제정신을 되찾고 우리 모두를 행복하게 해주었던 옛날의 규칙을 회복해야만 한다고 그들은 이야기한다.

대부분의 황금시대 신화가 그렇듯 이 신화에도 진실의 핵심이 일부 포함되어 있을 뿐이다. 헌신과 책임은 이제 미국 문화에서 한계에 이르렀다는 점, 너무나 많은 아이들이 충분한 경제적·감정적 지지를 받지 못한 채 성장하고 있다는 점 등은 모두 사실이다. 그러나 이 문제들을 풀 수 있는 올바른 해법을 얻기 위해서는 먼저 미국의 과거에 대한 신화적 묘사에 결함이 있다는 사실을 깨달아야만 한다. 순수함에 대한 모든 판타지가 그렇듯, 과거에 순수한 결혼이 존재했다는 환상은 사실 작금의 현실이 무척 다양하고 복잡하며 많은 문제를 품고 있음을 의미할 뿐이다.

우선, 인류역사상 평생에 걸친 일부일처제가 결혼의 표준이었다는 버드 상원의원의 생각은 단순한 오해에 불과하다는 점을 지적해야겠다. 여러 사회에서 다양한 형태의 중혼, 관습법에 따른 비공식적 결혼, 순차적 일부일처제 등을 허용해왔다. 어떤 사람들은 자신의 윤리관이 성경에 기초를 두었다고 말하면서도 성경에 묘사된 사회가 일부다처제 사회라는 사실은 알아차리지 못한다. 성경에 등장하는 무수한 가부장들은 여러 명의 아내를 거느린 것으로 묘사되며, 이들 중 상당수는 사회적으로 인정받는 첩까지도 두고 있었다. 심지어는 십계명조차도 「신명기」(5:1-18)에 다시 인용될 때에는 일부다처제 사회를 전제하고 있다. 이에 따르면, 이웃의 집과 재물 등을 탐하지 말라는 계명은 남녀 모두에게 해당되지만 이웃의 '아내'를 탐하지 말라는 계명은 오직 남자들에게만 해당된다. 해설이 지적하고 있듯, 결혼하지 않은 여자는 다른 여자의 남자를 탐해도 괜찮다. 그 남자의 또 다른 아내가 될 수 있으니 말이다.

(현대의 몇몇 사회에서도 그렇지만) 그 밖의 많은 고대사회에서는 혼외정사가 일상적이었다. 예를 들어 고대 그리스에서는 기혼남성들이 일상적으로 남녀 매춘부들과 성관계를 가졌으며 사회는 이를 인정했다. 몇 가지 제약이 따르기는 했지만, 굳이 매춘부가 아니더라도 자기보다 젊은 남성 시민과 성관계를 맺는 일 또한 가능했다. 이런 관습이 인정받았던 한 가지 이유는 당

시 여성들이 사회로부터 격리된 채 아무런 교육도 받지 못했기 때문이다. 그리스인들은 이런 상황에서 남성이 여성과 정치적·지적 열망을 공유할 수는 없다고 생각했다. 인류역사를 통틀어, 전 세계 많은 사람들은 성적 욕망을 우정이나 공동의 목표와 연관시켜왔다.

공화정 시절의 로마인들은 현대의 미국인들과 좀 더 비슷하다.[3] 이들도 미국인들처럼 사랑이나 동반자 관계에 기반을 둔 이상적 결혼을 꿈꾸었기 때문이다. 그런데 바로 이 이상 때문에 로마에는 이혼이 만연해 있었다. 남녀 모두가 자신과 행복한 삶을 공유할 수 있는 배우자만을 찾았기 때문이다. 남자든 여자든 로마에서는 평생 한 번만 결혼한 유명인을 찾기가 대단히 어렵다. 게다가 전형적인 경우, 로마의 결혼은 남자 입장에서 보면 일부일처제도 아니었다. 로마인들은 기혼남성이 남자든 여자든 노예나 매춘부 등 자신보다 낮은 지위에 있는 사람과 성관계를 맺는 것은 당연한 일이라고 생각했다. 아내들이 항의한 경우도 없지는 않으나, 그들조차도 혼외정사의 관습은 전형적이며 어디에나 팽배해 있는 것이라고 보았다.[4] 이 로마인들은 훌륭한 시민, 그러니까 시민적 덕성을 믿으면서 헌신적으로 정부를 운영하려 애쓴 사람들로서 당대에 존경을 받았으며, 마땅히 그럴 만했다는 것이 내 의견이다. 심지어는 미국 헌법의 창시자들도 공화정 로마를 자신들의 규준으로 삼고, 로마인들을 자신의 개인적 영웅으로 우러러보았다. 그렇다고 해서 이 로마인들이 천국 같은 결혼생활을 했다고 믿는다면 그것은 잘못된 믿음이다.

사실 결혼의 순수성 신화라는 독을 해독해줄 약으로는 키케로의 글을 읽는 것만큼 효과적인 방법도 없다. 키케로의 남동생 퀸투스는, 키케로의 가장 친한 친구였던 아티쿠스의 여동생 폼포니아 아티쿠스와 결혼했다. 그들의 결혼생활은 불행했다. 심하게 동생 편을 들고 있는 키케로의 글을 읽어

보면, 현대인에게 너무나 익숙한 일이 기원전 50년경에도 똑같이 일어나고 있었다는 사실에 어안이 벙벙해질 지경이다. 이 글에 따르면, 키케로가 자신의 사유지 중 한 곳인 시골로 갔을 때 그의 동생인 퀸투스도 싫다는 아내를 억지로 도시에서 끌고 내려가 함께 일주일을 보내려 했던 것 같다. 폼포니아 입장에서는 자신을 끔찍이도 싫어하는 시아주버니와 일주일이나 함께 지내야 했던 셈이다. 키케로가 위대한 인물이라는 데에는 의심의 여지가 없지만, 정말이지 그는 지나치게 자기중심적인 인간이기도 했다.

그곳에 도착했을 때 퀸투스는 친절하게 말했다네. "폼포니아, 숙녀 분들에게 들어오시라고 좀 전해주겠어요? 남자애들은 내가 데려올 테니까." 퀸투스의 한 마디는 말한 의도를 보나 말하는 방식을 보나 완벽하게 상냥했어. 최소한 내가 보기에는 그랬네. 허나 폼포니아는 우리 모두에게 들릴 만큼 큰 목소리로 이렇게 대답하더군. "내가 왜요? 나도 손님이잖아요." …… 퀸투스는 이렇게 말했네. "매일 이런 식이라니까." …… 나는 꽤 충격을 받았다네. 폼포니아가 말하고 행동하는 방식은 쓸데없이 무례했거든. [이후 자기 방으로 들어가버린 폼포니아를 빼놓고 키케로 가족은 모두 점심을 먹으러 간다. 퀸투스가 그녀에게 음식을 보내지만 폼포니아는 거절한다.] 한 마디로, 나는 내 동생이 그 이상 관대할 수는 없었다고 생각하네. 허나 자네 여동생에 대해 말할 것 같으면, 도저히 그보다 더 무례할 수는 없었을 거야. 이것 말고도 많은 일이 있었어. 퀸투스보다도 내가 더 짜증이 나더군. 허나 이 사건들에 대해서는 일일이 적지 않겠네. [다음날, 퀸투스는 키케로와 대화를 나눈다.] 퀸투스가 하는 말이, 폼포니아가 더 이상은 잠자리도 하지 않으려 든다는 거야. 퀸투스가 떠날 때 보니 폼포니아의 태도는 전날 내가 보았던 것과 완전히 똑같더군. 나 대신에 자네가 좀 타일러주었으면 좋겠네. 폼포니아는 전반적으로 공감능력이 떨어지는 것 같아.[5]

(이 결혼은 6년 동안 불행하게 이어지다가 결국 이혼으로 끝나고 말았다.)

많은 경우, 현대인들은 고대란 너무 멀리 떨어진 시간인 만큼 성경에 등장하는 일부다처제 등 그 시절의 관습을 현대의 관습과 비교하는 것은 말이 되지 않는다고 일축해버린다. 그러나 키케로의 내밀한 이야기는 마치 우리 자신의 경험을 거울로 비춘 것처럼 익숙해서 가히 충격적일 정도다. 이 글을 읽다 보면 인간들이란 현대에 그렇듯 과거에도 사랑은커녕 우정을 유지하는 것만도 벅차게 여기던 존재였으며, 더러운 성질머리나 성격 차이, 상충하는 욕망 등은 성 혁명 때문에 새로 생겨난 것이 아님을 상기하게 된다. 이 모든 일들이 동성결혼을 인정하는 바람에 일어났다는 주장은 당연히 말이 되지 않는다. 인간이 에덴동산에서 쫓겨나 원죄를 품고 살게 된 건 옛날 옛적의 일이니까 말이다.

게다가 현대사회에서 이혼율이 높아진 까닭은 사람들이 결혼을 혐오하게 되었기 때문이 아니다. 그보다는 결혼이란 이러저러해야 한다는 기대치가 높아지는 바람에 이혼율이 상승했다고 보아야 한다. 일례로 현대인들은 결혼한 여성이 남편에게 폭행을 당해서는 안 된다고 생각한다. 신체적으로 학대를 당하는 여성에게 이혼을 청구할 권리가 있다는 생각은 이제 널리 받아들여지고 있으며, 사실 이는 긍정적인 변화다. 그뿐만이 아니다. 이제는 개신교도들도 고대 로마인들이 그랬듯 결혼이란 단지 2세 생산과 성관계만을 위한 관계가 아니라고 주장하기 시작했다. 존 밀턴은 성격 차이에 따른 이혼을 옹호하면서 결혼의 핵심 목표는 "충족감과 행복을 주는 대화 meet and happy conversation"라는 유명한 말을 남겼다. 그는 결혼이란 단순히 육체적 욕망만을 충족시킬 게 아니라 서로와 충분한 대화를 나누고 싶어 하는 "지적이고 순결한 욕망"까지도 충족시켜야 한다고 강조했다. 밀턴은 인간이라면 누구에게나 이러한 형태의 결혼을 요구할 권리가 있으며, 그러지 못할 경우에는 이혼할 권리가 있다고 주장했다. 밀턴의 이 매력적인 의견을 받아들인다면 이혼은 더 이상 드높은 도덕적 이상에 대한 배반이 아니게 된다. 오히려 이혼은 드높은 도덕적 이상을 더 이상 충족시키지 못하는 관계, 혹은 그러한 이상을 진지하게 추구하려는 의지를 잃어버린 관계를 더 이상 유지하지 않으려는 마음을 표현한다.

결혼의 역사를 연구하는 학자들이 강조하듯, 미국에서는 일부일처제가 식민지 시절 이래로 가장 규범적인 결혼 형태였다.[6] 그러나 많은 경우에 그러듯 규범은 현실과 달랐다. 결혼생활의 불협화음이나 별거의 현실을 연구하기란 대단히 어렵다. 실패한 결혼일지라도 공식적 이혼으로 귀결되는 경우는 많지 않았기 때문이다. 상당히 최근까지도 미국에서는 이혼을 하기가 결코 쉽지 않았다. 게다가 미국은 영토가 매우 넓다. 미국인들에게는 새로운 곳에서 새로운 삶을 시작할 기회가 많았다는 뜻이다. 이 점을 고려할 때, 남녀를 불문하고 결혼에 실패한 많은 사람들은 그냥 집을 떠나 다른 곳에서 새로운 삶을 시작했을 가능성이 높다. 아내를 데리고 갑자기 등장한 남자가 예전에 결혼을 한 적이 있는지 없는지 뒷조사를 당할 가능성은 사실상 없었다. 자기가 "존스 씨의 과부"라고 주장하는 여자에게, 새로 결혼을 하려면 예전 남편의 사망증명서를 제출하라고 요구하는 사람은 아마도 없었을 것이다. 골드러시 시절 서부로 떠난 남자들은 대체로 고향에 돌아오지 않았다. 여자들도 도시로 이사한 다음에는 하숙집을 차리거나 공장에서 일자리를 얻어 정착했다. 실패한 결혼 중에서 별거나 이혼으로 귀결되는 경우는 거대한 빙산의 일각에 불과했다. 역사학자 헨드릭 하르톡이 19세기 미국에 대해 이야기한 것처럼 "결혼의 이동성이 미국인들의 법적·헌법적 삶을 특징짓는다면"[7] 결혼생활의 실패를 소송으로까지 끌고 가지 않는 것이야말로 미국적 삶의 일상을 나타내줄 것이다.

앤드루 잭슨*의 아내인 레이첼의 삶은 이러한 일상적인 현실을 생생히 보여준다. 이혼 후 레이첼과 그녀의 첫 번째 남편은 서로 다른 주로 이사했다. 새로운 곳에서 레이첼은 잭슨을 만나 결혼했지만, 법적으로는 여전히 옛 남편과 결혼한 상태였다. 그녀가 새로 "결혼"한 남자, 앤드루 잭슨이 유명해지는 바람에 그녀의 중혼 사실은 결국 뉴스로 보도되었다. 그러나 만일 잭슨이 유명해지지 않았더라면 누구도 레이첼의 과거를 알 수 없었을 것이다.

일부일처제가 규범적 차원에서뿐만 아니라 현실에서 작동한 경우도 물론 존재한다. 이에 대해 논할 때에는 일부일처제가 여성들에 대한 권리침해에 의존했다는 점을 잊지 말아야 한다. 정말로 최근 몇 년 사이 일어난 이혼율 상승의 원인을 하나만 꼽자면 무엇보다도 여성들의 사회적·정치적 권리 향상을 들어야 할 것이다. 아무런 권리나 경제적 능력을 갖지 못했던 시절, 여성들에게는 어떠한 탈출구도 없었다. 그들은 배우자가 간통을 하든 자신을 무시하든, 심지어는 가정폭력을 휘두르든 간에 악질적인 결혼생활을 계속해야만 했다. 그러나 떠나는 게 가능해진다면 여성들 중 많은 수는 더 좋은 조건을 요구할 수 있다. 인간들은 결혼생활을 통해 스스로의 감정을 조율하고 대화의 욕구를 충족시킬 수 있어야 한다는 밀턴의 주장과 결합시켜 보면, 이 간단한 경제학적 설명은 현대인들의 윤리가 땅에 떨어졌기 때문에 이혼율이 증가했다는 설명보다 훨씬 설득력이 높다. 설령 현대인들의 윤리적 타락이 이혼율 증가의 결정적 요소라고 한들, 동성결혼금지가 윤리의식 추락에 대한 올바른 해결책이라고 보기는 어렵지만 말이다.

19세기 전반부터 20세기 초반에 이르기까지 미국의 결혼제도는 연방주의를 전략적으로 활용하는 특징을 보여왔다. 결혼과 이혼에 대한 연방법을

---

* 미국의 제7대 대통령으로, 1829년부터 1837년까지 재임했다. 그의 아내 레이첼을 부당하게 비방한 남자와 결투를 벌여 그 목숨을 빼앗은 이야기가 전해져온다.

제정하고자 하는 시도가 반복적으로 일어나기는 했지만,[8] 결혼법은 언제나 주정부의 소관이었다. 여러 주정부는 이 권력을 사용해 서로 경쟁을 벌였으며, 결혼이라는 영역은 빠르게 주정부들의 각축장이 되었다. 지금이야 네바다 주가 이혼 전 거주의무기간을 단축함으로써 이혼자들의 피난처라는 명성을 얻었지만, 과거에는 다른 주들이 그 역할을 도맡았다. 놀라운 사실이지만, 아주 최근까지도 뉴욕 주는 미국 전체에서 가장 긴 거주의무기간을 내걸었고 위스콘신 주 역시 마찬가지로 긴 거주의무기간을 제시했다. 이곳에서 도망친 부부들에게 보수적인 것으로 유명한 인디애나 주가 이혼의 피난처 역할을 해주었다. 코네티컷 주나 사우스다코타 주가 비슷한 역할을 했던 시절도 있다. 주정부가 이혼법을 완화한 이유는 복합적이겠지만, 최소한 그중 몇 가지는 경제적 이유였다. 거주의무기간이 끝날 때까지는 부부가 해당 지역에서 돈을 쓸 테니까 말이다.[9] 한편 다른 종류의 시민들을 끌어들이기 위해 거주의무기간을 길게 유지하는 주들도 있었다. 요약하자면, 결혼법은 "이동성 높은 시민들의 충성도와 세금을 놓고 한 주정부가 다른 주정부와 경쟁을 벌이는 데에 활용했던, 공공재화와 서비스의 패키지였다".[10]

지금까지 미국에서는 매사추세츠, 코네티컷, 아이오와, 메인, 뉴햄프셔, 버몬트 등 6개 주와 일시적으로는 캘리포니아까지 7개 주가 동성결혼을 합법화한 바 있다. 2010년의 캘리포니아, 2009년 9월까지의 버몬트, 최근의 법원판결이 있기 전까지의 코네티컷 등 다른 주정부들은 이성결혼과 동등한 혜택을 주는, 동성커플의 시민적 결합이라는 선택지를 제공했다. 이 밖에도 뉴욕 등의 주는 동성결혼제도를 갖추고 있지는 않으나 다른 지역에서 법적으로 인정받은 동성결혼은 인정하고 있다. 이러한 정책의 차이는 이혼 전의 거주의무기간을 놓고 주정부들이 벌였던 것과 기본적으로 같은 종류의 경쟁을 보여준다. 그러나 둘 사이에는 한 가지 중요한 차이가 있다. 각각의 주정부는 다른 주정부에서 법적으로 인정된 동성결혼을 인정할 필요가 없다는 내용이 연방 차원의 결혼보호법에 명시되어 있기 때문이다. 각각의 주정부가 이혼자들을 유치하려고 경쟁을 벌이던 시절에는 상황이 달랐다. 그때에는 어떤 주에서 이혼을 하든 미국 전역의 모든 주가 해당 부부를 이혼한 것으로 간주했기 때문이다.

그러므로 동성결혼은 미국 내에서 이례적인 국면을 맞았다. 현재 미국의 동성커플들은 어떤 주에서는 법적으로 결혼한 상태지만 다른 주에서는 미혼인 상황에 처해 있다. 법적 진퇴양난인 셈이다. 예를 들어 데이비드와 래리가 매사추세츠 주에서 결혼했다고 해보자. 이후 래리가 시카고로 사업차 여행을 떠났다가 그곳에서 심각한 병에 걸렸다면, 데이비드에게는 래리의 치료와 관련하여 중요한 의료적 결정을 내릴 권리가 있을까? 반대로 이번에는 데이비드가 텍사스로 갔다가 그곳에서 범죄를 저질러 체포되었다고 해보자. 래리가 법정에 출두하여 데이비드에 대한 중요정보를 제공하라는 소환장을 받았다면, 래리는 배우자 면책특권을 근거로 증언을 거부할 수 있을까? 이와 비슷한 법적 갈등상황은 무수히 일어날 수 있고 모두 해결되어야만 한다.[11] 연방제 덕분에 다양한 실험을 할 수 있는 것은 사실이지만, 주정부가 서로의 결정을 인정하지 않는 경우에는 연방제로 인해 오히려 법적 난제들이 수도 없이 발생한다.

동성결혼이나 동성커플의 시민적 결합에 대한 지금의 상황을 이혼에 대해 각각의 주정부가 다른 입장을 취했던 과거의 상황과 견주기는 어렵다. 그러나 참조해볼 만한 또 다른 중요한 역사적 선례가 있다. 과거에 인종 간 결혼금지법을 시행하던 주들은 다른 주에서 법적으로 공인된 흑인과 백인 간의 결혼을 인정하지 않았으며, 심지어는 그러한 결혼을 형사처벌했다. 이 모순은 러빙 대 버지니아 판결에서 중점적으로 다루어졌다. 러빙 사건은 이후 인종 간 결혼금지법이 뒤집히는 계기가 된 재판이다. 당시 아프리카계 미국인인 밀드러드 지터와 백인인 리처드 러빙은 1958년에 워싱턴 D.C.에서 결혼했다. 그러나 이 결혼은 두 사람의 고향인 버지니아 주에서는 인정받지 못했다. 고향으로 돌아온 두 사람은 자기 집 침실에서 한밤중에 체포당했다.[12] 그 침실 벽에는 두 사람의 혼인관계증명서가 버젓이 걸려 있었는데도 말이다. 버지니아 주에서는 인종 간 결혼이 중죄였던 만큼, 두 사람은 기소되어 유죄를 판결받았다. 판사는 두 사람에게 버지니아 주를 25년간 떠나 있든지 감옥에서 1년을 지내라는 판결을 내렸다. 두 사람은 버지니아 주를 떠났지만 그대로 모든 것을 덮지는 않았다. 두 사람은 1967년의 기념비적 재판으로 이어진 소송을 시작했다.

리처드 러빙은 1975년에 자동차 사고로 사망했지만 밀드러드는 2008년 5월까지 살아남았다. 2007년에 40주기를 맞은 러빙 판결을 되돌아보며 밀드러드는 보기 드문 공개담화문을 발표했다. 이 담화문에서 밀드러드는 자신과 리처드가 벌였던 투쟁이 오늘날 동성커플들이 벌이고 있는 투쟁과 비슷하다고 말했다.

비통하게도 내 세대는 너무도 분명하고 당연한 문제를 놓고 분열되어 있었습니다. 대다수 사람들은…… 사람들을 분리시키는 일이 신의 뜻에 따르는 일이며, 정부는 서로 사랑하는 사람들을 차별해야 한다고 믿었지요. 그러나…… 나이든 세대의 공포와 편견은 결국 물러나 젊은이들에게 길을 내주었습니다. 오늘날 젊은이들은 서로를 사랑하는 사람에게는 결혼할 권리가 있다는 사실을 알고 있어요. 어떤 사람들은 리처드가 나와 "결혼하기에는 어울리지 않는" 사람이라고 했지만 나는 그와 결혼했고, 지금은 훌륭한 자식들과 손주들에게 둘러싸여 있습니다. 리처드와 나누었던 우리의 사랑에 대해서나 우리의 결혼할 권리에 대해서,

사랑하는 사람과 결혼할 자유를 갖는다는 게 내게 얼마나 중요한 일이었는지에 대해서 나는 한순간도 잊지 않았어요. 나는 인종, 성별, 성적 지향을 불문하고 모든 미국인들이 나처럼 결혼할 권리를 누려야 한다고 믿습니다.[13]

'인류애의 정치'는 분명 밀드러드의 의견에 동의할 것을 요구한다. 그러나 '인류애의 정치'를 이야기하기 전에, 다른 측의 주장을 한 번 살펴보자.

동성결혼에 대한 공포: 오염에 대한 공포를 반영하는 주장들

동성결혼에 반대하는 주장을 살펴볼 때에는 두 가지 질문을 확실히 염두에 두어야 한다. 첫째, 각각의 주장은 동성결혼에 대한 법적 제한을 정말로 정당화하는 것인가, 아니면 단지 몇몇 개인의 도덕적·종교적 반감만을 정당화하는 것인가? 미국은 다양한 종교를 믿는 사람들이 공존하는 나라다. 이곳에서 사람들은 서로의 공간을 존중하며, 그 공간 안에서 저마다의 신념을 추구한다. 그렇다고 해서 종교적 신념이 그 자체로 법적 제한의 충분한 근거가 되는 것은 아니다. 일반적으로 미국인들은 어떤 주장은 제대로 된 사회에 살고 있는 모든 시민의 삶에 영향을 끼치는 공적 주장이지만 어떤 주장은 종교 내에만 전적으로 귀속되는 주장이라고 생각한다(모든 경우에 그런 것은 아니지만, 미국인들은 몇 가지 도덕적 주장에 대해서도 마찬가지로 생각한다). 예를 들어 교리에 충실한 유대인은 돼지고기를 먹는 행동을 혐오스럽다고 생각할 수 있다. 그러나 종교적 이유에 따라 혐오감을 느끼는 사람이 있다는 이유만으로 돼지고기를 불법화해야 한다고 생각하는 사람은 없거나, 있어도 아주 소수에 불과할 것이다. 이런 식의 금지조치는 종교 경전에 근거를 두고 있는데, 모든 사람이 그 경전을 수용하는 것은 아니기 때문이다. 그러므로 이러한 종교적 금기를 공적 주장으로 옮겨내기란 불가능하다. 공적 주장은 종교와 관계없이 모든 사람들이 받아들일 수 있는 주장이어야 한다. 동성결혼의 문제도 마찬가지다. 동성결혼에 대한 반대주장을 검토할 때에는 해당 주장이 중립적이고 공유될 수 있는 언어로 표현되었는지, 아니면 특정 종파의 교리적 언어로 표현되었는지를 따져보아야 한다. 어떤 주장이 교리보다는 도덕적 가르침을 담고 있는 경우가 좀 더 낫기는 하다. 그러나 이 경우에도, 모든 시민에게 법 앞에서의 평등을 보장하는 데에 전념하기로 한 사회의 핵심가치와 문제주장의 도덕적 가르침이 양립 가능한지는 검토해보아야 한다. 과거에는 인종차별적이거나 성차별적인 법률이 교리와는 관계없는 '도덕적' 주장으로 정당화되었지만, 그렇다고 해서 인종차별이나 성차별이 위헌심사의 엄격성을 비켜나갈 수 있는 것은 아니다.

둘째, 각각의 주장은 그 자체로 정당한 결론에 이르는가? 아니면 문제주장이 사실은 표면적으로는 드러나지 않는 근원적 불안이나 혐오, 로머 판결의 용어를 빌리자면 적의를 합리화한 것에 불과하다고 볼 만한 근거가 있는가?

이 책에서는 가장 먼저 동성결혼이 비도덕적이고 부자연스럽다는 주장부터 검토하겠다. 이 주장은 동성결혼을 반대하는 사람들이 가장 흔하게 내세우는 주장이다. 인종 간 결혼금지법에 대한 논쟁이 있을 때에도 비슷한 주장이 만연해 있었다. 동성결혼에 대한 것이든, 인종 간 결혼에 대한 것이든 이러한 주장들은 종교 경전에 근거를 두었다. 종파적이고 교리적인 접근의 전형이다(예를 들어 인종 간 결혼에 반대하던 판사들은 인종 간 혼혈은 부자연스러운 일이라면서 '신의 뜻'을 운운했다). 이러한 주장을 시민 일반이 받아들일 수 있는 공적 언어로 옮겨내기란 어렵다. 시민들은 저마다 다른 종교를 믿기 때문이다. 종교에 근거해 인종 간 결혼이나 동성결혼을 금지해야 한다는 주장은 돼지고기를 먹어서는 안 된다는 유대인의 주장과 비슷해 보인다. 특정 종교를 믿는 사람은 교리적 이유로 동성결혼을 하지 않을 수 있다. 그렇지만 다원주의적 사회에 살고 있는 한, 그는 교리를 이유로 들어 다른 사람들까지 동성결혼을 하지 못하도록 이를 불법화할 수는 없다.

동성결혼에 반대하는 두 번째 주장은 보다 분별 있는 사람들이 선호하는 주장이다. 그들은 국가가 인정하는 결혼의 주요 목적은 2세 생산과 자녀양육이라고 주장한다. 이러한 목적에 봉사하는 제도를 보호하는 것은 정당한 공익이므로, 2세를 생산할 수 있는 결혼을 지지하는 데에는 정당한 공익이 걸려 있다는 주장이다. 가능한 이야기다. 하지만 그렇다고 해서 결혼의 권리를 2세 생산이 가능한 사람들에게만 제한하는 행위까지 공익에 봉사하는 것이라고 주장할 수 있을까? 이 점은 분명하지 않다. 2세 생산과 아이들의 보호 및 안전한 양육이 중요한 공익이라는 점에는 모두가 동의할 것이다. 그러나 2세 생산이 가능한 사람들만 결혼을 할 수 있도록 제한하는 것이 이러한 목적을 이루기 위한 최선의 방법인지는 분명하지 않다. 그것이 정말 최선의 방법이었다면 무엇이 되었든 조치를 취했어야 한다. 우리 사회는 임신이 가능한 부부에게만 결혼할 권리를 준 적도 없고, 심지어는 임신이 가능한 나이의 사람들만 결혼할 수 있다는 제한을 둔 적도 없기 때문이다. 2세 생산이라는 국익만을 놓고 볼 때, 70세 이성애자들의 결혼은 허용하면서 두 남자 혹은 두 여자 간의 결혼은 금지해야 하는 이유를 설명하기란 대단히 어렵다. 수많은 동성커플들이 아이를 양육하고 있는 상황에서는 더욱 그렇다. 2세 생산이 가능한 사람들에게만 결혼할 권리를 주는 새로운 규제를 도입할 생각이라면 2세 생산이 가능하지 않기 때문에 동성결혼을 허용해서는 안 된다는 주장도 나름대로 일리가 있다고 하겠다. 2세 생산의 가능성이 없는 사람들이 결혼을 하지 않는다고 해서 2세 생산이 가능한 사람들이 어떤 도움을 받을 수 있는지는 잘 모르겠지만 말이다. 그러나 이런 식의 주장에 찬성할 사람들이 많지 않으리라는 점만은 분명하다. 이보다는 결혼에 관한 밀턴의 주장에 동의하는 사람이 훨씬 많을 것이다. 결혼은 단지 생물학적인 행위일 뿐만 아니라, 동반자 관계를 맺고 대화하고 누군가와 공존하는 삶을 꾸리는 데에 중요한 요소라는 주장 말이다.

그러므로 지금과 같은 식의 2세 생산 주장에는 두 얼굴이 있다고 하겠다. 이 주장은 동성커플들에게는 무언가를 절대 용납하지 않으면서, 이성애자들에게는 같은 요소를 허용한다. 불임 이성애자들이 결혼을 함으로써 2세를 생산할 수 있는 사람들을 어떻게든 도와줄 수 있다는 주장을 할 셈이라면, 게이나 레즈비언 부부도 아이를 가질 필요 없이 그와 똑같은 방법으로 2세 생산이 가능한 사람들을 도와줄 수 있다는 응답이 가능하다.

가끔 이 주장은 다른 형태를 취한다. 결혼이란 아이들을 보호하기 위한 제도이며, 한 명의 아버지와 한 명의 어머니가 있는 가정이 아이들의 양육을 위한 최선의 환경이라는 점이 널리 알려져 있는 만큼 이 목적을 충족시키는 제도를 지지하는 데에는 정당한 공익이 있다는 주장이다. 물론 이 경우에도 아이들의 양육에 가장 적합한 환경을 제공하는 것과 동성결혼, 혹은 아이를 낳기에는 너무 나이가 많거나 아이를 낳고 싶어 하지 않는 사람들의 결혼을 제한해야 하는 이유 사이에 무슨 관련이 있는지는 분명하지 않지만 말이다. 그러나 이 주장의 가장 큰 문제는 사실관계를 곡해하고 있다는 점이다. 다수의 심리학 연구 결과가 증명하듯, 아이들은 사랑과 지지를 받을 때에 가장 훌륭하게 자란다. 한 명보다는 두 명의 양육자가 필요한 사랑과 지지를 제공할 가능성이 더 높은 것은 사실이다. 그러나 사랑과 지지를 보내는 데에 이성애자가 동성애자보다 낫다는 증거는 어디에도 없다. 많은 사람들은 비도덕적 분위기가 아이의 양육에 해로운 영향을 끼칠 수밖에 없으니까 이러한 심리학 연구 결과는 틀린 게 분명하다고 느낀다. 그러나 이 느낌은 앞서 논의한 첫째 주장, 즉 종교적 판단에서 유래하는 것이다. 종교와 무관한 방식으로 평가하는 경우, 아이들의 복지 수준은 동성애자 커플이 양육하든 이성애자 커플이 양육하든 아무런 차이를 나타내지 않는다.[14] 게다가 동성결혼을 인정한다는 것이 전통적 형태의 결혼이나 전통적 가정에서 아이들을 키우기로 한 부부의 수를 줄이리라는 증거는 아무것도 없다. 그러므로 설령 전통적 결혼이 자녀양육에 가장 적합한 환경이라는 주장이 타당한 것이라 할지라도, 동성결혼의 금지는 아이들의 복지 증진과는 아무런 관계가 없다.

셋째 주장은 많은 사람들이 악하다고 믿는 무언가를 국가가 승인한다는 면에서, 동성결혼의 합법화가 다수 시민에게 그 악한 행위를 "축복"하거나 승인하도록 강요하는 행위라는 것이다. 이에 따라 다수 시민은 자신의 양심에 어긋나는 행위를 하게 된다는 주장이다. 최근 찰스 프리드는 『모던 리버티』지를 통해 이러한 주장을 영향력 있게 펼쳤다. 앞서 제2장에서 살펴보았듯, 프리드는 소도미 법을 종식시키고자 노력하며 동성커플들에게도 상당한 공감을 표하고 있다. 하지만 다수 시민의 양심에 대한 강요를 전제하는 만큼 동성결혼의 합법화는 너무 지나치다는 것이 그의 생각이다.

구체적으로 프리드는 무슨 생각을 하는 것일까? 물론 동성결혼의 인정이 미국연방 수정헌법 제1조에 명시된 자유보장조항에 대한 위반이라는 주장을 펼칠 생각은 아닐 것이다. 이러한 입장은 전혀 타당하지 않다. 그렇다면 아마도 프리드의 주장은 동성결혼이 수많은 신자들에게 불쾌감을 주는 만큼 동성결혼을 금지하는 데에 국가 차원의 정당한 법익이 걸려 있다는 뜻일 것이다.

이 주장에는 많은 난점이 있다. 첫째, 이 주장은 국교설립금지조항에 위배된다. 앞서 살펴보았듯 각각의 종교는 저마다 다른 태도로 동성결혼을 대하고 있으며, 프리드식의 입장을 취하는 순간 국가는 특정 종교의 신자들을 다른 신자들보다 편파적으로 우대하는 셈이 되기 때문이다. 보다 일반적인 접근도 가능하다. 많은 사람들이 종교적 이유를 들어 거부한다고 할지라도 해야 할 일이 있으면 현대국가는 그 일을 한다. 예를 들어 공립학교에서는 특정 종교를 믿는 사람들이 거부하거나 말거나 진화론이나 여성의 평등권과 같은 개념들을 가르친다. 어떤 부모들이 홈스쿨링을 선호하는 이유가 바로 그것이다. 또한 국가는 공중보건규칙에 따라 돼지를 도축하는 업자들에게 자격증을 발부한다. 음식과 관련된 교리를 철저히 준수하고 싶어 하는 유대교도에게는 이러한 조치가 못마땅할 것이다. 그렇다고 해서 국가가 유대교도들의 교리적 선호를 받아들여 모든 시민들에게 돼지고기 식용금지를 강요해야 한다고 생각하는 사람은 아무도 없다. 아미시파 신자들은 14세 이상의 자녀들을 공립학교에 보내지 않으려고 한다. 공립교육이 지역공동체를 파괴한다는 것이다. 국가는 그러한 선택을 존중한다. 단, 아미시파에 속하는 아이들에 한해서 말이다. 국가는 종교적 문제가 있을 경우, 심지어 아미시파 아이들이 일반적인 법의 적용을 받지 않도록 허용해주기도 한다. 그러나 아미시파 신자들이 14세 이상의 모든 아이들을 공립학교에 보내지 못하도록 국가가 금지해야 한다고 주장한다면, 그건 꿈조차 꾸기 어려운 일이다. 국교설립을 금지하는 다원주의 사회에서 중요한 원칙 한 가지는 "원하는 대로 살라, 그리고 원하는 대로 살게 놔두라"는 태도다. 안식일에는 어떤 행동도 하지 못하도록 제한하는 이스라엘이나 소의 도축을 금지하는 인도처럼, 교리적 선호를 모든 시민들에게 부과하는 국가들은 법적으로나 사실상으로나 국교가 있는 국가들이다. 미국은 그들과는 다른 길을 걷기로 선택한 나라이며, 이런 선택을 한 데에는 정당한 이유가 있었다. 미국이 주류 종교를 믿는 사람들과 우연히 같은 선호를 보인 경우는 근무일과 휴일을 선택한 경우 정도에 그친다. 이때조차 미국은 주류 종교 신자들의 선호를 반영한 근무일과 휴일이 종교적 소수자들에게 초래할 어려움을 최소화하기 위해 한 걸음 물러선다.

넷째 주장도 정당한 공적 목적에 호소하는 주장이다. 이 주장은 우리 사회에서 전통적 결혼이 맞닥뜨리고 있다는 어려움에 초점을 맞춘다. 이혼율의 상승과 아이들이 부모의 돌봄을 받지 못하고 망가져간다는 사실을 증거로 들며, 이 사람들은 전통적 결혼을 보호해야만 한다고 주장한다. 전통적 목적에는 아무런 관심도 없는 사람들에게 결혼이라는 제도를 개방함으로써 결혼 자체를 약화시켜서는 안 된다는 것이다. 이 주장에 대한 반박은 동성커플에 대한 고정관념에 도전하는 것에서부터 시작한다. 사실 아주 많은 수의 동성커플은 자녀를 갖고 양육한다. 결혼은 이성부부에게 그러듯 동성부부에게도 자격과 책임의 분명한 틀을 제공한다. 아이들에게 안정감과 적자로서의 지위, 사회적 지위를 제공하는 것은 물론이다. 사실, 동성결혼을 합법화한 매사추세츠와 코네티컷 주는 미국 전역에서 이혼율이 가장 낮은 주에 속한다. 이는 이혼율 상승이 동성결혼 합법화의 결과가 아니라는 증거다.

이혼율의 상승이 사회의 타락을 의미한다는 주장 또한 선뜻 받아들이기 어렵다. 과거에는 여성들이 남편한테 무시를 당하거나, 심지어는 학대를 당하면서까지도 결혼생활을 유지했다. 경제적 능력, 그러니까 취직이라는 선택지가 없었기 때문이다. 현대사회에서 이혼율이 증가하는 이유 중 하나가 여성의 자율성이 제고되었기 때문이라는 점은 명백하며, 누릴 수 있는 기회가 증가함에 따라 여성들의 자유권이 신장되었다는 사실을 애석하게 여겨서는 안 될 것이다. 또한 수명의 증가도 고려해야 한다. 어떤 계산에 따르면,

결혼이 지속되는 기간은 오늘날에도 과거보다 짧지 않다. 이혼이 증가한 까닭은 사람들이 그만큼 더 오래 살기 때문이다. 평생 동안 다닌 직장의 수가 과거보다 현재에 더 늘어난 것처럼, 사람들은 단지 오래 살기 때문에 한 번 이상 결혼할 수 있는 것이다. 이것을 꼭 나쁜 변화라고만은 할 수 없다. 인간의 삶 주기 자체가 바뀌고 있을 뿐이다.

그러나 한 발 양보해서, 이혼율 상승이 심각한 사회적 문제라는 주장을 받아들여보자. 이 경우에도 동성결혼의 합법화가 전통적 결혼을 수호하려는 노력을 약화시킨다는 주장은 받아들이기 어렵다. 사회에는 전통적 결혼을 보호할 자격이 있으며, 아마도 그런 일을 해야 마땅할 것이다. 그러나 만일 사회가 정말로 전통적 결혼을 보호하고 싶다면, 이를 위해 실행해야 할 정책이 한두 가지가 아니다. 가족휴가와 병가를 늘리는 정책, 약물 및 알코올 오남용에 대한 상담정책, 보건정책 및 결혼생활 상담과 정신과 치료에 대한 풍부한 지원, 가정폭력을 규제하는 보다 강력한 법의 제정과 그 법의 적절한 집행, 경제적 위기를 겪고 있는 가정을 위한 고용상담과 재정적 지원, 아이들을 지원하는 법률의 보다 강력한 집행 등이 이러한 정책의 예시가 될 것이다. 열거한 정책들은 전통적 결혼이 직면하고 있는 스트레스나 압박과 보다 명료한 관계를 맺고 있다. 그러나 동성결혼금지는 그렇지 않다. 이성애자들의 이혼사례를 이 잡듯 뒤진다고 해도 이혼의 당사자나 객관적 관찰자가 "이 이혼의 원인은 동성커플의 결혼 가능성 때문이었다"라고 주장한 사건은 한 건도 찾기 어려울 것이다. 이혼은 대체로 결혼 자체의 속성에 따르는 내밀하고 개인적인 문제다. 게다가 동성결혼을 합법화하는 데에 무슨 돈이 들어가는 것도 아니다. 그러므로 동성결혼의 합법화로 인해 앞서 열거했던 정책의 재원이 모자라게 되는 것도 아니다.

이 지점에서 동성결혼의 반대자들은 주장을 한층 더 가열한다. 전통적 결혼과 동성결혼을 같은 수준에 놓고 인정하면 전통적 결혼이 격하되고 그 가치가 떨어진다는 것이다. 이는 아마도 다음과 같은 주장으로 보인다. "메트로폴리탄 오페라 오디션이 〈아메리칸 아이돌〉 같은 텔레비전 쇼에서 노래하는 팝 가수들에게도 상을 줄 경우, 이 결정은 오페라 세계를 오염시키지 않겠는가? 또는, 약물남용규칙을 위반하여 기록을 경신한 야구선수들의 이름을 명예의 전당에 올린다면 이는 다른 선수들의 진정한 성취를 값싼 것으로 만들어버리고 명예의 전당을 더럽히는 일이 되지 않겠는가? 저급하거나 진중하지 않은 도전자에게 명예를 함부로 인정해주는 일은 명예 자체를 훼손하기 마련이니 말이다." 내 생각에는 이것이야말로 동성결혼을 인정하면 전통적 결혼이 더럽혀지고 약화된다고 주장하는 사람들이 "결혼을 수호"해야 한다고 할 때 동원하는 주장의 핵심이다. 결혼보호법에 대한 토론이 이어지고 캘리포니아의 제안 8호를 지지하는 캠페인이 벌어지는 동안, 이 부류에 속하는 주장이 무수히 나왔다. 이러한 주장을 어떻게 평가해야 할까?

무엇보다도, 사실에 근거하는 것이 중요하다. 동성커플들은 B급 가수나 약물을 남용한 운동선수가 아니다. 이들이 B급 가수나 약물남용자라면 이성커플들도 마찬가지라고밖에는 할 수 없다. 동성애자들은 이성애자들과 매우 비슷한 이유로 결혼을 하고 싶어 한다. 사랑과 헌신을 표현하고, 자신들의 결합에 대한 종교적 축복을 받고, 일련의 시민적 혜택을 누리고 싶어 하는 것이다. 그리고 많은 경우, 동성커플들이 결혼을 하고 싶어 하는 중요한 이유는 아이를 양육하기 위해서다. 이런 동성애자들에게는 결혼을 금지하겠다던 국가도, 이성애자들 중 소름 끼치게 싫은 인간들이 존재한다는 이유만으로 이성애자들의 결혼을 금지하려 든 경우는 한 번도 없었다. 그런 식으로 생각하거나 말하는 사람이 있는 것도 아니다. 나는 브리트니 스피어스나 O. J. 심슨을 기꺼이 결혼시키겠다는 국가의 의지가 자기 결혼의 품위를 손상시킨다거나 모독한다고 주장하는 사람을 한 명도 보지 못했다. 이런 마당에 대체 무슨 이유에서 그러는지는 모르겠지만, 심지어는 옆집에 사는 동성커플이 어떤 성격과 의도를 가진 사람인지 전혀 모르는 상황에서도 사람들은 자신들의 결혼이 그 동성커플의 결혼을 공적으로 인정하는 순간 폄훼당할 것이라고 생각한다.

성격 검사를 통과한 가치 있는 사람들에게만 결혼을 허용하자는 제안이라면, 이 제안은 최소한 동성애자와 이성애자 모두에게 일관적으로 적용되어야 한다. 그렇게까지 간섭적인 체제를 지지할 사람은 극소수에 불과하겠지만 말이다. 한 가지 분명한 점은 이런 주장을 펴는 사람들은 무가치하고 비도덕적인 이성애자들이 결혼제도와 그 가치를 훼손하는 방식에 대해 아무 불안감을 표현하지 않으면서도 성품이 좋다고 증명된 게이나 레즈비언들의 결혼을 선뜻 허용하지 못한다는 것이다. 이 두 측면을 고려하면, 그들이 하는 주장을 액면 그대로 받아들이기가 어려워진다. 정말이지 동성결혼이 전통적 결혼을 모독하는 것이라는 생각은 혐오와 오염을 끌어들이지 않고서야 이해할 수 없다. 존경받을 만한 자격이 없는 이성애자들과 게이 및 레즈비언들이라는 계급 사이에 있는 유일한 구분, 사람들이 보이는 반응의 차이를 설명해주는 유일한 구분은 전자의 성행위와 달리 후자의 성행위는 주류에게 혐오감을 준다는 것뿐이다. 실제로 이 사람들은 전통적 결혼이라는 제도를 동성커플의 성행위와 연관시키는 것 자체가 전통적 결혼을 타락시키고 오염시킨다고 생각하는 게 틀림없다. 마치 수많은 인도인들이 달리트가 대접한 음식을 먹으면 높은 카스트에 속한 사람의 신체가 오염된다고 생각했던 것과 마찬가지로 말이다. 비도덕적이고 죄악에 물든 이성애자들의 결혼과 달리 오직 동성결혼만이 이성애자들의 결혼을 더럽히고 오염시킨다는 생각이 이토록 널리 퍼져 있는 현상은 낙인과 오염이라는 원시적 개

넘을 빼놓고는 도저히 설명할 수가 없다.

　그게 아니라 동성커플의 결혼은 2세 생산으로 이어질 수 없으며 따라서 일종의 가짜 결혼이고, 바로 그렇기 때문에 진정한 결혼을 모욕하거나 패러디함으로써 약화시킨다고 주장할 수도 있을 것이다. 실제로 이런 주장을 하는 사람들이 꽤 많이 있다.[15] 그런데 이 주장은 다시 둘째 주장으로 돌아가는 것이다. 역사상 2세 생산이 결혼의 필수조건이었던 적은 단 한 번도 없다는 점을 먼저 지적해야 한다. 가장 보수적인 가톨릭교회조차도 불임의 노부부를 결혼시키는 데에 주저한 적은 한 번도 없었다. 2세 생산을 그토록 강하게 주장하는 사람도 옆집에 70세 이성애자 신혼부부가 산다는 이유만으로 자신의 결혼이 모독당했다거나 약화되고 더럽혀졌다고 느끼지 않는다. 자기들은 절대로 아이를 가질 수 없다고 공표하는 이성애자 부부에 대해서도 마찬가지다. 이들은 결코 노부부의 결혼이나 불임부부의 결혼을 불법화하라며 입법부를 압박하지 않으며, 그런 결혼이 비도덕적이라거나 자신들의 결혼을 갉아먹는다고 말하지도, 그렇게 느끼지도 않는다. 그런 만큼 동성결혼이 전통적 결혼의 품위를 손상시키거나 약화시킨다는 느낌을 2세 생산 운운으로 충분히 설명하기란 불가능하다. 이 느낌을 설명하려면 훨씬 더 비밀스럽고 사악한 생각이 필요하다.

　과거에도 동성결혼에 대한 것과 비슷한 불안감이 드러난 사례가 있었다. 바로 인종 간 결혼에 대한 불안감이었다. 러빙 판결이 진행된 1967년 당시에 미국의 16개 주에서는 인종 간 결혼을 금지했을 뿐만 아니라 처벌했다. 전형적인 예로, 버지니아 주에서는 인종 간 결혼이 1년에서 최대 5년까지의 징역에 처해질 수 있는 중죄였다. 동성결혼에 대한 반대주장이 다양한 것처럼 인종 간 결혼에 대한 주장도 정치적인 것과 신학적인 것을 망라해 대단히 다채로웠다. 그러나 현대의 미국인으로서 회고해보면, 당시의 인종 간 결혼을 반대하는 주장 뒤에는 혐오가 숨어 있었음을 알 수 있다. 아니, 그 혐오는 '숨어' 있는 것도 아니었다. 일례로 1924년에 제정된 버지니아 주의 인종적 무결성 법Racial Integrity Act에서 보듯, 당시 사람들은 인종의 순수성이라는 개념을 자랑스럽게 선언했으며 피가 더럽혀진다든지 오염된다는 식의 생각도 만연해 있었다. 남부에서는 흑인들이 백인이 사용하는 음수대에서 물을 마시거나 백인이 가는 수영장에서 수영을 하거나 백인이 쓰는 화장실을 함께 사용하거나 백인의 접시나 잔을 사용하면 무언가 오염되었다는 생각에 혐오감을 느꼈다. 이를 보면 흑인과 백인이 성행위를 하거나 결혼을 한다는 생각 자체가 강력한 혐오감을 일으켰으리라는 사실을 알기란 어렵지 않다. 온갖 주장이 다 있었지만, 연방대법원은 인종적 무결성 법을 지탱하는 유일한 관념이 바로 이 인종적 낙인찍기라는 결론을 내렸다. "부당한 인종차별 외에는 흑인과 백인 간의 구분을 정당화하는 어떤 적법한 사유도 없음이 명백"했다.[16]

동성결혼을 금지하자는 주장에 대해서도 같은 결론을 내려야 할 것이다. 앞서 연방대법원은 로머 판결을 통해 콜로라도 주의 수정헌법 제2조와 같은 법을 지지하는 강력한 힘은 일종의 "적의"라고 인정했다. 2008년 10월에는 코네티컷 주 대법원도 같은 의견을 표했다.

동성애자들은 도덕적 반감의 표적이 될 뿐 아니라 악질적인 호모포비아들의 공격에도 직면해 있다. 이들 호모포비아에게는 동성애자들과 그들의 사적인 성행위를 향한 혐오감 외에는 자신들의 공격을 뒷받침할 어떤 근거도 없다. …… 이토록 동물적인 편견에 따라 수많은 동성애자 혐오범죄가 자행되었다. …… 동성애자들은 단지 자신답게 살고 있다는 이유만으로 "조롱당하고, 배척당하고, 경멸당하고, 악마화되고 비난받고 있는데" 이를 가능하게 하는 편견은 본질적으로 비이성적이다. …… 그러므로 이 편견은 과거 위헌의심차별 집단 혹은 준-위헌의심차별 집단으로 인정받지 못한 다른 집단들이 겪고 있던 편견과는 전적으로 다르다. …… 이 사실은 동성애자들에 대한 편견이 곧 제거될 수 있으리라는 주장을 의심할 만한 또 하나의 이유가 된다. 또한 이 사실은 동성애자들이 정치적·사회적 통합을 이룩하려 할 때 독특한 어려움에 직면한다는 현실을 강조해 보여주는 것이기도 하다.[17]

지금까지는 동성결혼에 반대하는 주장들을 살펴보았다. 이 중 특별히 눈여겨볼 만한 주장은 없었다. 어떤 주장도 차별을 정당화할 수 있는 압도적인 공익상의 이유를 정부에 제공하지 못했다. 로머 판결을 고려해보면, 이러한 주장은 적의에 의해 추동된 만큼 합리성 심사기준조차 통과하지 못할 가능성이 높아 보인다.

한편 동성결혼에 찬성하는 주장은 솔직하고 단순하다. 어떤 두 사람이 결혼이라는 방식을 통해 서로에게 헌신하고 싶어 한다면, 그들에게는 마땅히 그럴 권리가 있다는 것이다. 이러한 헌신에 따르는 혜택과 존엄성으로부터 일군의 시민들만을 배제한다면 이는 그 시민들의 품위를 떨어뜨리고 그들의 존엄성을 모독하는 것이다.

"결혼할 권리"란 무엇인가?

미국의 헌법은 전통적으로 "결혼할 권리"를 자주 언급한다.[18] 인종 간 결혼 금지법을 무효화시킨 러빙 대 버지니아 판결에서 연방대법원은 결혼할 권리를 "인간의 가장 기본적인 시민권 중 하나"라고 지칭했다. 이후에 벌어진

'자블로키 대 레드하일' 판결에서 연방대법원은 결혼할 권리를 평등보장조항의 적용을 받으며 수정헌법 제14조의 입법 목적에서 도출되는 기본권으로 인정했다. 연방대법원은 "모든 개인에게 결혼할 권리는 근본적인 중요성을 갖는다"고 선언하고, 이어서 "결혼 결정은 출산, 양육 및 여타 가족관계와 관련된 결정과 동등한 정도의 중요성을 띤다"[19]고 보았다. 그런데 연방대법원은 동성결혼의 문제를 해결하기 전에 먼저 두 가지 문제를 검토해야 했다. 첫째, "결혼할 권리"란 무엇을 의미하는가? 둘째, "결혼할 권리"를 갖는 사람은 누구인가?

먼저 "결혼할 권리"가 무엇을 의미하는지부터 살펴보자. 최소한도로 이해할 경우, 결혼할 권리란 만일 국가가 "결혼"이라는 이름하에 일련의 표현적·시민적 혜택을 주고자 한다면 그 혜택은 결혼이라는 지위를 원하는 모든 사람에게 차별 없이 주어져야 함을 의미한다. "모든 사람"이라는 말에 대한 추가적 해석이 필요하기는 하겠지만 말이다. 러빙 판결은 인종이 서로 다른 두 사람을 결혼제도로부터 배제하는 것이 타당한지 여부를 가린 사건이었다. 자블로키 판결도 이와 비슷한 사례인데, 이때 연방대법원은 자녀부양의 의무를 다할 수 없는 남녀를 결혼제도에서 배제하는 것이 타당한지 여부를 심사했다. 논의에 적절한 또 다른 초기 재판으로는 '스키너 대 오클라호마 주' 판결이 있는데, 이때에는 "상습범죄자"의 불임수술을 강제하는 법안이 무효화되었다. 강제 불임수술을 받은 사람은 "결혼과 2세 생산"에서 배제되어 "기본적 자유권을 영원히 박탈"[20]당한다는 이유에서였다. 보다 최근의 사례인 '터너 대 세이플리' 판결에서는 수감자들 간의 결혼을 금지하던 미주리 주의 주법이 무효화되었다.[21] 이처럼 결혼과 관련한 이 모든 중요 판례들로 보건대, 연방대법원의 판결은 다른 사람에게 이미 허용된 일괄적 제도로부터 특정 집단 사람들만을 배제하는 법을 거부하고 있다.

그렇다면 결혼할 권리란 차별받지 않을 권리만을 의미하는 것일까? 만일 그렇다면, 국가가 처음부터 아예 결혼이라는 제도를 제공하지 않더라도 문제가 되지 않는다. 그저 결혼이라는 제도를 제공하기로 결정한 순간부터는 모든 사람에게 평등하게 그 제도를 제공해야 할 뿐이다. 그러나 기본권으로서 결혼할 권리를 다룰 때 연방대법원의 판례 대부분이 평등보장조항과 적법절차조항을 함께 고려한다는 점은 결혼할 권리가 차별받지 않을 권리 이상의 무언가를 의미한다는 점을 시사한다. 그건 과연 무엇일까? 만일 미국의 어떤 주가 오직 시민적 결합이라는 제도만을 제공하고 결혼제도는 종교단체나 다른 민간단체들에게 넘겨준다면 이는 위헌인가?

앞서 논의했던 결혼의 세 가지 의미에 맞추어 "결혼할 권리"에 대해서도 세 가지 범주로 나누어 생각해보자. 첫째, "결혼할 권리"에 따라 주정부에는 일련의 경제적이고 시민적인 혜택을 기혼자들에게 제공해야 할 의무가 발생하는가? 둘째, "결혼할 권리"에 따라 주정부에는 "결혼"이라는 용어를 사용함으로써 특정한 결합에 존엄한 지위를 부여할 의무가 발생하는가? 셋째, "결혼할 권리"에 따라 주정부에는 종교단체가 승인한 결합을 인정할 의무가 발생하는가? 한 가지 분명한 점은 셋째 질문에 대한 대답이 언제나 그랬듯 "아니오"라는 사실이다. 국가는 종교단체가 승인한 상당수의 결혼을 인정하지 않는다. 동성결혼이 오랫동안 이 사례에 포함되었다. 그리고 종교단체가 승인한 결혼을 국가가 거부한다는 이유로 이 결정에 위헌소송을 걸면 아마 패소할 게 분명하다. 종교단체가 어떤 결혼을 인정하든 간에 국가에는 그 결혼을 승인할 의무가 없다. 국가는 종교의 자유라는 권리를 수호하기 때문이다.

더불어, "결혼할 권리"에 따라 일련의 시민적 혜택을 기혼자들에게 제공해야 할 의무가 주정부에 발생하지 않는다는 점 또한 꽤나 명백하다. 결혼할 권리를 다룬 다수 재판에서 이 점은 반복적으로 논의되었다.

그러나 또 한 가지 명백한 점은 결혼할 권리가 만인이 집단에 대한 차별에 좌우되지 않는, 평등한 대우를 받아야 한다는 것만을 의미하지는 않는다는 것이다. 결혼할 권리는 많은 경우 미국연방 수정헌법 제14조의 적법절차조항에 따라 보호되는 개인의 기본적 자유권으로 분류된다. 예를 들어 메이어 대 네브래스카 주 판결에서 연방대법원은 적법절차조항으로 보호받는 자유란 "신체적 구속을 받지 않을 권리뿐 아니라 계약할 권리, 모든 종류의 일상적 직업을 가질 수 있는 권리, 유용한 지식을 획득할 권리, 결혼할 권리, 가정을 꾸리고 아이들을 양육할 권리, 자신의 양심에 따라 신을 숭배할 권리, 관습법에 따라 평화적 행복 추구의 본질적 부분으로 인정되는 특권을 일반적으로 향유할 권리를 의미한다는 데에는 의심의 여지가 없다"[22]고 선언했다. 러빙 판결에서도 연방대법원은 "인종이 다른 사람과 결혼하거나 결혼하지 않을 자유는 개인에게 귀속되며 국가에 의해 침해받지 않는다"고 선언했는데, 이 결론은 평등보장조항뿐 아니라 적법절차조항에도 근거를 둔 결론이었다. 자블로키 대 레드하일 판결에서는 "혼인관계를 맺겠다는 결정을 중대하게 방해하지 않는 합리적 통제는 정당하다"고 인정하면서도, 위스콘신 주의 주법은 적법절차조항이 보장한 권리를 침해한다는 점에서 과도한 것이라고 결론내렸다. 이와 비슷하게, 터너 대 세이플리 판결에서는 수감자들의 결혼에 대한 제한조치는 적법절차조항이 보장하는 사생활 보호의 권리를 침해하는 것이라고 결정했다. 이 점은 매우 중요하다. 왜냐하면 같은 사건에서 연방대법원은 미국연방 수정헌법 제1조에서 보장한 서신교환의 권리를 수감자들에게 제한하는 매우 강력한 조치를 존치했기 때문이다. 이렇듯 결혼할 권리는 최소한 서신교환의 자유에 앞서는 기본권으로 확립된 셈이다.

적법절차조항은 결혼할 권리와 어떻게 연관되어 있는가? 위에서 다룬 대부분의 사건들은 특정 집단의 결혼을 금지하려 했던 주정부의 시도와 관련되어 있었다. 결혼에 대해 주정부가 이런 식으로 간섭하면 그 간섭은 평등보장조항에 따라서는 물론이고 적법절차조항에 따라서도 명백한 위헌이 된다. 그러므로 어떤 주의 주정부가 모든 사람의 결혼할 권리를 금지한다면, 이는 평등한 조치이기는 하지만 위헌이다.

마찬가지로 이혼에 대한 금지나 이혼을 대단히 어렵게 만드는 무거운 제한도 엄격한 헌법적 심사를 받아야 한다. 사실 연방대법원은 이러한 조치의 위헌 여부를 주시하는 방향으로 신중하게 움직여왔다. '보디 대 코네티컷주' 판결[23]에서 연방대법원은 이혼 벌금을 낼 수 없다는 이유로 극빈자들의 이혼을 금지하는 주정부의 법이 적법절차조항에 의거하여 위헌이라고 판시했다. 이 판결은 "결혼할 권리"를 다룬 다른 사건들을 참조한 결과였다. 이때 연방대법원은 "미국 사회에서 결혼은 개인의 근본적 지위와 관련된 문제이며 이혼 허가에 관한 권리는 주정부가 독점하고 있으므로, 재정적 사유로 이혼을 방해하는 행위는 위헌성을 수반한다"고 주장했다. 반면 '소스나 대 아이오와 주' 판결[24]에서 연방대법원은 아이오와 주의 이혼 전 거주의무기간을 존치했다. 적법절차조항과 평등보장조항에 비추어 문제가 있다는 게 거주의무기간에 대한 문제를 제기한 쪽의 주장이었지만, 연방대법원은 이를 주정부 권력의 합리적 행사라고 판단했다.

그러나 어떤 경우에도 연방대법원은 주정부가 결혼의 의미를 공언해주는 표현적 혜택을 제공해야 한다고 주장하지 않았다. 어떤 주정부가 이 표현적 역할을 완전히 포기하고 결혼이 아닌 시민적 결합이라는 제도를 채택한다고 해도 헌법적 문제는 발생하지 않을 것이다. 좀 더 극단적인 경우에는 결혼을 일반적인 계약으로 취급하고 주정부는 다른 계약을 관리할 때와 비슷한 역할만 할 수도 있다.

결국 다시 문제가 되는 것은 평등이다. 연방대법원 판례가 반복적으로 주장하는 바는, 시민적 혜택과 존엄성을 표현하는 혜택을 내포하는 지위를 제공하고자 할 때 주정부는 최소한 이 지위와 그에 따르는 혜택을 만인에게 평등하게 제공해야 한다는 것이다. 나는 이를 "최소주의" 입장이라고 부르는데, 이름과 달리 그 내용을 실현하는 일은 그리 간단치 않다. 러빙 판결만 봐도 그렇다. 당시 미국에서는 무려 16개 주에서 인종 간 결혼금지법이 시행되고 있었다. 터너 판결 때에도 수감자들에 대한 규제는 명백하게 교도소장의 자유재량권에 달려 있는 상태였다.

달리 말해 결혼이란 개인들이 갖고 있는 기본적 자유권이며, 바로 그렇기에 평등하게 주어진다고 할 수 있다. 압도적인 이유가 없는 경우, 특정 집단에 속한 사람들을 통째로 기본권의 울타리 밖으로 밀어낼 수는 없다. 투표권의 경우를 생각해보면 쉽다. 헌법에는 '투표할 권리'가 따로 명시되어 있지 않으며, 몇몇 공직은 선출직이 아니라 임명직이다. 그러나 투표권은 기본권에 속하므로, 어떤 공직자를 투표로 뽑기로 결정한 순간에 특정 집단 사람들이 투표권을 행사하지 못하도록 금지하는 행위는 위헌이 된다. 그렇다면 이제는 결혼할 권리와 관련된 질문을 다음처럼 새롭게 바꾸어야 할 것이다. "자유권이기도 하고 평등권이기도 한 결혼할 권리는 누가 가지는가? 이 권리에 우선할 만큼 강력한 사유는 무엇인가?"

먼저, "누가 권리를 갖는가?"의 문제다. 극단적인 예를 들어보자. 현행법은 주정부에게 중혼을 허용하지 못하도록 금지한다. 개인이 중혼을 도덕적이라고 생각하든 비도덕적이라고 생각하든, 미국은 헌법상 전통적으로 중혼을 범죄로 간주하는 법률을 존치해왔다. 그러므로 중혼은 현재 일부일처제에 따른 결혼과 마찬가지의 동등한 인정을 받지 못하는 것이 분명하다

(그러나 중혼에 반대하는 법적 주장들은 극도로 취약하다. 일부다처제 혼인권을 제약할 만큼 강력한 국가의 법익은 성 평등에 따르는 이익이라지만, 만일 그렇다면 다부다처제에 따른 결혼은 허용되어야 한다).

여태 국가권력이 합리적으로 행사되는 전형적인 경우로 받아들여졌던 근친결혼의 경우에도 이에 대한 권리를 제약할 만큼 강력한 국가의 법익은 매우 모호하게 정의되었다. 아동의 성적 학대를 방지해야 한다는 법익은 부모와 자식 간의 근친결혼금지를 대부분 정당화할 수 있다. 그러나 성인 남매의 결혼을 막는 데에 어떤 압도적인 국가적 법익이 걸려 있는지는 분명하지 않다(근친상간으로 인해 건강상 위험이 발생한다고 하는데, 사실 일반적으로 허용되는 결혼의 수많은 경우와 비교해서 별 차이가 나지 않는다). 그러나 어떤 남매 부부가 적법절차조항과 평등보장조항을 근거로 근친결혼금지라는 규제에 도전한다면 패소할 가능성이 높다. 근친결혼을 금지할 때 발생하는 국가의 (상상적인) 보건법익이 우선한다는 판결이 내려질 것이기 때문이다. (미국의 주정부들은 근친상간을 각기 다르게 정의하고 있으며, 사촌 간 결혼을 원하는 사람들은 현재 동성커플이 그러는 것처럼 해당 결혼을 허용하는 주로 이사할 수 있다. 다만 이 경우, 새로운 주에서 인정받은 두 사람의 결혼은 예전에 살던 주에서도 자동적으로 인정된다.)[25]

이러한 사례들을 어떻게 생각해야 할까? 개인에게는 자기 선택에 따라 결혼할 권리가 있지만, 이 경우에 한해서는 우선시되는 대항적 법익이 국가에 있다고 보아야 할까? 아니면 개인이 내린 선택의 속성을 고려할 때, 개인에게는 그러한 선택을 내릴 권리 자체가 없다고 생각해야 할까? 개인적으로 나는 전자의 시각에 가까운 편이다. 이 경우에 국가는 특정 형태의 결혼을 금지하는 법안이 정말로 강력한 국가적 법익으로 지지된다는 점을 증명해야 한다.

반대편의 극단적인 경우를 살펴보면, 결혼할 권리와 관련된 자유권과 평등권이 2세를 생산할 수 있는 사람들에게만 귀속되는 것은 아니라는 점도 분명하다. 수감자들의 결혼할 권리를 다룬 터너 판결 때 문제가 된 사례들 중 다수는 장기수와 비수감자로 이루어진 커플이었다. 이들은 결혼에 따른 성관계를 할 수 없는 처지였다. 이 재판은 결혼이 제공하는 감정적 지지 및 결혼의 종교적·영적 중요성에 의존하고 있었다. 수감자들이 언젠가는 석방될 수 있으며 따라서 성관계가 이루어질 가능성도 존재한다는 언급을 연방대법원이 한 차례 하긴 했지만, 이는 단지 부가적인 요소였으며 판결의 기초는 아니었다. 또한 노인의 결혼이나 불임자의 결혼할 권리를 제한해야 한다고 시사하는 다른 판례가 있는 것도 아니다.

위에서 설명한 헌법전통은 아마도 다음과 같이 요약될 수 있을 것이다. 모든 성인에게는 결혼 상대를 선택할 권리가 있다. 그들이 결혼할 권리를 갖는 까닭은 결혼을 통해 2세를 생산할 수 있기 때문만이 아니라, 결혼이 감정적이고 사적인 차원에서 중요한 일이기 때문이다. 결혼할 권리는 적법절차조항에 의거한 기본권인 동시에 모든 사람에게 평등하게 보장된다. 국가에 압도적인 공적 법익이 없는 한, 어떤 집단에 속한 사람들이라도 이 권리를 박탈당하지 않는다. 근친결혼이나 중혼을 금지할 때 국가는 국가의 정책적 고려가 개인의 권리보다 중요함을 증명할 책임을 진다. 시간이 지남에 따라 국가의 판단은 바뀔 수도 있다. 그렇다면 동성인 상대방과 결혼하고 싶어 하는 사람들의 경우는 어떠한가?

매사추세츠, 코네티컷, 캘리포니아, 아이오와: 법적 문제들

현재 법원은 이 문제와 씨름하고 있다. 내가 이 글을 쓰고 있는 시점까지 매사추세츠, 캘리포니아, 코네티컷, 아이오와 등 4개 주의 대법원은 동성커플도 결혼을 할 수 있어야 한다는 결정을 내렸다.* 단, 캘리포니아에서는 제안 8호가 통과됨에 따라 동성결혼이 불법화되었다. 한편 메인 주와 뉴햄프셔 주에서는 정식 입법을 통해 동성결혼을 합법화했다(이보다 앞서 하와이 주 대법원이 동성결혼을 허용한 일이 있었다. 그러나 주 헌법이 수정되면서 그 결정은 번복되었다). 캘리포니아 주와 코네티컷 주는 이미 시민적 결합이라는 제도를 입법하여 실행하고 있었으며, 이 제도는 (최소한 주의 관할구역 안에서는) 결혼에 따르는 모든 특전과 혜택을 동성커플에게 제공한다. 그러므로 중심적인 문제는 결혼이라는 제도의 표현적 측면을 놓고 제기되었다.

민주주의 사회의 다수 시민이 동성결혼을 지지할 수 있음을 보여준 메인 주와 뉴햄프셔 주의 입법도 대단히 의미 있긴 하지만 여기에서는 매사추세츠, 캘리포니아, 코네티컷, 아이오와 등 네 개 주의 법원이 내린 결정을 중점적으로 살펴보겠다. 이 책의 주제는 헌법이기 때문이다. 이 법원들은 총 네 가지의 질문에 대답해야 했다(이때 연방헌법뿐 아니라 주의 개별 헌법과 그 전통을 모두 활용해야 했다). 첫째, 시민적 결합이라는 제도는 그 자체로 충분한가, 아니면 결혼이라는 지위가 헌법적 우위에 있는가? 둘째, 이 문제는 적법절차조항의 문제인가, 평등보장조항의 문제인가, 아니면 둘이 복잡하게 뒤섞여 있는 문제인가? 셋째, 주정부가 갖는 대항적 법익에 대하여 동성결혼

---

* 2015년 6월 26일, 미국연방대법원은 '오버게펠 대 호지스' 사건에서 적법절차조항 및 평등보장조항 모두에 의거, 5 대 4로 동성결혼 합헌판결을 내렸다. 현재 미국의 모든 주 정부는 결혼하고자 하는 동성 커플에게 결혼권을 보장할 의무가 있으며, 다른 주에서 결혼한 커플에 대해서도 결혼의 결속성을 인정해야 한다.

의 권리를 추정할 때, 성적 지향을 평등보장조항에 따라 위헌의심차별로 간주해야 하는가? 다시 말해, 동성결혼을 금지하기 위한 법을 제정할 때 주정부는 단지 합리성 심사기준만 통과하면 되는가, 아니면 압도적인 주정부의 법익을 증명해야 하는가? 넷째, 동성결혼을 막을 수 있는 압도적인 주정부의 법익이 있다면 그 법익은 무엇일까?

이 질문에 대해 4개 주는 서로 다른 대답을 내놓지만, 의견이 대략 일치하는 부분도 있다. 현재 상황에서 결혼은 공적 존엄성이라는 강력한 요소를 포함하는 지위라는 점이다. 바로 이 때문에 결혼은 개인의 정체성, 자율성, 행복 추구에서 근본적인 역할을 한다. 사람들에게 결혼할 권리가 있다고 해서 주정부가 결혼하는 사람들에게 일련의 혜택을 제공해야 하는 것은 아니다. 그러나 사람들에게 결혼할 권리가 있기 때문에, 주정부에는 "타인의 부적절한 간섭으로부터 가족관계의 핵심적인 요소들을 보호할" 의무가 발생한다.[26] 결혼할 권리는 2세를 생산할 가능성이 있는 사람들에게만 귀속되는 것은 아니다(예를 들어, 매사추세츠 주 법원은 임종을 앞두고 움직이지 못하는 사람들도 결혼할 권리를 갖는다고 명시한다).

결혼이 주는 이러한 표현적인 측면 때문에 시민적 결합은 결혼에 따르는 승인과 인정을 결여한 2등급 지위로 생각된다. 결혼은 아니지만 결혼과 동등하다고 가정되는 캘리포니아와 매사추세츠의 시민적 결합 제도가 문제시되는 까닭이다. 특히 게이와 레즈비언들이 겪어온 기나긴 차별의 역사를 고려해볼 때 문제는 더욱 심각해진다. 캘리포니아 법정이 표현한 것처럼, "결혼할 권리"는 단지 "결혼"이라는 단어를 사용할 권리를 말하는 것이 아니다. 오히려 결혼할 권리란 "공식적으로 인정을 받은 다른 가족들에게 부여된 것과 같은 존엄성과 존중을 자신의 가족관계에도 부여받을 권리"를 의미한다. 4개 주 중 매사추세츠, 캘리포니아, 코네티컷 등 3개 주는 인종 간 결혼금지를 다룬 사건들로부터 논점을 끌어낸다(한편 아이오와는 모든 형태의 법적 불평등에 강력히 반대해온 아이오와 주의 역사에 초점을 맞춘다). 캘리포니아 주 대법원에서는 만약에 과거 인종 간 결혼에 반대했던 주들이 서로 인종이 다른 사람들에게 결혼은 허락하지 않으면서 대신 "인종 간 결합"이라는 시민적 결합 제도를 제안한다면, 이것이 문제에 대한 해결책이 될 수 없음을 쉽게 알아볼 수 있으리라고 언급한다.

아이오와를 제외한 3개 주의 법정은 적법절차조항과 평등보장조항을 모두 인용한다(아이오와 주 법정은 자유권을 간단히 언급하기는 하지만, 본격적으로 법리를 해석할 때는 평등보장조항에만 의존한다). 매사추세츠 주 대법원은 두 조항이 자주 "중첩되는데, 이 경우에도 그렇다"고 밝혔다. 4개 주의 대법원은 모두 결혼할 권리가 개인의 자유권이며, 이 자유권은 평등의 요소를 포함한다는 점에 동의한다. 주정부는 특정 집단 사람들에게서 그 권리를 박탈할 수 없다. 이를 정당화할 만큼 대단히 강력한 대항적 법익이 없다면 말이다.

대단히 강력한 대항적 법익이라니, 얼마나 강한 법익을 의미하는가? 이에 대해 각 주는 입장을 달리한다. 매사추세츠 주 대법원은 동성결혼금지가 기초적인 합리성 심사기준조차 통과하지 못한다고 판결했다. 동성결혼에 반대하는 다양한 주장을 살펴본 매사추세츠 주 대법원은 이 주장들이 현재의 상황과 상반된다는 결론을 내린다(예를 들어, 결혼이 2세 생산을 위한 제도라는 주장은 결혼제도가 실제로 관리되는 방식과 정면으로 모순된다). 그렇지 않은 경우 이 주장들은 (동성결혼이 전통적 결혼을 "하찮은 것으로 만들거나 파괴한다"는 주장처럼) 너무나 모호하여, 최소한의 심리조차 통과하지 못한다는 것이 매사추세츠 주 대법원의 결론이다.

반면 캘리포니아, 코네티컷, 아이오와 주 대법원은 성적 지향에 따른 차별을 위헌의심차별이라고 보았다. 코네티컷과 아이오와는 전통적으로 평등보장조항과 관련하여 세 가지 단계의 엄격성 기준을 인정해왔는데, 성적 지향에 따른 차별은 성별에 대한 차별처럼 중간 정도의 엄격성을 요구한다는 것이 이들 법원의 판단이었다(인종에 따른 차별은 이와 달리 엄격한 심사의 대상이다). 한편 캘리포니아 주 대법원은 전통적으로 두 가지의 엄격성 단계만을 인정해왔는데, 이에 따라 성적 지향에 따른 차별은 성별에 따른 차별과 마찬가지로 엄격한 심사의 대상이 된다고 주장했다.

이 과정에서 성적 지향에 따른 차별이 성별에 따른 차별로 이해되어야 한다는 이론이 논제로 떠오르는데, 이에 대하여 캘리포니아와 코네티컷 주 대법원은 명시적으로 반대주장을 펼친다. 아이오와 주가 그랬듯, 이들 법정은 이 책의 제4장에서 지지했던 이론을 반영하여 성적 지향이 그 자체로 위헌의심차별이라고 주장했다.[27] 이때 위헌의심차별의 기준을 놓고 두 차례에 걸쳐 매우 철저한 토론이 벌어졌는데, 그 내용을 살펴보면 문제에 대한 연방대법원의 논의가 진일보했음을 알 수 있다. 결국 두 차례의 토론은 같은 결론에 다다른다. 위헌의심차별 여부를 결정할 때 중요한 기준은 '차별의 역사' 및 문제가 되고 있는 사회적 기능과 해당 특성의 '무관성'이라는 결론이었다. 정치적 무력성은 차별의 역사를 반영한다는 점에서 중요할 뿐이며, 기본적으로 민주주의적 절차에 따라 공정한 대우를 받고 있다고 확신할 만큼 해당 집단이 충분히 진보하지 못했다는 사실만을 의미한다. 불변성은 해당 특성이 여러 기능과 밀접한 관련이 없는 속성이라는 점을 보여주는 표지로서, 그리고 아이오와 주 대법원이 유용하게도 덧붙인 것처럼, 해당 속성이 사람들의 자아정체감의 뿌리 깊은 부분에 자리잡고 있어 해당 특성을 바꾸라고 요구하는 것은 비합리적이라는 점을 보여주는 징표로서만 위헌의심차별을 결정하는 기준으로 작용한다.

코네티컷 주 대법원 의견에는 눈에 띄는 대목이 한 군데 있다. 여기에서 법원은 이 책의 제3장 말미에 인용된 문단을 통해 게이나 레즈비언들을 표적으로 삼는 특별히 악랄하고 비이성적인 형태의 편견이 있음을 지적한다. '혐오의 정치'가 존재함을 인정한 이 문단에서, 대법원은 민주적 절차에 따라 동성커플의 주장을 공평하게 다룰 수 없을 정도로 혐오가 강력하다고 결론짓는다. 인종적·종교적 소수자들 외에는 이처럼 폭력적인 혐오의 대상이 되어본 집단이 없다는 것이다.

그렇다면 국가의 대항적 법익이란 무엇인가? 캘리포니아, 코네티컷, 아이오와 주 대법원은 주요한 반대자들의 의견들을 조심스럽게 검토한 뒤 어떠한 국가적 법익도 압도적인 수준에까지 오르지는 못한다는 결론을 내린다. 전통의 보존은 그 하나만을 놓고 따질 때 압도적인 법익이 될 수 없다. 코네티컷 주 대법원이 판시했듯이, "'전통'은 차별에 대한 설명을 정당화하지 못하며, 그저 차별을 반복할 뿐이다". 또한 입법자들이 강력한 의지를 가지고 있다는 이유만으로 차별을 정당화할 수 있는 것도 아니다. 앞에서 이미 살펴본 것처럼, 반대자들이 내민 정책적 고려 중 어떤 것도 충분히 강력한 국가의 법익이 되지는 못한다.

이들의 의견을 모든 사람이 받아들이지는 않을 것이다. 앞서 살펴본 주 대법원들의 결론과 그 논거에 동의하는 사람들 중에서도 동성결혼처럼 사회적 합의가 필요한 문제를 민주주의적 다수가 아니라 법원이 결정한다는 점에 대해서는 찬성하지 않는 사람들이 있을 것이다. 그러나 앞서 살펴본 주 대법원들의 견해를 접한 이성적인 사람들은 '헌법과 법원이 때때로는 이처럼 논쟁이 분분한 영역에서 합법적으로 그 역할을 수행할 수 있다'고 생각할 것이라고 믿는다. 이들에게는 4개 주 대법원의 의견이 충분히 설득력 있게 다가가리라고 본다. 이 의견들의 추론과정을 보면, 대법원이 매우 섬세하게 공을 들여 반대 입장을 존중했음을 알 수 있다(사실 이 의견들은 보기 드물 정도로 길이가 긴데, 이는 반대편과 소통하기 위해 대법원이 한 발 물러서는 공정함을 보이고 있기 때문이다). 이 의견들의 법적 추론과정은 완성도가 극도로 높으며 논지를 전개하는 과정에서 편견의 사례를 풍부하게 제시한다. 아직은 민주주의적 다수가 이 문제를 공정히 직면하기 위해 편견을 버리리라고 믿기 어렵다고 볼 만한 충분한 근거를 제공하는 것이다. 바로 이런 상황에서 판사들은 정당한 역할을 도맡아 소수자들을 위한 목소리를 낼 수 있다. 소수자들의 기본권은 다수결주의에 따른 정치적 절차에 공평하게 반영되지 못하기 때문이다.

아이오와 주 대법원의 의견은 법원의 권위에 대한 도전에 민감하게 반응한다는 측면에서 중요하다. 비교적 최근인 1998년에 아이오와 주에서는 대법원이 위헌판결을 내린 동성결혼금지 법안이 의회를 통과했다. 어떤 의미에서는 해당 법안이 강력한 민주주의적 지지를 받았다고 하겠다. 그러나 아이오와 주 대법원은 아이오와 주 역사의 보다 일반적인 측면을 강조하며 의견을 개진했다. 이에 따르면, 아이오와 주의 역사는 소수자들이 대중적 지지를 받지 못할 때조차 그들의 평등권을 배려하는 방향으로 발전해왔다. 아이오와 주 대법원은 "노예제 계약을 이행하기 위해 인간을 재산으로 취급하는 행위를 거절한" 재판이 이러한 역사의 시발점이었음을 상기시킨다. 미국연방대법원에 의해 인간을 단순한 재산으로 취급할 권리가 존치된 악명 높은 드레드 스콧 판결보다 무려 17년을 앞선 판례였다. 아이오와 주는 또한 전 미국에서 최초로 여성에게 법 집행관이 될 수 있는 권리를 허용했다. 1869년, 미국연방대법원이 여성의 법 집행관 복무를 금지하는 일리노이 주의 주법을 존치하기로 결정한 것보다 4년 앞선 판단이었다. "이 모든 예시를 볼 때 아이오와 주는 미국의 헌법적 이상으로 향하는 길을 선구적으로 개척해왔다고 하겠다. 이 모든 사례에서 우리 주는 우리 헌법의 이상을 실현하는 데 앞장서 왔고, 법 앞에서 '모든 사람의 절대적 평등'이 '우리 정부의 가장 기초적인 원리'임을 재차 확인했다." 그러므로 동성결혼과 관련된 법원의 결정은 아이오와 주 대법원이 그간 보여준 걸출한 판단과 일맥상통하는 것이다. 아이오와 주 대법원은 자신의 결정이 당시에는 심지어 아이오와 주 내에서조차 논쟁적인 것이었지만, 지금은 올바르며 대담하고 미국 전체를 선도하는 것으로 생각된다는 점을 암시한다. 대법원이 던지는 메시지는 분명하다. "이처럼 대담한 대법원 결정을 보라. 당신이 아이오와 사람이라는 게 자랑스럽지 않은가? 아이오와 주는 이번 사건에서도 평등을 향한 국가적 진보의 선봉에 서 있다."

동성결혼의 문제는 연방 차원에서 다루어야 할 문제다. 적어도 당분간은 그렇다. 이 문제는 개인의 자유와 존엄성에 대하여 근본적인 문제를 제기하며, 따라서 러빙 판결과 마찬가지로 연방대법원의 전면적 판단이 적용되어야 한다. 그러나 현재 동성결혼 문제가 법원을 정치화시키고 공중의 의견을 양분하고 있다는 사실에는 의심의 여지가 없다. 동성결혼의 존재는 지금까지 그래왔듯 앞으로도 이에 대한 주요 반대의견에 문제가 있음을 보여줄 것이다. 동성결혼이 합법화되기 전부터 겪어야 했던 결혼생활의 문제에 계속해서 직면하게 될 뿐, 이성애자들에게 끔찍한 일이 새롭게 벌어지는 일은 결단코 없을 것이다. 아이들도 현재의 위협적인 상황에서 갑자기 벗어날 수는 없을 것이다. 그러나 그 상황은 의료 서비스와 경제적 지원이 부족하기 때문에 발생하는 것이지, 옆집에 동성부부가 살고 있기 때문에 발생하는 것이 아니라는 점은 확실하다. 미국의 어떤 주에서는 동성결혼이라는 실험을 계속할 것이고, 다른 주에서는 시민적 결합을 실험해볼 것이며, 또 다른 주에서는 이들 주에서 법적으로 체결된 동성결혼을 인정할 것이다. 이에 따라 사람들은 동성결혼이라는 제도에 대해 점점 더 잘 알게 될 테고, 그 결과 민주주의적 선호가 바뀔 가능성이 대단히 높다. 그러나 최소한 몇 개 주의 대법원이 헌법을 용기 있고 편견 없는 시각으로 해석하는 용기를 보여주지 않았더라면 이러한 변화는 결코 시작될 수 없었을 것이다.

결혼의 미래

가족의 정의로운 미래를 위해서는 무엇을 희망하고 무엇을 위해 일해야 할까? 사람들은 계속 정부를 통해 결혼을 해야만 할까? 아니면 정부는 결혼의 의미를 표현해주는 역할을 포기하고 오직 시민적 결합에 따르는 일련의 혜택만을 제공해야 할까? 그것도 아니라면, 결혼을 개별적 혜택이 따르는 개인 간의 일반 계약으로 대체해야 할까? 이러한 문제는 어떤 헌법적 토론에서도 아직 해결되지 못했다. 이 문제를 해결하기 위해서는 먼저 국가가 보호해야 할 필수적 권리와 법익이 무엇인지를 확인하고, 평등이나 자유를 용납할 수 없을 정도로 침해하지 않는 선에서 이 권리와 법익을 보호할 방법을 강구해야 한다. 헌법적 쟁점을 분석한다고 해서 이 질문들에 대해 특정한 답을 내릴 수 있는 것은 아니지만, 우리는 그 분석을 통해 고려해볼 만한 선택지들을 한정할 수 있다.

현재와 같은 형태의 포괄적인 결혼에서부터 아이들과 노인에 대한 부양 서비스를 정부가 제공하는 개인 간의 일반계약 제도에 이르기까지 다양한 구조를 진지하게 고려해보아야 한다. 앞서 살펴본 평등권과 자유권을 보호할 수만 있다면 이러한 제도들은 모두 헌법에 합치하는 제도가 될 수 있다. 물론, 동성결혼 문제를 회피할 목적으로 결혼제도 자체를 시민적 결합으로 대체하는 결정은 위헌이 되겠지만 말이다(과거에 비슷한 일이 실제로 있었다. 미국 남부에서는 흑인들이 들어가지 못하게 하려고 공립학교와 수영장을 아예 폐쇄해버렸다). 이 중 구체적으로 어떤 제도를 선택할 것인지는 헌법이 아닌 정책에 대한 고려에 달려 있다.

　정부는 오늘날 결혼제도에 일련의 혜택을 제공하고 있다. 중요한 문제는, 앞으로도 정부가 비슷한 형태로 일련의 혜택을 제공해야 하는지, 아니면 서로 다른 다양한 관계에 개별적인 혜택을 각각 제공해야 하는지의 문제다(예컨대 같은 집에 살지만 성적 관계는 맺지 않는 사람들이나, 서로 헌신하기도 하고 성적 관계도 맺고 있으나 재정적으로는 독립된 사람들에 대해 정부는 각기 다른 혜택을 제공할 수 있다). 앞서 분석한 헌법에 따르면, 정부가 꼭 지금처럼 일련의 혜택을 제공할 필요는 없는 것으로 보인다. 각각의 관계에 개별적인 혜택을 제공한다고 해도 평등보장조항과 적법절차조항을 충분히 만족시킨다면 헌법상 문제가 되지는 않을 것이다. 어떤 법익을 보호해야 하는지, 어떤 집단이 이 법익을 누릴 수 있는지에 대한 고려를 포함하여, 이처럼 개별적인 혜택을 주는 방안을 긍정적으로 재검토해볼 필요가 있다는 게 내 의견이다. 이와 같이 중요한 정책적 문제들은 이 책이 다루는 범주를 넘어서지만 이를 잘 해결하기 위해서는 헌법이 규정하는 조건들을 이해해야 한다. 아직 충분히 인정받지 못했을 뿐, 실제로 헌법은 강력한 조건들을 규정하고 있다.

　"결혼"이라는 이름 자체는 어떤가? 오늘날 "결혼"이라는 이름에는 서로 다른 의미가 너무 많이, 분열적으로 담겨 있다("결혼"이라는 이름에 존엄성이 깃들어 있다면, 부도덕한 이성애자들에게 이 이름을 그토록 쉽게 허락하는 까닭은 무엇인가? 만일 이 이름에 특별한 존엄성이 깃들어 있지 않다면, 동성애자들이 결혼할 수 있다는 생각을 사람들은 왜 그토록 불편하게 여기는가?). 국가가 결혼의 의미를 표현해주는 역할을 완전히 포기하고 동성커플과 이성커플 모두에게 시민적 결합만을 제공한다면 이를 좋은 해결책이라고 할 수 있을까? 앞서 분석한 헌법에 따르면, 국가는 사람들이 자유롭게 가정을 꾸릴 권리를 (평등하게) 누리도록 보장할 필요는 있지만, 굳이 "결혼"이라는 이름을 사용할 필요는 없다. 개인적으로는 결혼의 의미를 표현하는 역할은 종교단체나 민간에 넘겨주고, 국가는 시민적 결합이라는 제도를 운영하는 방안을 선호한다. 그러나 이 의견을 길게 풀어놓는 것 또한 이 책의 주제와는 동떨어진 일이다. 단 한 가지 분명한 일은, 동성결혼이라는 문제를 회피하기 위해서 결혼제도 자체를 폐지하는 일만은 일어나서는 안 된다는 것이다.

이 책의 주제와는 다소 거리가 있겠지만, 어떠한 제도를 선택할 것인지는 중요한 문제다. 그러나 이 문제를 해결할 때, 헌법이 요구하는 조건이 무엇인지 이해해야 한다는 점만은 분명하다. 실제로 헌법의 요구는 대단히 강력하지만 여태껏 충분히 인정받지 못했다. 또한 앞서 헌법적 사고과정을 살펴보았을 때처럼, 동성결혼의 역사, 가치, 목적도 대담하고 철저하게 검토해야 한다.

어떻게 보면 결혼의 미래는 앞으로도 예전과 별로 달라지지 않을 것이다. 사람들은 계속 결합하고 가족을 꾸리고 아이를 낳을 것이며, 때로는 갈라설 것이다. 다만 국가는 이와 관련된 결정을 내릴 때 반드시 평등에 기초해야만 한다. 그것이 헌법의 명령이다. 압도적인 국가의 법익이 걸려 있지 않는 한, 정부는 특정한 혜택이나 결혼의 존엄성이라는 의미의 표현으로부터 어떤 집단의 시민들도 배제시킬 수 없다. 어떻게 보면 동성커플을 결혼이라는 제도 안으로 완전히 포섭한다는 결정은 인종 간 결혼을 공식적으로 인정한 결정이나 여성 및 아프리카계 미국인들을 유권자로서, 또한 시민으로서 인정한 결정에 견줄 만큼 거대한 변화다. 이 모든 변화는 헌법이 보장하는 약속의 진정한 실현이었다. 그러므로 우리는 이 모든 변화를 같은 시각으로 바라보아야 한다. '인류애의 정치'에 따라, 우리는 더 이상 동성결혼을 전통적 결혼을 더럽히거나 타락시키는 이유로 보지 말아야 한다. 대신 결혼을 하고자 하는 사람들의 인간적 목적을 이해하고, 결국 이성애자들이 추구하는 목적과 동성애자들이 추구하는 목적이 유사하다는 점을 이해해야 할 것이다. 동성결혼금지는 인종 간 결혼금지와 마찬가지로, 만인의 평등과 정의를 추구하는 사회에서는 결코 용납할 수 없는 차별이다.

제6장

사생활 보호: 섹스클럽, 공공장소에서의 섹스,

위험한 선택들

성인업소는 성관계로 인해 전염되는 질병의 확산에 기여할 뿐 아니라 "피닉스 시 거주자들의 건강, 안전, 일반적 복지 및 도덕관에 해로우므로…… 그 자체로 공공 생활방해죄에 해당한다. …… [경찰의] 제안서는 또한 [이러한 업소에] '타액, 정액, 혈액 및 배설물을 포함하는 다양한 체액과의 원치 않는 접촉이 이루어질 잠재 성이 존재한다'는 점을 명시하며 위생과 관련된 우려를 표현하기도 했다.

— 2006년 애리조나 주 상소법원 '머즐러 대 피닉스 시' 판결

"미국연방 수정헌법 제1조에 따르면 인디애나 주의 스트립쇼 댄서들에게 유두를 가리도록 강제할 수 없다"는 제안서는 우스꽝스러워 보인다. 우리 판사들 대부분은 이 제안서를 보자마자 멍청한 제안서라는 인상을 받는다. 부분적으로는 우리 중 다수가 중년층이나 노년층에 속하기 때문이고, 부분적으로는 우리에게 대중문화를 업신여기는 경향이 있기 때문이다. 일정 부분은 우리가 청교도주의, 속물근성, 난잡함 따위가 복합적이고도 부조화스러운 방식으로 뒤섞여 있는 문화에서 자라난 사람, 곧 미국인이기 때문이기도 하다.

— 1990년 '밀러 대 사우스벤드 시' 판결에서 리처드 포스너 판사의 보충의견

혐오: 아직도 건재하다

섹스는 언제나 사회적 불안의 초점이었다. 그러나 그중에서도 여러 사람이 있는 가운데 벌어지는 섹스는 시대와 장소를 막론하고 전염과 오염을 발생시킬지도 모른다는 유달리 심한 공포감을 일으켜왔다. 이 공포는 이성적으로 측정 가능한 피해에 근거를 두었다기보다는 '혐오의 정치'에서 유래하는 것이다. 1603년에 결과적으로 극장이 폐쇄되기까지 할 만큼 런던에 큰 전염병이 돌 무렵에 쓰여진 셰익스피어의 희극『자에는 자로Measure for Measure』는 미묘한 방식으로 성매매를 전염병과 연관 짓고, 성인업소의 폐쇄를 공공보건의 확립 혹은 재건과 연관 짓는다. 섹스와 질병의 이미지를 연관시키는 연극적 장치는 대단히 강력하다. 심지어는 극의 등장인물 중한 명인 클로디오조차 자신의 성행위가 위험하고도 역겨운 것이라고 생각할 정도다. 클로디오는 한 여자를 사랑했고 그녀와 비공식적으로 약혼까지했지만 결혼은 하지 않았기 때문이다. 그는 자신을 포함해 성적 욕망을 좇는 모든 사람들을 "갈증을 일으키는 사악한 쥐약을 미친 듯 탐닉하는 쥐들"과 같으며, 따라서 그 욕망을 "마시고는 죽는다"고 묘사한다. 반대로 포주인 루치오는 섹스를 풍요와 성장이라는 긍정적인 이미지와 빗대지만, 병에 걸려 생기를 잃으면서 섹스에 대한 그의 긍정적인 태도는 억압당하고 만다. 루치오가 걸린 병은 바로 셰익스피어의 극 전체가 전투의 대상으로 삼고 있는 성병이다.

오늘날에도 상황은 크게 다르지 않다. 우리는 여전히 에이즈를 두려워하며, 정도야 덜하지만 다른 성병 또한 무서워한다. 지금도 성인업소는 공중보건을 확립하겠다는 갖은 노력의 표적이 되고 있다. "공중보건상의 생활 방해 행위"는 섹스 숍, 스윙어 클럽*, 게이 찜질방 등을 포함해 다양한 성인 업소를 폐쇄할 때 지배적으로 활용된 관념이다(스트립쇼 댄서들에게 유두나 음부를 가리라고 요구하는 경우, 성인업소의 출입이나 운영과 관련하여 부담스러운 자격 제한을 두는 경우, 성인업소에서 노동하는 모든 종업원들의 신원을 조사하는 경우 등등이 이에 해당된다).

폴 캐머런은 동성애자들의 섹스를 보건상의 위험과 연관시키는 수사修辭를 활용했다. 이미 살펴본 바 있지만, 사실 이런 방식의 말하기는 혐오와 체액에 대한 원초적 불안에 호소하는 것이었다. 이처럼 극단적인 전략은 가정에서 벌어지는 상호합의된 행위에 관해 논할 때 더 이상 영향력을 발휘할 수 없다는 점도 이미 살펴보았다. "상호합의된 성관계가 벌어지는 가정"에서는 '혐오의 정치'가 점차 사라지는 중이다. 동성결혼 문제에서도 '혐오의 정치'는 점차 모습을 감추는 것처럼 보인다. 동성애자들의 결혼을 반대하는 사람들은 실제로는 '혐오의 정치'에 따라 반대의견을 내는 것이면서도, 표면적으로는 다른 주장을 내세우기 때문이다. 이들이 내세우는 주장은 그리 설득력이 높지는 않으나 최소한 '혐오의 정치'를 효과적으로 감추어주기는 한다. 반면 성인업소나 게이 찜질방 등에 대한 법적·정치적 논란의 경우에는 '혐오의 정치'가 여전히 건재하며 공개적으로 영향력을 휘두르고 있다. 이 장에서는 바로 이 분야를 다룬다. 가정 외의 공간에서, 상호합의한 성인들이 성행위에 참여하거나 에로틱한 공연을 보기 위해 회합하는 경우 말이다.

이 분야에는 다양한 법적 문제가 걸려 있다. 첫째는 공공생활방해죄

---

* 영어에서 '스윙어swinger'는 자유분방한 성생활을 즐기는 사람들을 말한다.

public nuisance를 무엇으로 정의해야 하는가의 문제다(공공생활방해죄를 어떻게 정의하느냐의 문제는 헌법과도 관련된 문제다. 사업장이 강제로 폐쇄될 경우, 이에 따라 해당 사업장의 소유자가 이 폐쇄에 대해 보상을 받을 수 있는지 여부가 결정되기 때문이다). 둘째는 미국연방 수정헌법 제1조가 보장하는 표현의 자유가 어디까지인지의 문제다. 셋째는 로렌스 판결에 따라 보호하게 된 사생활의 권리를 어떻게 이해해야 하는지의 문제로, 보다 일반적으로 말하자면 상호합의한 성인 간의 행위를 법적으로 감시할 수 있는 한계가 어디까지인지의 문제다. 이 문제들이 모두 헌법과 관계된 것은 아니다. 그러나 이 문제들이 얽혀 있는 방식을 보면 이 분야 전체를 개관하지 않고서는 헌법적 문제를 제대로 다룰 수 없음을 알 수 있다.

위에서 열거한 질문들은 동성애자들에게만 관련된 것은 아니다. 앞으로 검토할 재판들 또한 대체로 이성애적 지향을 가진 스윙어들과 사디스트, 마조히스트, 스트립쇼 클럽 등에 대한 것이다. 그러나 많은 사람들이 게이 찜질방에 유난히 초점을 맞추는 것을 보면 알 수 있듯, 이 분야에서도 동성애자들은 이성애자들에 비해 한층 강한 차원의 감시와 혐오-불안에 직면하고 있다고 할 수 있다. 특히 사람들은 게이들의 성행위를 상상할 때 성적 방종이 강조되는, 성욕 과잉의 상황을 상상한다는 점을 고려해야 한다. 이 때문에 일반인들은 게이들을 질병이나 오염과 쉽게 연관 짓는다. 게이들이 일상적으로 관계를 맺는 게이 찜질방, 섹스 숍, 공중화장실 등의 장소에 초점을 맞추고는, 질병이 창궐하는 장소라는 무시무시한 이미지와 게이들의 공동체 전체를 연관시키는 방식으로 게이들에게 낙인을 찍는 것이다. 반면 스윙어 클럽이나 이와 비슷한 장소에 대한 낙인찍기는 이성애자 집단 전체에 대한 전 사회적 차별로 연결되지 않는다. 이 분야에 관한 한 성적 지향에 관계없이 모든 성인의 자유가 일정 부분 제한되는 것이 사실이다. 그러나 게이들에게 이 문제는 한 발 더 나아가 차별의 문제가 된다. 그러므로 게이 찜질방이나 게이들의 섹스클럽에 대한 공포에 근거하여 사회가 정책적 십자군 전쟁을 벌이는 한, 게이들이 자신들은 완전한 사회적 평등을 누릴 수 없다고 생각하는 것도 개연성 없는 일은 아니다.

또 한 가지를 언급해야 한다. 사회는 오랜 세월 게이와 레즈비언들에게 낙인을 찍어왔다. 바로 그렇기 때문에, 동성애자들에게 섹스클럽과 성인업소는 다양한 차별로부터 보호받으며 사회적인 사교활동을 할 수 있는 공간으로서 상당한 중요성을 띠게 되었다. 이성애자들은 다양한 장소에서 공개적으로 자신의 성적 욕망을 드러내거나 성행위를 할 수 있다. 그러나 최근까지도 동성애자들은 이성애자들과 똑같은 행위를 했다는 이유만으로 기소를 당하거나 심지어 체포를 당할 수 있었다. 그런 만큼 게이 바나 동성애자들에게 우호적인 다양한 성인업소는 게이와 레즈비언들이 자신의 정체성을 사회적으로 인정받을 수 있는 중요한 축이 되었다. 동성애자 인권운동의 진화과정에서도 이 업소들은 중심적인 역할을 수행했다. 그러므로 섹스클럽이나 성인업소에 대한 공격은 이성애자들에게는 그렇지 않을지 몰라도 동성애자들에게는 대단히 중심적인 문제가 된다.

이 분야에서는 '혐오의 정치'가 교제와 표현의 자유, 시민 간의 평등에 악영향을 끼치면서 특별히 흉악한 형태로 작용하고 있다. 이 분야에서는 데블린이 주창했던 '혐오의 정치'가 거대한 역할을 차지하고 있으며, 피해 여부에 기준을 두는 밀의 정치학은 작고도 비일관적인 역할만을 수행한다. 밀의 정치학에 근거했다는 주장들 중 상당수는 매우 조잡하기까지 하다. 이런 주장들은 사실상 '혐오의 정치'가 쓴 가면에 불과하다. 혐오에 호소하는 순간, 합리성 심사기준을 통과할 만한 근거들을 찾으려는 노력은 단축되고 만다. 이 장에서는 '혐오의 정치'가 생활방해죄를 다루는 법적 개념을 교란해온 방식을 연구하고, 앞에서 발견한 헌법적 원칙이 이 문제들을 깊이 생각하는 데에 어떤 도움을 줄 수 있는지 묻는다. 그 과정에서 미국 법체계가 전반적으로 "사적 영역"과 "공적 영역"이라는 개념을 혼동하면서 어떤 피해를 발생시켰는지, 그 영향이 어떻게 지금까지도 계속되고 있는지가 드러날 것이다.

개념 분명히 하기: 손해, 생활방해, 사생활

앞선 장에서는 밀의 주장에 따라 "자기본위적" 행위와 "타자관련" 행위를 어떻게 구분할 수 있는지 검토하면서 세 가지 행위 유형을 설정했다. 첫 번째 유형은 타인에게 손해를 끼치거나, 즉각 손해를 끼칠 위험이 있는 행위다. 이 유형의 행위가 법적 규제의 대상이 된다는 점에는 논란의 여지가 없다.[1] 두 번째 유형은 특성상 손해와 견줄 만한 "직접적 불쾌감"을 발생시키는 행위다. 이 경우에는 일종의 불쾌감이 합의하지 않은 제3자의 활동에 악영향을 끼치며, 이에 따라 제3자는 자신의 삶을 즐기지 못할 위험에 빠진다. 세 번째 유형에 속하는 행위는 밀이 말하는 "자기본위적" 행위다. 누군가가 이런 행동을 한다는 생각만으로도 어떤 사람들은 불쾌해하거나 혐오감을 느낄 수 있지만, 그럼에도 이 유형의 행동은 합의하지 않은 제3자의 삶에 아무런 직접적 영향도 끼치지 않는다. 밀에 따르면 이 세 번째 유형의 행위는 법적 규제의 적합한 대상이 아니다. 앞서 소도미 법을 분석했는데, 이에 따르더라도 밀의 주장이 맞는 것으로 보인다. 물론 미국의 헌법전통이 밀의 원칙을 전적으로 수용한 것은 아니다. 그러나 최소한, 미국의 헌법전통은 사적 관계라는 특권적 영역에 한하여 밀의 원칙과 비슷한 무언가를 인정한다.

위에서 구분한 행위 유형 중 두 번째는 다루기가 까다로운 유형이다. 이

제부터는 두 번째 행위 유형에 대해 보다 철저히 고민해보아야 한다. 섹스 클럽과 "공적 영역"에서의 섹스를 두고 법적 토론이 벌어질 때에는 두 번째와 세 번째 행위 유형 사이의 경계선이 자주 흐려지기 때문이다. 충분히 세 번째 유형으로 분류할 수 있는 행위인데도 두 번째 유형으로 분류되는 경우가 꽤 많은데, 두 번째 유형은 생활방해라는 법적 개념을 끌어들이면 잠재적으로 통제 가능한 범주다. 그렇다면 이제 생활방해에 대한 전통적 법을 살펴보자.

사람들이 어떤 행동을 하거나 재산을 소유함으로써 즐거움을 누릴 수 있을 때, 이 즐거움을 방해하는 불쾌한 무언가나 위험한 무언가로부터 그 사람들을 보호해주는 것이 생활방해와 관련된 법규다. 이와 관련하여 "*sic utere tuo ut alienum non laedas*"라는 격언이 자주 인용되는데, 이는 "다른 사람의 권리에 손해를 끼치지 않는 방식으로 당신 자신의 권리를 향유하라"는 뜻이다. 다시 말해, 생활방해란 일종의 가해라고 할 수 있다. 폭력을 휘두르기보다는 혐오감을 유발한다는 점에서 첫 번째 유형과는 다르지만, 어쨌든 생활방해도 당하는 사람에게는 어떤 식으로든 손해를 끼치는 행위다. 요약하자면 생활방해는 두 번째 행위 유형에 속한다고 할 수 있다.

생활방해와 관련된 모든 사건에서 인용되는 고전적인 판례는 알드레드 판례인데, 이때 재판부는 누구에게도 "역겨운 냄새, 시끄럽거나 비정상적인 소음, 짙은 연기, 유해 증기, 기계의 삐걱거리는 소음 및 부당한 해충의 집적 등으로 인근 사유지 거주자들의 토지 점유를 위협하거나 더 이상 유지 불가능하게 만들거나 불편하게 만드는 구조물을 자신의 사유지에 보유할 권리가 없음"을 표명했다. 이 판례에서 열거하고 있는 생활방해의 모든 사례는 A의 사유지에서 나와 B의 사유지로 들어가는 무언가와 관련되어 있다.[2] 해충이나 연기, 증기처럼 식별 가능한 물질이 됐든, 음파나 냄새가 됐든 이것들은 상상적이거나 개념적인 차원에 머물지 않고 B에게 인과관계가 있는 영향을 끼친다. 그러므로 이 경우는 세 번째 행위 유형과는 구분된다. 세 번째 유형의 행위는 A가 A의 사유지에서 B가 좋아하지 않는 어떤 행동을 한다는 이유만으로 B가 불쾌감과 혐오감을 느끼는 경우이기 때문이다. 공공생활방해가 성립되려면 세 가지 조건이 전형적으로 충족되어야 한다. (a)인과관계: A는 B나 B의 사유재산에 무언가 나쁜 결과를 초래한다. (b)부담: B는 이 결과에 동의하지 않는다. 즉, 공공생활방해는 원치 않은 손해다. (c)원초적 대상: 혐오감을 일으키는 경우, 공공생활방해에 해당하는 행동은 악취 등 원초적 대상에 대한 혐오를 일으키는 것이다. 원초적 대상은 "유해한 증기"라는 사례가 그렇듯, 많은 경우 진짜 위험과 결합되어 있다.

현대의 생활방해 관련 판결은 대체로 위의 조건을 따른다. 이들 사건 중 다수는 수자원과 관련된 권리를 다루는데, A라는 이웃은 B의 토지를 통과하여 흐르는 물을 오염시켜서는 안 된다는 내용이다. 이 사건에 적용된 법은 강력한 감각적 혐오감이 그 자체만으로도 생활방해를 구성하기에 충분한 요건이 된다고 명시한다.[3] 그러므로 주거 지역에 위치한 돼지 농장이 악취를 풍긴다면, 그 악취는 건강에 해롭지 않은 경우에도 생활방해의 요건이 된다.[4] 마찬가지로, 가축에게 해로운 영향을 끼친다는 사실이 증명되지 않는 경우에도 목장 근처에 설치한 하수처리장은 생활방해가 된다.[5] 앞서 언급한 생활방해의 필수요건이 이 모든 사례에서 충족된다는 사실에 주목해야 한다. 즉, 이 모든 사례에서 생활방해는 수용자에게 영향을 끼치는 실제의 물질이었으며, 피해자는 이 영향을 받기로 동의하지 않았고, 문제가 되는 혐오감은 원초적 대상을 향한 혐오이지 투사적 혐오가 아니었다(투사적 혐오란, 예를 들어 특정 행동이나 특정 계급에 속한 사람이 더럽다거나 무언가를 오염시킨다는 생각에서 발생하는 혐오다). 생활방해와 관련하여 일반적으로 인용되는 아래의 판례는 1875년 호러스 게이 우드가 일으킨 생활방해에 대한 판례로서, 이 역시 위의 세 가지 조건을 모두 갖추고 있다.[6]

공기와 마찬가지로 [수자원에 대한 권리를] 논하자면, 물에 불순물을 더함으로써 소송을 초래할 수 있는 모든 간섭이 문제가 되는 것은 아니다. 문제가 되는 경우는 더해진 불순물이 생활용수의 가치를 심각하게 손상시켜 주거에서의 사용이 어느 정도 부적절해지는 경우, 유해하거나 불쾌한 증기 및 악취가 물에서 발생하여 인근 사유지에서의 편안하고 유익한 즐거움을 손상시키는 경우다. 또한 물에 실제적이고 인식 가능한 영향을 끼치지는 않은 경우에도 혐오감을 일으킬 목적에서 불순물을 첨가하였다면 이 역시 문제가 된다. 예컨대 일상적 용도로 물을 사용하는 사람들에게 구토나 혐오감을 유발시킬 목적으로, 혹은 제조업상의 사용가치를 떨어뜨릴 목적으로 동물의 사체를 유기하거나 하천에 정액을 배출했다면 이는 문제가 된다.[7]

이것은 "사적 생활방해"에 대한 표준적인 해석이다. 법은 또한 "공공생활방해"라는 범주도 인정하는데, 이는 기본적으로 사적 생활방해가 공중 일반에게 영향을 미치는 경우를 상정하여 사적 생활방해죄의 해석을 확장한 것이다.[8]

제3장에서는 공공장소에서의 배설이나 방뇨가 행인들에게 생활방해 행위가 될 수 있음을 보여주었는데, 이는 배설이나 방뇨와 관계된 성행위가 공공장소에서 벌어지는 경우에도 확대해 적용할 수 있다. 다른 종류의 성행위는 생활방해라는 범주에 넣기가 더 까다롭다. 그러나 공공장소에서의 자위행위나 성교행위를 이 범주에 끼워넣을 수 있다는 점은 이미 이야기했다. 성행위를 할 때 발생하는 분비물도 혐오의 원초적 대상 중 하나이기 때문이

다. 많은 경우, 행인들은 원치 않더라도 성적 분비물의 모습을 보거나 그 냄새를 맡아야 한다. 이때 성적 분비물의 모습과 냄새는 단순한 상상 속의 산물이 아니라, 행인의 세계에 지장을 주는 물리적 존재가 실재함을 나타낸다. 게다가 많은 사람들은 이런 행위를 목격하는 것이 청소년에게 해로운 일이라고 믿는다. 그러므로 밀의 이론에 따르더라도 이런 행동을 법으로 규제하는 데에는 별다른 문제가 없다.

그러나 앞선 논의에서 "공공장소"라는 말이 무엇을 의미하는지는 좀 더 자세히 따져볼 필요가 있다. 공공장소에서의 성행위가 문제가 되는 까닭은 그런 행위의 목격에 동의하지 않은 사람들이 있는 장소에서 해당 행위가 일어나기 때문이다. 바로 이 지점에서 공공장소에서의 성행위는 공공생활방해라는 전통적 범주와 연결되어 있다. 공공장소에서의 성행위도, 공공생활방해도 모두 타인을 침해한다. 그러나 만일 성행위가 회원제 클럽에서 일어난다고 생각해보자. 이런 클럽 중 상당수는 타인에 대한 침해와는 별다른 관계없이 기업체라는 이유만으로 "공공시설"로 지정되었다. 하지만 이때 "공공"이라는 용어는 앞선 경우와는 조금 다른 의미를 띤다. 이런 식의 "공공성"만을 이유로, 그곳에서의 성행위를 전통적인 의미의 공공생활방해로 취급할 수는 없다. 이 경우에는 목격을 원치 않는 행인에게 직접적인 피해가 발생하지 않기 때문이다. 직접적인 피해를 주는 것이 아니기 때문에 공공생활방해의 필수요건 중 세 번째 조건이 충족되지 않는다고 봐야 한다. 합의하지 않은 제3자들은 벌어지고 있는 일을 직접적으로 경험하지 않으므로, 그들이 느끼는 혐오는 원초적 대상에 대한 혐오가 아니다.

그러므로 회원제 클럽에서의 성행위는 세 번째 행위 유형에 속하며, 두 번째 행위 유형에 속하는 것은 아니다. 사람들은 무언가를 직접 보고, 듣고, 냄새 맡았기 때문에 불쾌감을 느끼는 것이 아니다. 그들이 불쾌감을 느끼는 까닭은 섹스클럽에서 벌어지는 일을 상상하기 때문이다. "공공장소"와 "사적 장소"라는 용어의 모호함 때문에 생각이 혼란스러워진다. 어떤 의미에서는 회원제 클럽에서의 성행위도 공적인 행위라고 할 수 있다. 이 행위는 법적인 목적에 따라 "공공시설"로 분류되는 시설에서 일어나기 때문이다. 만일 "사적 장소"가 오직 "가정"만을 의미한다면, 물론 섹스클럽은 "사적 장소"가 아니다. 그러나 법리를 따질 때 중요한 요소는 해당 행동이 상대적으로 격리된 상태에서 벌어지는 만큼 원치 않는 행인에게 아무런 영향을 끼치지 않는지, 아니면 해당 행동에 동의하는 사람과 동의하지 않는 제3자가 모두 섞인 환경에서 일어나는지 여부라는 것이 이 책의 주장이다. 공공생활 방해죄를 적용하여 성인업소를 감시할 때에는 이러한 차이를 염두에 두도록 하자.

섹스와 생활방해죄

미국 대부분의 도시에서는 "공중보건 생활방해public health nuisance"를 일으키는 시설의 유지를 법적으로 금지하고 있다. 어떤 시설이 공중보건 방해를 일으키는 경우에는 경찰이 그 시설을 폐쇄할 수 있다. 나아가 해당 시설이 만일 "위치나 주변 환경과 관계없이 항시적으로 어느 상황에서나 공공 생활방해라고 볼 만한 행위, 장소 혹은 구조물인 경우", 즉 "그 자체로 공공 생활방해public nuisance per se"인 경우에는 해당 시설의 소유주가 재산 상실에 대한 보상도 받지 못한다. 이 시설의 폐쇄는 "몰수taking"로 간주되지 않기 때문이다. "공중보건 방해"를 일으키는 사례에는 "감염된 동물을 기르는 행위, 모기가 살고 있는 연못을 유지하는 행위", 다른 사람들의 토지로 침출수를 배출할 가능성이 있는 매립 행위, 지진 위험이 있는 지역에 핵발전소를 세우는 행위 등이 포함된다.[10] 밀의 주장을 고전적으로 적용하는 경우에도 이 모든 예시들은 공공생활방해라고 볼 수 있다.

다수의 시정부는 또한 조례를 통해 성인업소도 위와 비슷한 공공생활방해로 분류한다. 피닉스 시와 뉴욕 시의 전형적인 조례를 살펴보자.

> 실제 성행위에 참여할 기회 또는 이를 관람할 기회를 제공하는 업소는 매음굴이자 그 자체로 공공생활방해이며, 이는 금지된다.
>
> (피닉스 시 조례 223-54[A][1][1998])

> 금지시설: 어떠한 경우에도 위험한 성행위를 수용할 목적으로 시설을 설립해서는 안 된다. 이러한 시설들은 공중보건을 위협하는 공공생활방해의 요건을 구성한다. 이때 "시설"이란 입장권, 회원권, 상품이나 서비스가 매매되는 모든 장소를 의미한다. "위험한 성행위"란 항문성교와 구강성교를 의미한다.
>
> ('뉴욕 시 대 뉴 세인트마크 목욕탕' 판결에서 문제가 되었던 뉴욕 시 조례 497조)

이때 시 조례는 공공생활방해죄와 관련된 어떤 이론을 활용하고 있는가? 피닉스 시 조례에 따라 머큘러 섹스클럽을 폐쇄한 사건에 대해 재판부는 법의 배경을 설명하며 이렇게 판시한다.

> 성인업소는 성관계로 인해 전염되는 질병의 확산에 기여할 뿐 아니라 "피닉스 시 거주자들의 건강, 안전, 일반적 복지 및 도덕관에 해로우므로" 그 자체로 공공생활방해에 해당한다. …… [경찰의] 제안서에는 또한 [이러한 산업에] "타액, 정액, 혈액 및 배설물을 포함하는 다양한 체액과의 원치 않는 접촉이 이루어질 잠

재성이 존재한다"는 점을 명시하며 위생과 관련된 우려를 표현하기도 했다.

또한 머츨러 판결은 밀의 이론에 근거하는 경우에도 피닉스 시 조례에 타당한 이유가 있다고 주장한다. 성인업소가 일반 공중에게 보건상의 위협을 야기한다는 것이다. 그러나 이 추론을 좀 더 꼼꼼히 살펴보면 사실 그 안에는 혐오가 스며들어 있음을 알 수 있다. 이때의 혐오는 고전적인 사적 생활방해나 이를 연장한 공공생활방해와 관련되어 있는 혐오가 아니다. 원치 않는 행인이 머츨러 섹스클럽에 들어간 경우는 한 건도 없었다. 경찰은 섹스클럽에 들어가는 바람에 혐오감을 느끼게 되었다고 주장하지만, 이들 역시 자신의 뜻에 따라 그곳에 들어갔다고 보아야 한다. 경찰을 제외한 모든 회원들은 스윙어 클럽에 참여하고 싶어서 머츨러 섹스클럽에 간 사람들이었다. 실제로 머츨러 섹스클럽은 스윙어 클럽으로 유명했다. 회원들은 입장료를 냈으며, 성인업소로 허가를 받은 이 클럽의 성격에 의심을 품은 사람은 아무도 없었다.

그렇다면 어째서 이 사업장이 공공생활방해죄를 범했다는 것일까? (머츨러 섹스클럽이 공중보건에 대한 위협인 만큼 밀이 이야기하는 공공생활방해에 해당한다는 것이 판례의 주장임은 명백하다.) 회원들이 성병에 감염될 수 있다는 뜻이라면, 글쎄, 그럴 수도 있다. 그러나 문란한 성행위에 참여하는 사람은 누구라도 성병에 걸릴 가능성이 있다. 오히려 스윙어 클럽의 회원들은 자신들의 자발적인 거래에 따르는 위험을 다른 사람들보다도 잘 알고 있을 가능성이 높다. 성병은 공기를 통해서나 일상적인 접촉을 통해서는 옮지 않으며 오직 성행위를 통해서만 전염된다. 그러나 회원 중 누구에게도 강간을 했다거나 상대방이 원치 않는 성행위를 했다는 혐의는 없었다. 머츨러 섹스클럽은 가입을 원하는 모든 사람들에게 회원 중 일부가 성병 감염자라는 사실을 통지했다. 그러나 성병 감염 위험을 알고 있는 한, 그다음부터 어떻게 행동할지는 회원 자신의 선택에 달려 있었다. 물론 회원 개개인은 자기가 성병 환자가 아니라고 거짓말을 할 수 있다. 그러나 이런 범죄 행위에 대한 정당한 대응은 그 사기꾼을 처벌하는 것이지, 그런 사기 행각이 벌어질 수 있는 공간 자체를 폐쇄하는 것이 아니다. 그러므로 머슬러 섹스클럽이 회원들에게 공공생활방해죄를 범했다는 주장은 설득력이 없다.

근거는 더욱 약하지만 비슷한 주장이 또 하나 있다. 에이즈를 확산시키기 때문에 게이 찜질방은 공공생활방해에 해당한다는 주장이다. 게이 찜질방을 규제하는 뉴욕 시 조례는 밀의 이론에 근거하여 "공공생활방해"를 명료하게 정의한다. 공공생활방해란, "인간의 생명에 위험하거나 보건에 해로운 모든 것"이라는 규정이다. 그러나 이 조례에는 원치 않는 제3자에게 피해를 끼친다는 조건이 포함되어 있지 않다. 게이들의 공동체는 에이즈 바이러스에 대해서도, 그것이 얼마나 위험한지에 대해서도, 그 전염방식에 대해서도 잘 알고 있다. 또한 게이들의 공동체는 콘돔을 사용하지 않는 섹스가 위험할 수 있다는 사실을 구성원들에게 기꺼이, 자발적으로 경고해왔으며 콘돔을 쉽게 사용할 수 있도록 조치를 취하기도 했다. 에이즈는 오직 체액의 교환을 통해서만 전염된다. 그러므로 아무리 나쁘게 이야기한다 해도, 게이 찜질방은 오직 위험한 행동을 하기로 마음먹은 남자들에게만 그런 위험한 행동을 할 수 있도록 해준다는 말밖에 할 수 없다.

사람들은 온갖 방식으로, 온갖 활동을 통해 자기 자신을 위험에 빠뜨리는 선택을 한다. 높은 산에 오르고, 자동차 레이싱을 하며, 권투를 하고, 흡연을 하고, 과식을 한다. 누구도 이 모든 행동을 불법화해야 한다고 주장하지는 않는다. 물론 이 중 몇 가지 행동은 안전상의 이유로 규제된다. 예를 들어 권투에는 규칙이 있으며, 몇몇 지방자치단체는 패스트푸드 레스토랑에 트랜스지방을 사용하지 말고 메뉴에 영양성분을 표시하도록 요구한다. 흡연은 이보다 더 강력하게 규제되지만, 그 까닭은 원치 않는 행인들에게 간접흡연이라는 피해를 끼치기 때문이다. 연구에 의해 충분히 입증된 바에 따르면, 술은 폭력이나 음주운전, 성폭행 등 타인에게 영향을 끼칠 가능성이 매우 높은 위험한 약물인데도 구매자의 연령이나 판매 장소가 제한될 뿐 거의 규제받지 않는다. 간단히 말해, 순전히 자기본위적인 행위를 할 수 있도록 해주는 시설이 공공생활방해를 일으키는 시설로서 폐쇄되는 경우는 모두 섹스와 관련되어 있다(마약이라는 예외가 있지만 마약문제는 여기에서 다루기에는 너무 복잡하다). 섹스를 제외한 모든 경우, 인간이 자발적으로 선택한 위험한 행위는 훨씬 협소한 범위에서 규제된다. 행동 방식을 통제하거나 교육한다든지, 동의하지 않은 제3자를 기망하여 원치 않는 위험에 빠뜨리는 경우에만 형사책임을 묻는 식이다. 그러나 성행위, 특히 동성 간 성행위는 유난히 엄격한 심사의 대상이 된다.

여기에서 다시 한 번 혐오가 작동하고 있음을 알 수 있다. 머슬러 판결에서 인용된 경찰 보고서가 사실은 미국 개조자동차 경기NASCAR에 대한 것이었다고 상상해보라. 섹스클럽에서의 위험한 행동에 대해 혐오감을 표출했던 경찰이라도 안전하지 않은 운전을 하겠다는 위험한 선택에서 표출되는 남성성에는 극찬을 보낼 가능성이 매우 높다. 머슬러 클럽의 회원들은 콘돔을 사용할 수 있지만 카레이서들에게는 콘돔에 해당하는 장비가 없는 만큼, 심각한 신체적 손상이 발생할 위험성은 개조자동차 경기의 경우가 훨씬 높을 텐데도 말이다. 물론, 개조자동차 경기에도, 섹스클럽의 섹스에도 이 행위에 참여하지 않는 제3자에게 피해를 입힐 만한 심각한 위험은 없다.

섹스클럽을 둘러싼 미국에서의 혐오-공포 환경에 대해 대단히 생생한 예시를 하나 들 수도 있다. 내가 재직하는 대학교의 출판부에서 『제한 없는

친밀함: 콘돔 없는 섹스라는 하위문화에 대한 숙고』라는 책의 출판 여부를 놓고 논쟁이 벌어졌을 때의 일이다. 이 책의 저자인 팀 딘은 인문학연구회 Humanities Institute의 임원이면서 버펄로 소재 뉴욕 주립대학교의 영문과 교수이기도 하다. 이 책은 콘돔을 사용하지 않고 섹스클럽에서 섹스를 하는 게이들의 하위문화에 대한 상세한 인류학 연구서이며, 딘은 자기 또한 이 하위문화에 참여하고 있음을 인정한다. 사실 그의 책에서 다루는 정보는 하위문화의 일원이 아니고서야 얻을 수 없는 것들이다. 이 책은 하위문화에 참여하는 사람들이 보이는 자기인식이나 위험한 행위에 참여하겠다는 선택을 지지하는 이유 등 하위문화 공동체를 추진하는 판타지와 염원을 탐구하고 있다. 연구는 하위문화의 구성원들이 에이즈 보균 여부를 완전히 공개한 상태에서 상호합의한 성관계를 맺는다는 점에 초점을 맞추며, 이와 관련된 기망행위에는 엄격히 비판적이다. 간단히 말해 이 책의 결론은, 콘돔을 사용하지 않고 섹스를 함으로써 에이즈에 감염될 위험을 감수하는 사람들은 병적인 괴짜들이 아니라 여러 동기에 따라 움직이는 사람들이라는 것이다. 이들을 움직이게 하는 동기 중 하나는 "나는 터프가이야", "나는 무슨 일이든 할 수 있어" 같은 일반적인 남성 판타지다. 또 다른 동기로는 콘돔을 사용하지 않고 하는 섹스의 쾌락이 발생할 위험보다 더 크다고 판단하는, 일반적인 비용/편익 계산이다. 이 하위문화에서는 자신의 에이즈 보균 여부 공개를 윤리적으로 강제하고 있기 때문에 비용은 더욱 낮게 계산된다. 또 다른 사람들은 좀 더 놀라운 동기를 가지고 행동한다. 이들은 임신과 양육에 대한 환상을 품고 있으며, 이 판타지를 바이러스의 전염이라는 환상과 연관시킨다.

이 책은 여러 학자들의 통상적인 검토를 거쳤으며, 해당 분야의 심사위원과 편집자들은 모두 이 책을 열정적으로 추천했다. 그러나 시카고 대학교 출판부가 이 책의 출판을 고려하기 시작하자 극렬한 논쟁이 뒤따랐다. 많은 사람들은 "위험한 행위"를 옹호하는 것처럼 보이는 책을 시카고 대학교 출판부가 출판해서는 안 된다고 생각했다. 이 사람들은 딘의 책이 사실상 어떤 행위도 옹호하지 않는다는 사실은 전혀 고려하지 않았다. 딘의 목표는 단지 현상을 묘사하고 이해하는 것뿐이었는데도, 책에 단호한 도덕적 비난이 실리지 않았다는 사실 자체가 이 하위문화에 대한 옹호로 읽혔다. 만일 딘의 책이 등산이나 카레이싱, 권투, 흡연 혹은 음주에 관한 것이었다면, 시카고 대학교 출판부는 이러한 논란에 대해 눈 하나 깜짝하지 않았을 것이다. 그런 책들은 대학교 출판부를 포함한 유명출판사에서 흔하게 출판되고 있다. 흡연에 대해서라면 심지어 흡연이 주는 쾌감을 격찬하면서 최근의 금연규제를 폄하하는 책도 출판할 수 있다. 섹스, 특히 동성애자들의 섹스만이 엄격한 심사를 받아야 하는 대상으로 지목당한 것이다. 마치 섹스나 동성애에 대한 솔직한 대화 자체가 일종의 공공생활방해라는 것처럼 말이다. 최종적으로는 이성적 판단과 학문의 자유가 승리를 거두었고 출판부는 딘의 책을 출판하기로 결정했지만, 이때 모습을 드러낸 불안은 너무도 익숙한 이야기를 보여준 셈이었다.

회원들이 위험에 처할 수 있으므로 섹스클럽은 공공생활방해죄에 저촉된다는 주장은 일관적으로 방어될 수 없다. 에이즈 보균 여부에 대한 거짓말이 이미 범죄 행위로 지정되어 있는 상황에서는 특히 그렇다. 그렇다면 대체 어떤 점에서 섹스클럽이 일반 대중에 대한 공공생활방해라고 할 수 있을까? 전염병이 창궐하던 시절 창작된 셰익스피어의 작품 『자에는 자로』는 매음굴이 질병을 이 사람에서 저 사람으로 부지불식간에 전염시키는 장소라고 암시한다. 매음굴을 찾는 사람들은 섹스를 하러 오는 것이지만, 결과적으로는 역병에도 걸린다는 것이다. 이후 그 사람은 매음굴 밖으로 나가 동의하지 않는 제3자들로 이루어진 일반 공중에게도 질병을 퍼뜨린다.[11] 최소한 이 작품은 전염병이 동의하지 않는 제3자에게 전파되는 방식을 설명하기라도 한다. 어떤 시설이든 사람이 많이 드나드는 시설이라면 마찬가지로 질병의 전염경로가 될 수 있는 마당에, 어째서 성인업소만을 특정해야 하는지는 분명하지 않지만 말이다. 클로디오가 쥐약을 들먹이며 했던 말에서 알 수 있듯, 이 연극의 많은 등장인물들은 이미 섹스 자체가 질병과 같은 무엇, 해충이 들끓는 것과 같은 무엇이라고 생각하고 있다. 그러므로 온갖 종류의 질병이 매음굴로 모여든다는 식으로 생각하기가 쉬웠을 것이다. 그러나 전염 문제만을 따져보자면, 매음굴뿐 아니라 극장, 시장, 사람이 많은 식당 등이 모두 최소한 매음굴과 비슷한 정도로 크게 위험할 수 있다(사실 1603년 전염병 발생으로 폐쇄된 시설은 런던 '극장'이었다).

전염병은 어떤 방식으로든 전염된다. 서혜 임파선종 전염병은 이 사람 저 사람을 옮겨다니는 벼룩에 의해 전염된다. 셰익스피어 시대의 런던에 영향을 끼쳤을 것으로 보이는 폐렴성 전염병은 가래를 통해 전염된다. 좁고 사방이 막혀 붐비는 공간에서라면 두 종류의 질병 모두가 원치 않는 제3자에게 쉽게 옮을 수 있다. 에이즈는 이와 다르다. 에이즈는 오직 성적인 접촉, 수혈, 장기 이식, 주삿바늘의 공유 등을 통해서만 전염된다. 다시 말해, 한 사람에게서 다른 사람에게로 체액이 직접 전해질 때에만 전염된다는 것이다. 사실 에이즈 바이러스는 공기 중에 노출되면 빨리 사멸한다. 그러므로 일반 공중에게 위험이 된다는 이유로 게이 찜질방을 비롯한 다양한 형태의 성인업소를 공공생활방해로 취급하겠다는 주장은 정말로 별다른 근거가 없는 것이다.

섹스클럽에서 에이즈에 걸린 사람이 부지불식간에 배우자나 새로운 파트너에게 에이즈를 옮길까봐 경계하는 경우에 대해서도 생각해보자. 이 경우에는 다시 한 번 미국 형법을 끌어들일 수 있다. 이미 미국 형법에는 에이즈 보균 여부에 대해 거짓말을 하는 행위와 관련된 조항이 있기 때문이다. 더불어 이처럼 원치 않는 행위가 대체로 부부 간의 침실에서 일어난다는 점도 고려해보아야 한다. 동성애자가 됐든 이성애자가 됐든, 부부 침실에서 콘돔 사용을 거부하는 남편은 자기가 외부에서 걸려온 바이러스를 아내에게 강제로 감염시키는 것이다. 사실 이것이야말로 에이즈가 아프리카에 퍼진 가장 주된 이유였다. 이 경우에 가장 좋은 해결책은 게이 찜질방이나 매음굴을 폐쇄하는 것이 아니라, 부부 간 성행위에도 동의가 필요하다는 내용으로 규범을 개혁하는 것과 경찰이 의지를 가지고 부부강간 사건에 적극 개입하는 것임을 알 수 있다. 더불어 남편에 의한 강간 및 이에 따르는 질병감염의 위험을 무릅쓰도록 강요당하는 여성들 간의 연대도 필요할 것이다. 현재에는 섹스클럽이 아니라 가정이라는 보호받는 영역이 섹스를 하기에 가장 위험한 장소다.

몇몇 판례는 "도덕적 공공생활방해죄"라는 개념을 끌어들인다. 그런데 "도덕적 공공생활방해"란 정확히 무엇을 의미하는가? 이 개념은 아마도 세 가지를 뜻하는 것으로 보인다. 첫째는 순수하게 데블린적인 주장으로서, 이때 "도덕적 공공생활방해"란 그 일이 벌어지고 있다고 상상하는 순간 혐오감이 드는 행동을 말한다. 이는 밀의 입장과는 반대되는 추론으로서, 나는 이 책 전체를 통해 그 추론에 반대해왔다. 그러나 "공공장소에서의 섹스"라는 영역에 있어서만은 자기 근거가 밀의 입장에 따른 것이라며, 데블린의 주장과 그 근거를 뒤섞는 경우가 있다. 그것이 "도덕적 공공생활방해"의 두 번째 의미일 텐데, 이때 사람들이 하는 말은 지역에 성인업소가 존재한다는 사실 자체가 그 지역 사람들에게 해당 업소를 애용하고 싶게 만든다는 것이다. 그러므로 성인업소는 다수 사람들이 좋아하지 않는 일종의 자발적 행동을 퍼뜨린다고 할 수 있다. 실제 사례를 보면 이런 주장에는 보통 별다른 근거가 없다. 그러나 스윙어 클럽이 어떤 지역에 들어설 경우 그 지역에서 스윙어들의 숫자가 늘어난다는 주장이 사실이라고 해보자. 그렇다고 해서 성인업소를 밀이 말하는 "공공생활방해"로 간주할 수 있는가? 직접적 인과관계라는 요소도, 원치 않는 제3자에 대한 강제적 영향이라는 요소도 부족하다. 사람들은 이미 스윙어 클럽에 다니고 있는 사람들에게 경쟁심을 느끼거나, 스윙어 클럽에 참여하는 것이 편리하다고 느껴서, 아니면 그런 행동이 매력적이라고 느껴서 스윙어가 될 수 있다. 그러나 어떤 경우에도 이 사람들이 강제로 스윙어가 되는 것은 아니다.

도덕적 공공생활방해죄의 세 번째 의미 역시 밀의 구분에 따른 것이라고 하는데, 그 내용은 성인업소가 다양한 형태의 불쾌하고 불법적인 활동을 끌어들이는 자석이라는 것이다. 뒷부분에서 살펴보겠지만 이런 주장을 지지하는 사례는 거의 없거나 있어도 매우 약하다. 그러나 설령 이런 주장이 강력한 사례로 뒷받침된다 할지라도, 밀이 구분해놓은 행위 유형을 고려하자면 두 개의 서로 다른 부차적 활동을 구분해야 한다. 이 중 하나는 성매매처럼 자기본위적인 행위다. 이런 행동은 불법일 수는 있겠지만 상호합의한 당사자 두 명에게만 관계되어 있으므로 밀이 말한 공공생활방해에는 해당되지 않는다. 이런 행위는 동의하지 않는 제3자에게는 아무런 직접적 영향도 끼치지 않기 때문이다. 지금 다루는 것과는 조금 동떨어진 이야기지만, 어쩌면 성매매 또한 더 이상 법적으로 규제해서는 안 될지도 모른다.

두 번째 행위는 강간 등의 성폭력, 폭행, ("데이트 강간 마약" 등으로 여성을) 속여서 마약을 먹이는 행위, (위력이나 기망을 통한) 성매매 등 정말로 해로운 행동이다. 게이 찜질방이나 스윙어 클럽이 정말로 강간범들을 끌어들이는지는 분명하지 않다. 사실 여성들은 이런 클럽보다 오히려 평범한 대학의 남학생 사교모임을 통해 원치 않는 성관계를 맺을 가능성이 높다. 남학생 사교모임에서 주최하는 파티에 갈 때보다는 섹스클럽에 갈 때 행동요령을 숙지하고 경계심을 품는 경우가 많기 때문이다.[12] 인터넷에서 알게 된 남자를 만나러 격리된 장소로 가는 것 또한 섹스클럽이라는 제한된 공간에서 남자를 만나는 것보다 더 위험한 행동이다. 어쨌든 비자발적인 성행위의 강요는 다른 장소에서 그렇듯 섹스클럽에서도 형법에 의해 직접적으로 통제되어야 한다. 문제의 초점은 범죄자들이지, 이따금씩 범죄자들이 참여할 뿐 상호합의된 행동이 벌어지는 장소가 되어서는 안 된다. 예컨대, 누구도 조직폭력배들의 두목이 가장 좋아하는 레스토랑을 폐쇄해야 한다고 주장하지는 않을 것이다.

헌법적 원칙? 평등보장조항, 적법절차조항, 표현의 자유

이처럼 공공생활방해죄에 의거해 섹스클럽 등을 규제하는 일은 비이성적이며 이 클럽에서 벌어지는 행위에 대한 혐오를 나타내는 것이다. 하지만 그렇다고 해서 이 법을 위헌이라고 할 수 있을까? 앞선 장에서 탐구했던 원칙들이 이 논쟁적인 분야에는 어떤 가이드라인을 제공하는지 살펴보도록 하자.

아직까지는 섹스클럽의 폐쇄를 요구하는 법안이 평등보장조항에 위배되는지 여부를 심사한 사건이 없었다. 그러나 이런 사건이 벌어진다면 해당 법은 위헌판결을 받을 가능성이 상당히 높다. 구역 설정에 관한 법이나 여타의 공공생활방해죄 관련법이 동성애와 관련된 시설에만 특별한 제약을 둔다고 가정해보라. 또는 법 자체가 중립적인 경우라 할지라도, 그 법을 시행할 때에는 동성애 관련 시설만이 표적이 된다고 가정해보라. 이런 경우에는 법이 합리성 심사기준을 통과할 가능성이 거의 없다. 클리번 판결로 폐지된 구역 설정법이나 모레노 판결로 무효화된 정부 프로그램과 마찬가지로, 동성애 관련 시설만을 차별하는 법은 오직 적의에 의해서만 추동된 것으로 간주될 것이다. 그러나 미국인들은 일반적으로 동성애자들이 관련된 경우뿐만 아니라 공공장소에서 벌어지는 섹스 일반에 대해 혐오감을 보인다. 그러므로 평등보장조항 위배 여부를 심사하는 사건은 당분간 없을 것이다.

그러나 로렌스 판결이 이미 "공적" 섹스의 몇몇 측면을 옹호하기 위해 활용된 바 있다. 해당 사건에서는 섹스토이의 판매를 금지하는 지방자치단체 조례를 놓고 연방 상소법원의 두 순회판사들이 경합했다. 한쪽은 이 법을 존치해야 한다고, 다른 한쪽은 폐지해야 한다고 주장하는 입장이었다.[13] 결론적으로 이 법은 폐지되었다. 텍사스 주가 법안을 유지해야 한다는 상고소송을 제기하지 않았기 때문에 당분간 연방대법원이 이 사건을 심리할 일은 없을 것이다. 그러나 이 사건에서 제기된 매력적인 주장을 살펴보면 로렌스 판결이 어떻게 해석되고 있는지, 또한 이 해석을 확장할 경우 공공시설에서 하는 섹스의 최소한 몇 가지 측면을 어떻게 보호할 수 있는지 알 수 있다.

1979년에 텍사스 주는 "음란한 물건"의 "판촉"에 대한 금지를 추가하는 방향으로 외설법obscenity law을 수정했다. 이때 판촉에는 "판매, 증여, 대여, 배포 및 광고"가 포함되었다. 이 법에서 정의하는 "음란한 물건"이란 "인간의 성기를 자극하는 데 유용한 것으로서 고안되었거나 홍보되는 모든 물건"을 의미한다. 1985년에 텍사스의 형사 항소법원은 이 법이 헌법에 의해 보장되는 사생활권을 침해하지 않는다고 판시했다. 항소법원이 보기에 헌법은 "주로 타인의 성기를 자극하는 데에 유용한 것으로서 고안되거나 홍보되는 물건을 사용하여 타인의 성기를 자극할" 권리를 보장하지 않기 때문이었다.

이 법은 그리즈월드 판결 때 문제가 되었던 법과는 달랐다. 그리즈월드 판결로 피임기구의 제공과 사용 모두가 불법화됐지만, 텍사스 주법은 "음란한 물건"의 판촉을 금지했을 뿐이지 사용에 대해서는 아무런 제한을 두지 않았다. 비록 여섯 개 이상의 "음란한 물건"을 소지하는 행위는 그러한 물건을 "판촉"할 의도로 해석될 수 있다고 명기하기는 했지만 말이다. 주법은 또한 "의료목적 혹은 심리치료상의 목적이 있을 경우, 혹은 법의 입법·사법·집행과 관련된 목적이 있을 경우"에는 "음란한 물건"을 "판촉"하는 사람들에 대한 예외규정을 두기도 했다(텍사스를 제외하면 오직 미시시피, 앨라배마, 버지니아 등 3개 주만이 2008년까지도 비슷한 법을 시행했다고 제5순회법원은 언급했다). 로렌스 판결 이후, 몇몇 섹스토이 소매상들이 이 법에 다시 한 번 도전하기로 결정했다.

여기에서 잠깐 멈추어 텍사스 주 의회 의원들의 머릿속을 들여다보자. 이들이 정말로 바이브레이터나 딜도가 공중보건을 위협한다고 믿었을 리는 없다(사실 섹스토이 숍 "릴라이어블 컨설턴트"의 원고들은 섹스토이가 종종 성병의 전파를 막을 목적으로 사용되었다고 명시했다). 누구든 진지하게 생각해보면, 성적 쾌락 용도의 섹스토이를 판매하는 일이 청량음료나 사탕을 판매하는 일보다도 공중보건에 해를 덜 끼친다는 사실을 인정할 수밖에 없다. 그러므로 섹스토이의 판매를 금지해야 한다는 주장은 2세 생산으로 이어지지 않는, 쾌락 자체를 위한 섹스에 대해 적의를 표현하는 것으로 봐야 한다. 이 지점에서 섹스토이를 금지하자는 주장은 피임기구의 사용을 금지해야 한다는 과거의 주장과 밀접하게 연결된다.

지방법원은 바워스 판결 당시의 연방대법원과 비슷한 추론과정을 밟았다. 먼저 법이 추정하는 권리를 "공적 장소에서 음란한 기구를 판촉할 권리"로만 극히 협소하게 정의한 다음, 미국연방 수정헌법 제14조가 그러한 권리를 보호하지 않는다고 결론내린 것이다. 그러나 연방 상소법원은 로렌스 판례에 따라 이 문제를 "정부의 간섭을 받지 않으며 자유롭게 사적이고 내밀한 행위에 참여할 권리"라는, 보다 일반적인 성적 자유의 문제로 보았다. 상소법원은 로렌스 판결에 의해 성적 자유권이 매우 일반적인 차원에서 보호된다고 주장했다.

텍사스 주법이 섹스토이의 "판촉"만을 불법화했을 뿐, 그 사용을 금지한 것은 아니므로 로렌스 판결과 견줄 수 없다는 주장에 대해서는 어떻게 답할 수 있을까? 재판부는 그리즈월드 판결(여기에서는 원고가 피임 상담사였다)과 아이젠슈태트 판결(여기에서는 원고가 피임기구 배포자였다) 모두에서 중심이 되는 문제는 "판촉"이었음을 언급한다. 이 사건들에서 피임기구의 사용 자체는 범죄가 아니었지만 "상품의 상업적 교환을 금지하는 행위는 적법절차조항에 따라 보호되는 개인의 실질적 권리를 위헌적으로 침해할 수 있다"는 게 상소법원의 주장이었다. 다시 말해 상소법원은 성적 자유의 보호가 "공적" 영역에서의 거래권에 대한 보호와 관련된 문제임을 인정한 것이다. 수정헌법 제14조가 보호하는 권리가 침해될 위험이 있었으므로, 텍사스 주법이 "텍사스 입법부의 도덕관"을 반영한다는 반대주장은 근거 불충분으로 기각되었다. 이때에도 단지 다수가 어떤 행동을 싫어한다는 이유만으로 수정헌법 제14조에 따라 보호되는 권리를 제약할 수 없다는 근거로서 로렌스 판례가 인용되었다.

텍사스 주법이 "섹스의 판매"를 제한하는 것일까? 상소법원은 논지를 펴기 위해 각각의 주정부가 성매매나 공공장소에서의 섹스를 규제할 수 있다고 인정한다. 그러나 텍사스 주법에서 문제가 되는 섹스토이의 판매금지는 "개인이 가정에서 상대방과 내밀한 행위를 할 때에 사용할 수 있는 기구의 판매"와 관련된 사례이므로 매춘이나 공공장소의 섹스 규제에는 해당되지 않는다는 것이 상소법원의 결론이다.

이보다 조금 앞서 제11순회법원은 텍사스 주법과 비슷한 앨라배마 주의 주법을 존치했다(앨라배마 주법은 "성기능 강화용 콘돔"과 "정력제"에 대해서만은 명시적인 예외규정을 두었다는 점에서 텍사스 주법과 차이가 있었다). 재판부는 앨라배마 주의 주법에는 로렌스 판례가 적용되지 않는다고 판단했다. 로렌스 사건은 "사적인 성행위"만을 보호하지만 앨라배마 주법은 "공공장소에서의 상업적인 활동"을 금지한다는 이유에서였다. 재판부는 섹스토이의 판매를 성매매와 같은 "섹스의 판매"로 분류했다. 이 의견은 돈과 섹스를 교환하는, 그 자체로 상업적인 행동을 개인적이고 내적이며 상호합의된 비상업적 성행위와 혼동한 것으로 보인다(이러한 혼동은 로렌스 판례를 인용한 모든 재판에서 "사적"이라는 용어와 "공적"이라는 용어를 모호하게 사용하고 있기 때문에 더욱 조장된다). 로렌스 판례에 따를 경우에도 돈과 섹스의 교환은 헌법적으로 보호되는 권리가 아닌 것이 사실이다. 그러나 딜도와 바이브레이터의 판매는 돈과 섹스의 교환이라고 볼 수 없다. 사적인 성생활을 보조하기 위한 물품의 상업적 거래는 오히려 피임기구 관련 상담을 할 권리를 다루었던 그리즈월드 판결과 거의 구분되지 않는 것이다. 그러나 법원은 이 문제를 의식조차 하지 못했다.

그렇다면 텍사스 상소법원의 주장이 로렌스 판결을 훨씬 더 설득력 있게 해석한 결과라고 볼 수 있을 것이다. 텍사스 상소법원은 로렌스 판결을 신중히 해석할 경우, 이에 따라 상호합의된 행동뿐 아니라 이 행동과 관련된 "판촉" 행위도 보호된다는 점을 보여주었다. 이때의 "판촉" 행위에는 상업적 거래도 포함된다. 로렌스 판결 때 쓰인 "가정"이라는 단어는 워낙 일상적으로 쓰이는 말이어서 혼란을 부추긴다. 사실 문제가 되는 것은 "가정"이라는 특정한 장소가 아니라, 성인들이 상호합의하에 격리된 장소에서 이 제품을 사용한다는 점이다. 그러나 전반적으로 보면 이 의견은 성인의 성적 선택이 비인기 제품에 대한 구매를 요구하는 경우에도 정부의 간섭을 받지 않도록 보호했다. 언젠가는 순회법원 간의 갈등이 연방대법원에 의해 해결될지도 모르고, 그 상황에 이르기도 전에 이런 주법을 가지고 있는 주들이 해당 법안을 폐지할 가능성도 있다.

텍사스 주 상소법원의 해석에는 한 가지 해결해야 할 장애물이 있다. 바로 스탠리 대 조지아 주 사건이다. 이 사건의 결론은 수정헌법 제1조가 보장하는 표현의 자유에 따라 포르노의 사용권을 보호해야 한다는 것이었다. 단, 포르노를 사용하는 공간은 가정으로 제한되어야 했다. 스탠리 사건에 따르면, 음란물의 판매는 여전히 형사처벌의 대상이다. 그러나 만일 텍사스 주 법원의 결론처럼 바이브레이터의 상업적 판매권이 헌법적으로 보호되는 권리라면, 음란물의 상업적 판매권 역시 보호받아야 할 것이다. 수정헌법 제1조에 따라서도 그렇고, 적법절차조항에 따라서도 그렇다. 그러므로 텍사스 주 법원은 스탠리 판결이 혼동하고 있는 "사생활" 개념을 좀 더 명확히 할 필요가 있다는 것이 이 책의 주장이다.

텍사스 판결은 섹스클럽에서 하는 성관계를 옹호하는 데에 로렌스 판례가 적용될 수 있음을 시사하는가? "가정"이라는 모호한 개념을 참조하지 않는 경우 텍사스 주 법원 의견은 분명히 로렌스 사건을 확대 적용해야 한다는 함의를 띤다. 텍사스 주 재판부는 적법절차조항이 보장하는 자유권을 보호하는 데에 필수적이라면 상업적인 행동도 헌법에 따라 보호되어야 한다는 원칙을 세웠다. 이 원칙은 어떤 관행에 따라 상호합의한 성인이 섹스클럽에 가겠다고 선택할 경우, 이 선택의 권리는 로렌스 사건에 의해 보호되는 자유권이며 상업적 시설 자체를 폐쇄하는 행위는 이 자유권을 위헌적으로 침해하는 것이라는 논리적 결론으로 이어진다. "릴라이어블 컨설턴트" 등 섹스클럽에서는 자발적인 선택에 따라 성행위가 이루어지는데, 법원은 이러한 성행위를 지지하는 구조와 "성매매"를 지지하는 구조의 구성요건을 명확히 구분할 수 있다.

이런 사건이 발생할 때마다 사건 당사자인 주정부나 지방자치단체는 "공중도덕"뿐 아니라 "공중보건"을 이유로 들어 성 산업을 규제할 수 있다는 주장을 내놓기 마련이다. 이들은 섹스토이 숍이야 그렇지 않을지 몰라도 섹스클럽은 분명 성병을 퍼뜨린다고 주장한다. 그러나 앞에서 살펴보았듯 섹스클럽이 성병을 퍼뜨린다는 주장은 극도로 조잡하다. 성행위에 대한 혐오감이나 공포증을 내려놓고 이 문제를 직시하면, 로렌스 사건에 따라 섹스클럽을 보호해야 한다는 점이 판사들에게도 개연적으로 드러날 것이다. 비록 가까운 미래에는 이런 일이 일어나지 않겠지만 말이다.

마지막으로, 성인업소를 보호해야 하는지 여부를 놓고 연방대법원이 골머리를 썩였던 분야를 살펴보아야 한다. 지금까지와 달리, 이때 문제가 되었던 것은 수정헌법 제14조가 아니라 제1조였다. 수정헌법 제1조가 보장하는 표현의 자유에 따라 성인업소를 보호해야 하는가라는 문제였던 것이다. 이 조항의 해석과 관련된 자세한 내용은 이 책에서 다루기에는 너무 방대하다. 다만 한 가지 사례는 언급할 만하다. 이 사례에서는 앞서 공공생활방해죄를 검토할 때 살펴본 것과 똑같은 잘못된 추론과정이 보이기 때문이다.

인디애나 주 사우스벤드에는 "J. R.의 키티 캣 라운지"라는 바가 있다. 이곳에서는 고객들을 위한 여흥거리로 스트립 댄싱을 보여주는데, 이 스트립 댄싱의 마지막 단계에 이르면 댄서가 입고 있던 옷을 모조리 벗는다. "글렌 시어터"도 비슷한 공연을 한다. "키티 캣 라운지"와의 차이는 술을 팔지 않는다는 것뿐이다. 그런데 인디애나 주는 "외설죄"를 규정한 법령을 통과시켰고, 이에 따라 "공공장소"에서의 탈의는 금지됐다(법령은 "공공장소"가 무엇을 의미하는지에 대해서는 별다른 정의를 내리지 않았다). 이 법은 "노출"을 "완전히 불투명한 옷으로 가리지 않고 남녀의 생식기, 음부 혹은 엉덩이를 내보이는 행위 및 완전히 불투명한 옷으로 유두를 가리지 않고 여성의 가슴을 내보이는 행위, 혹은 완전히 불투명한 옷으로 가렸으나 남성의 성기를 알아볼 수 있을 만큼 불룩하게 내보이는 행위"로 정의했다. 이 법에 문제를 제기한 원고 달린 밀러와 게일 수트로, 칼라 존슨은 모두 스트립 댄서였다. 인디애나 주는 법안을 폐기하는 대신 이 세 사람의 춤은 음란한 춤이 아니었다는 식의 타협안을 내놓았다.

이 사건은 제7순회법원의 심리를 받았는데, 이때 법원은 스트립 댄싱을 할 자유는 수정헌법 제1조에 의해 보호받는 표현의 자유인 만큼 이를 금지하는 인디애나 주의 주법은 위헌이라고 결론을 내렸다. 이때 가장 중요했던 의견은 리처드 포스너 판사가 내놓은 기나긴 보충의견이었다. 판사로서는 대단히 드물게도, 포스너는 서양무용 전통에서 볼 때 스트립 댄싱의 의미는 무엇인지, 스트립 댄싱에서 노출이 차지하는 역할은 무엇이고 이에 따라 어떤 메시지가 전달되는지 등 스트립 댄싱의 역사를 실제로 진지하게 검토했다. 이에 따라 포스너는 스트립 댄싱이란 에로티시즘이라는 가치와 관련된 메시지를 담고 있다는 결론을 내렸다. "에로틱한 댄스 일반이나 특히 스트립 댄싱에 대해 호불호가 갈릴 수는 있으나, 이 사건을 맡았던 지방법원 판사처럼 스트립 댄싱은 '표현적 활동'이 아니라 '단순한 행위'에 불과하다고 말하는 것은 변명의 여지 없이 예술적 자유에 대한 위협이다." 댄서들의 노출은 에로티시즘이라는 메시지를 전달하는 데에 중요한 역할을 수행한다. 인디애나 주법에 따라 티팬티나 유두 가리개를 착용하게 된다면 댄서들은 에로티시즘이라는 메시지를 전달할 수 없을 것이다.

포스너는 또한 "고급 예술"에서는 누드 댄싱이 폭넓게 용인된다는 점을 지적했다. 그는 리하르트 슈트라우스의 〈살로메〉 공연을 사례로 드는데, 이 공연의 대미를 장식하는 '일곱 베일의 춤'은 슈트라우스의 의도에 따라 댄서들이 사실상 모든 옷을 벗으며 끝난다. 이어서 포스너는 같은 댄서들이 키티 캣 라운지에서 똑같은 누드 공연을 한다면 대중문화에 대한 엘리트들의 편견 때문에 더 많은 간섭을 받게 되리라고 주장한다. "수정헌법 제1조는 이런 식의 차별을 금지한다."

이 사건이 연방대법원에까지 상고되었을 때, 제7순회법정의 결정은 5-4라는 투표 결과에 따라 번복되었다. 인디애나 주법을 지지하는 주장은 세 가지였다. 세 의견 모두 누드 댄싱이 표현적 활동이라는 점에는 동의했다. 그러나 렌퀴스트 대법원장과 오코너 대법관, 케네디 대법관은 "중요하거나 상당한 정부의 법익이 인정되는 경우" 수정헌법 제1조가 보장하는 표현의 자유를 부수효과 원칙에 따라 정당하게 제한할 수 있다고 주장했다. 부수효과 원칙이란, 표현의 자유를 제한할 의도는 없었으나 집행 과정에서 표현의 자유를 침해할 가능성이 있는 법안을 보호하는 원칙이다. 예를 들어, 공공장소에서 미국 국기를 불태우는 사람이 있다고 하자. 이 사람의 행위는 공공장소에서의 방화를 금지하는 법안에 따라 제한될 수 있다. 방화금지법은 표현의 자유를 제한할 목적에서 만들어진 것이 아니라, 단지 집행 과정에서 발생하는 부수적 효과에 따라 표현의 자유를 제한하게 될 뿐이기 때문이다. 인디애나 주법을 다룬 이 사건에서 다수의견을 낸 판사들은 "사회적 질서와 도덕을 보호"한다는 주정부의 법익은 댄서들의 표현적 활동을 그저 부수적인 효과로 침해할 뿐, "표현의 자유를 억압할 목적"이 없으므로 정당화된다고 보았다.

반대의견을 내놓은 화이트 대법관은 주거에서의 노출은 허용하면서 스트립 클럽에서의 노출은 금지하는 등 특정한 맥락에서만 노출을 금지하는 법안, 특히 표현의 자유를 상당 부분 침해하는 법안은 보다 엄격하게 심사해야 한다고 주장했다. 법안에 담겨 있는 주정부의 목적이 무엇인지 한 단계 높은 차원에서 검토해야 한다는 것이다. 화이트는 노출을 금지하는 법안의 목적이 동의하지 않은 제3자가 불쾌감을 느끼지 않도록 보호하는 것이라고 결론을 내린다.

그러나 동의하지 않은 제3자가 불쾌감을 느껴서는 안 된다는 주장은 술집에서의 누드 댄싱을 막는 근거가 될 수는 없다. 이런 곳에서 누드 댄싱을 보는 관객은 이 댄스를 보기로 동의한 성인들뿐이기 때문이다. 이들은 댄스를 보기 위해서 돈을 지불한다. 그렇게 보면, 문제 법안의 목적은 누드 댄싱이 전달한다는 해로운 메시지로부터 관객들을 보호하는 것이 되는데, 누드 댄싱이 해로운 메시지를 전달한다는 것은 주정부의 생각이다.

달리 말해, "그렇게 보면" 주정부의 목적은 사실상 표현의 자유에 대한 억압과 관련되어 있다. 이 의견에는 지금까지 이 책에서 도출해내고자 했던, "사적 공간"과 "공적 공간"에 대한 개념적 구분이 깔끔하게 포착되어 있다.

화이트 대법관의 의견에 대한 응답으로 스캘리아 대법관은 댄싱 자체는 표현적인 활동이지만 공공장소에서의 노출을 규제하는 일반적 법안에 특별히 표현의 자유를 억압할 목적이 있는 것은 아니기 때문에 이 법안들은 "수정헌법 제1조의 논의대상에 속하지 않는다"고 말한다. 그러므로 스캘리아의 관점에 따르면, 인디애나 주법은 압도적인 주정부의 이익을 증명하지 않고도 합리성 심사기준만을 통과하면 되며, 이는 쉽게 가능하다고 본다. "노출에 대한 도덕적 반대"가 바로 주법의 합리적 근거라는 것이다.

앞서 세 판사가 내놓았던 다수의견과 스캘리아 대법관의 보충의견은 모두 데블린적이다. 두 의견은 모두 동의하지 않는 제3자에게 실제적 피해가 있었는지 여부에는 아무런 관심을 보이지 않는다. 어떤 행위가 문 닫힌 방, 그러니까 격리된 공간에서 일어나더라도 그 행위에 대한 도덕적 비난이 있으면 그 비난이 충분히 승리할 수 있다는 것이다. 반면 화이트 대법관은 밀의 입장에 서서, 동의 여부와 손해라는 문제에 집중한다. 그런데 데블린적인 의견 두 가지는 현재 다루는 사건에 적용되지 못한다. 적용되는 것은 침해 최소성 요건을 충족시키는 의견인데, 표현행위에 대하여 최소한의 전면적 정당화를 제공한다는 의미에서 보면 침해 최소성 요건을 충족시키는 의견은 수터 대법관의 보충의견이기 때문이다. 수터의 의견은 매력적인 방식으로 공공생활방해죄에 관련된 토론과 교차한다.

수터 대법관은 댄스 자체는 표현적인 활동이지만 노출은 표현적 활동이 아니라는 진술에서부터 출발한다. 그의 의견에 따르면, 노출이란 "하나의 상태일 뿐 활동이 아니다. 그리고 이 상태에서 도출되는 자동적인 가정이란, 다른 무언가가 부연되지 않는 한 그 상태가 어떤 식으로든 상황에 적합하다는 관점 외에는 아무것도 나타내지 않는 것이 명백하기" 때문이다. 그는 무용에서 노출이 갖는 의미에 대해 탐구했던 포스너의 포괄적 역사 연구를 그냥 무시해버렸다. 또한 스트립 댄싱의 노출이 춤을 통해 전달하고자 하는 메시지, 즉 에로티시즘의 핵심요소라는 포스너의 결론 또한 무시해버렸다. 포스너의 의견은 언급되지도 않았으며, 따라서 반박되지도 않았다.

수터 대법관은 법안의 집행에 따르는 부수적 효과로 표현의 자유를 억압하게 되는 경우, 이 법안을 정당화하기 위해서는 정부가 합법적 법익만을 근거로 들면 된다는 다수의견에 동의한다. 이로써 그는 정부가 '압도적' 이익을 보여야 한다는 화이트 대법관의 결론을 암암리에 거부한 셈이다. 그러나 수터 대법관은 정부 법익이 무엇이냐에 대해서는 다수의견과 입장이 갈린다. 다수의견이 보여주는 데블린적인 정당화를 거부하지는 않으나, 수터 대법관은 다른 근거를 댄다. 스트립 댄싱이 실제적 피해와 잠재적 피해를 일으킬 수 있다는 점에 집중하는 것이다. 수터 대법관의 주장에 따르면, 성인업소 공연에서 스트립 댄싱을 금지하는 법안을 방어하는 데에 따르는 주정부의 가장 적절한 법익은 "매춘, 강간 및 여타의 범죄행위를 방지하는 것"이다. 수터 대법관은 이를 스트립 댄싱의 "해로운 부작용"이라 부른다. 이런 식의 추론을 어떻게 이해할 수 있을까?

스트립 댄싱이 성폭행이나 절도 등 동의하지 않은 제3자에 대한 범죄로 이어진다는 주장은 밀의 입장에 근거한 것으로서, 수터는 마치 스트립 댄싱이 동의하지 않는 제3자에게 피해를 끼친다고 주장하는 것처럼 보인다. 그가 사용하고 있는 언어는 그리 만족스럽지 못하다. "범죄행위"라는 용어는 극도로 모호하며, 어떤 피해자도 발생하지 않는 매춘을 예로 든 것을 보면 이 주장이 정말 밀의 입장에 따른 것인지 확신할 수가 없다. 하지만 한 발 양보해서, 수터 대법관의 의견이 밀의 입장에 따른 것이라고 해보자. 이 경우에도 여전히 의문은 발생한다. 첫째, 수터 대법관의 주장에는 어떤 근거가 있는가? 한 가지 기억할 것은, 수터 대법관의 주장이 완전히 옷을 벗고 하는 스트립 댄싱과 티팬티나 유두 가리개를 착용한 상태에서 추는 춤을 구분한다는 점이다. 수터 대법관은 자기 주장을 뒷받침하기 위해 구체적인 근거를 들 필요가 없다고 말한다. 대신 몇몇 도시의 사례를 들면서, 범죄와 유흥업소의 존재 사이에 어떤 연관이 있다고 언급할 뿐이다. 이는 사실 증거라고 이야기하기 어렵다.

또한 표현의 자유에 대한 제한을 정당화하기 위해서는, 스트립 댄스 공연과 범죄 사이의 인과관계가 얼마나 탄탄한 것인지에 대해서도 의문을 던져

보아야 한다. 대체 유두 가리개를 입고 추는 춤과 완전히 옷을 벗고 추는 춤 사이에 얼마나 큰 차이점이 존재한다는 것일까? 마지막으로, 범죄와 연관되었을지도 모르는 "라운지"의 다양한 요소들이 아니라 스트립 댄서들의 노출이 문제를 일으킨다는 결론은 대체 어떤 증거로 뒷받침되는가? 예를 들어서 스트립 댄싱 공연을 하는 "라운지"의 주변 환경이 나쁠 수도 있고, 이 "라운지"에서 술을 판다는 게 문제일 수도 있지 않은가?

수터 대법관의 의견은 이런 문제들을 진지하게 다루지 않는다. 수터 대법관이 하고 있는 시도는 스트립 댄스의 노출이라는 요소를 밀의 입장에서 본 공공생활방해죄의 범주에 집어넣는 것이지만, 그 시도의 방식은 극단적으로 허술해서 거의 당황스러울 정도다. 스트립 댄싱의 규제에 압도적인 정부 차원의 법익이 달려 있다는 주장을 하려는 건 아니라지만, 이렇게 조잡한 결론을 내려놓고 만족해서는 안 된다.

게다가 불법적인 활동이 있다면 그것을 규제하기 위해 보다 협소하고 권리를 덜 침해하는 방식을 동원할 수도 있는 것 아닌가? 간단히 말해, 스트립 댄서들은 계속 옷을 벗고 공연할 수 있도록 하고 불법적인 활동을 엄중 단속하면 되지 않는가? 반대의견이 제기한 이 질문은 공공생활방해죄를 다룬 사건들에서도 중심적인 문제가 되지만, 수터 대법관은 의견 어디에서도 이 문제를 다루지 않았다.

스트립 댄서들이 젖꼭지를 유두 가리개로 가리지 않았기 때문에 성폭행이 발생한다는 식의 결론은 정말로 이상하고, 심지어는 우스꽝스럽기까지 한 주장이다. 수터 대법관의 의견 뒤에는 성 산업이 질병과 타락의 원천이라고 생각해온 오랜 전통이 깔려 있다. 이 점은 수터 대법관이 이런 식의 결론을 내리면서도 구체적인 경험적 증거를 내놓을 필요가 없다고 생각했던 이유를 설명해준다.

스트립 댄싱은 계속해서 수정헌법 제1조와 관련된 복잡한 문제들을 발생시킨다.[14] 이 문제들이 중요한 이유는 성인업소와 공적 해악의 확산을 연결시키려는 생각이 대단히 집요하게 이어지면서 구체적 증거로는 뒷받침될 수 없는 법적 규제를 계속해서 생산해내기 때문이다. 이런 식의 선험적 추론을 보면, 우리가 실제로 맞닥뜨리고 있는 것은 손해에 근거한 밀의 정치학이 아니라 데블린식 '혐오의 정치'의 한 형태라는 사실을 엿볼 수 있다.

공공생활방해죄를 다룰 때 모습을 드러냈던 조악한 추론과정은 헌법과 관련된 논의가 개입할 여지를 수없이 남긴다. 표현의 자유라는 분야는 섹스클럽을 보호하기 위한 작업을 하기에는 너무 협소하다. 왜냐하면 최대한도로 봐도, 표현의 자유가 보호할 수 있는 것은 공연자들의 표현적인 활동뿐이기 때문이다. 평등보장조항을 따르는 길은 아직 충분히 개척되지 않았다. 가장 가능성이 높은 방법은 로렌스 사건에서 보장했던 내밀한 관계를 맺을 자유를 주거 밖의 공간으로 확장하는 것이다. 하지만 "공적인 것"과 "사적인 것"에 대한 법적 개념의 모호성을 제고하지 않는 한, 그런 식의 확장은 일어날 수 없을 것이다.

공적인 것과 사적인 것: 혼란, 그리고 또 혼란

뉴저지 특별구의 연방지방법원은 '존 애덤스 클럽 대 글로스터 군구郡區' 판결[15]에서 "성인이 사용하는" 시설들에 대한 매우 엄격한 구역 설정 및 허가 요건 부과가 적법하다고 판단했다. 이 규정은 해당 산업체들이 상업적인 시설물이므로 "공적" 성격을 갖고 있다는 데에 초점을 맞추고 있었다. 원고들은 로렌스 판결에 따라 이러한 시설에서 성인들이 상호합의하에 성행위를 할 권리를 보호받는다고 주장했다. 이러한 시설은 자발적으로 이 공간에 들어오지 않는 사람들의 시선으로부터 격리되어 있었기 때문이다. 지방법원은 로렌스 사건의 판결문이 가정이라는 공간을 중점적으로 다루었다는 점을 강조하며 원고들의 해석을 거부했다. 지방법원은 "성적 자유권의 행사를 가정이라는 구체적 공간에 한정한 것은 아니나, 로렌스 사건은 해당 행위의 사적 성격을 강조했다"며 케네디 대법관의 다른 설명을 도외시했다. 이후 지방법원은 놀라울 정도로 논점을 회피하면서 로렌스 사건이 언급한 "행위의 사적 성격"이란 그 행위가 "사적인 환경에서 일어났다"는 뜻이라고 해석했다. 지방법원의 주장에 따르면, "사적 환경"이란 말은 가정과 비슷한 어떤 장소를 의미했다. 결국 상업적 시설은 "사적인 환경"이 아니라는 것이다. 이어 지방법원은 문제가 된 클럽이 사적 클럽이라는 이유로 면죄될 수 없음을 제시했다. 인터넷으로 광고를 하는 등 회원가입이나 입장절차에 있어서 별로 까다로운 모습을 보이지 않았던 만큼, 이 클럽은 일반적인 의미에서 "공공시설"에 속한다는 이유에서였다.

섹스토이를 다룬 일련의 사건에서 그랬듯, 여기에서도 로렌스 사건에서 사용한 개념의 모호성이 혼란을 일으키고 있다. 이와 비슷한 사건으로 뉴욕 SM 클럽과 관련된 사건이 있는데, 이 사건은 건물주가 세입자를 퇴거시킬 수 있는 조건이 무엇이냐를 다룬 사건이었다. 당시 원고는 '평범하지 않은 이들의 저녁'이라는 기업이었다. 원고는 타인들에게 아무런 해를 끼치지도 않고 사회적 무질서를 야기하지도 않으며 성매매도 아닌, 상호합의하에 성인들끼리 하는 성행위는 법에 의해 보호받는 행위이므로 강제퇴거의 근거로 사용되어서는 안 된다고 주장했다.[16] 뉴욕 자치주에 위치한 뉴욕 시 민사법원은 문제가 되는 행위가 "상업적 시설"에서 발생한 것인 만큼 "사적인 행위"로 볼 수 없으며, 따라서 법으로 보호되지 않는다는 판결을 내렸다.[17]

이처럼 법은 때마다 다른 기준을 적용하여 "사적인 것"과 "공적인 것"을 구분하고 있다. 이 기준 중 몇 가지는 이미 앞서 살펴보았는데, 그 내용은 다음과 같다.

1. 법적으로 보호되는 사적 결정권의 영역에 속한 행위와 그 영역에 속하지 않는 행위 사이의 구분. 로렌스 판결은 사적 결정권의 영역에 속한 행위를 "사적"인 것이라고 보았다.

2. "가정" 아니면 가정과 상당히 유사한 장소, 즉 보호를 받는 장소에서 벌어지는 행위와 그 외의 장소에서 벌어지는 행위 사이의 구분. 스탠리 사건은 이 구분을 활용하여 음란물 사용의 합법성을 판별했다. 분명하지는 않으나 로렌스 판결은 이 구분이 내밀한 성행위에 대한 보호와 관련되어 있을 수 있음을 시사한다.

가정이라는 공간을 "사적인 것"을 결정하는 패러다임으로 사용해야 하는지 여부를 논하면서, 이 책은 앞서 제시한 구분 1이나 구분 2에서 한 발 더 나아간 구분 방법을 소개했다. 많은 사법 사건이 명시적으로 드러내거나 최소한 내포하고 있는 구분 3은 다음과 같다.

3. 상호합의한 당사자들의 법익과 권리에만 영향을 끼치는 "자기본위적" 행위와 밀의 용법에 따르자면 "타자관련" 행위, 즉 동의하지 않은 제3자에게 영향을 주는 행위 사이의 구분.

이 책의 주장은, 구분 3이 구분 2와는 큰 관련이 없지만 한 발 더 나아간 다른 구분, 즉 구분 4와는 관련되어 있다는 것이다. 구분 4는 다음과 같다.

4. 동의하지 않는 제3자로부터 격리된 상태에서 벌어지는 행위와, 동의하지 않는 제3자와 격리되어 있지 않기 때문에 제3자의 법익에 악영향을 끼칠 수 있는 행위 사이의 구분. 이때 전자는 "사적인 것", 후자는 "공적인 것"이 된다.

법적으로는 사적 생활방해죄와 공공생활방해죄가 구별되는데, 여기에서 또한 구분 5를 유추할 수 있다.

5. 개인의 권리에 영향을 주는 사건과 보다 광범위하게 공동체 구성원들의 권리에 영향을 주는 사건 사이의 구분. 전자의 경우 개인은 자신이 입은 손해나 손실을 근거로 소송을 제기할 수 있다. 후자의 경우, 영향을 받은 개개인이 손해배상 소송을 제기하는 것보다는 해당 방해행위의 통제를 정부에 위탁하는 것이 더 타당하다.

구분 5는 구분 3과도, 구분 4와도 다르다. 사적 생활방해죄는 많은 경우 해당 행위가 격리된 상태에서 벌어지는지 여부와는 관계가 없으며, 손해라는 관념에 따라 정의되기 때문이다. 그러나 지금 다루고 있는 행위는 밀적인 의미의 "타자관련" 행위로, 구분 4에 따르면 격리되지 않은 상태에서 일어나는 행위여야 한다. 앞서 논의했듯, 공공생활방해죄는 동의하지 않는 제3자들에게 손해를 끼친다는 점에서 사적 생활방해죄와 마찬가지로 거의 언제나 타자관련 행위다.

마지막으로 도입할 구분 6은 다음과 같다.

6. "공공시설"과 사적 시설 사이의 구분. 공공시설은 전형적으로 호텔, 여관, 레스토랑, 영화관, 소매점, 교통수단, 박물관, 도서관, 학교, 체육관 및 이와 유사한

여타의 시설을 포함한다. 반대로 사적 시설에는 다양한 유형의 사설 클럽이 포함된다.

구분 6이 앞서 논의한 다른 구분들과는 다르다는 사실을 유념해야 한다. "사적" 시설은 반드시 법에 의해 보호받는 내밀한 성행위와 관련되어 있을 필요가 없다. 통상적으로 공공시설과 사적 시설은 그 시설에서 하는 행위의 종류보다는 해당 시설의 회원가입 자격이 얼마나 까다로운지에 따라 구분된다. 예를 들어 내밀한 성행위를 위한 "공공시설"도 있을 수 있다. "공적인 시설"이라고 부를 수 있을 정도로 해당 시설의 규모가 크고 회원가입 및 입장절차가 그다지 까다롭지 않은 경우가 이에 속한다. 구분 3에 따른 "사적 시설"과 마찬가지로 구분 6이 규정하는 "사적 시설" 역시 통상적인 경우에 상호합의한 성인 당사자들에게만 영향을 끼친다(물론 예외도 있다. 예를 들어 컨트리클럽은 사적 시설인데도 어린아이들이 출입할 수 있다). 한 가지 분명한 것은, 법적 편의에 따라 "공공시설"로 분류되는 시설에서 벌어지는 행위라도 반드시 그 행위를 목격하기로 동의하지 않은 사람들에게 공개되는 것은 아니라는 점이다. 성인업소와 게이 찜질방을 또 한 번 예시로 들 수 있을 것이다. 이러한 시설은 그곳에서 벌어지는 행위를 목격하거나 그 행위에 직접 참여하기로 선택한 사람들에게만 서비스를 제공한다. 최소한도로 봐도 많은 경우, 이 시설들은 "공공시설"로 분류된다는 의미에서 "공적"일 뿐, 제3자의 시선으로부터 격리되어 있다.

구분 6에 따른 공공시설과 사적 시설의 구분은 왜 중요할까? 한 가지 이유는 이 구분에 따라 차별금지법의 적용 여부가 갈리기 때문이다. 통상적인 경우 소규모의 회원전용 클럽 같은 사적 시설에는 장애나 성적 지향 등에 따른 차별을 금지하는 차별금지법이 적용되지 않는다. 그러나 공공시설은 차별금지법을 준수해야 한다. 그렇게 보면 공공시설을 매우 폭넓게 정의해야 할 필요가 있는 셈이다. 품위 있는 사회라면, 차별금지법이 규제하는 차별로부터 사회의 구성원을 보호하고자 하기 때문이다. 비록 그러한 차별이 상호합의한 성인들만이 출입하는 장소에서 벌어지더라도 말이다. 따라서 동의하지 않는 제3자에게 영향을 끼치는 행위와 관련되어 있든 그렇지 않든 간에 특정 규모 이상의 모든 사업장에는 휠체어 통로를 설치하는 편이 좋다.

어떤 시설이 차별금지법의 적용을 받는 공공시설이라는 사실과, 성행위를 규제하거나 규제하지 않는 이유 사이에는 아무런 연관이 없다. 이성적 판단에 따를 경우, 후자는 전형적으로 구분 3과 구분 4에 의존하기 때문이다. 물론 수많은 성인업소의 가입절차가 모두 아주 까다로운 것은 아니다. 그러나 이 사업장에 출입하려면 어쨌든 요금을 내거나 회원으로 등록을 해야만 한다. 이에 따라, 해당 사업장 안에서 벌어지는 행위는 밀이 말하는 "자기본위적" 행위임이 보장된다. 그러나 법원은 성인업소가 기술적인 차원에서 공공시설로 분류된다는 사실을 이유로 들어, 이곳에서 벌어지는 상호합의된 행위에 대한 엄중 규제를 정당화해왔다.

이러한 측면에서는 '파리 성인극장 대 슬레이턴' 판결(1973)[18]이 초기에 이정표가 되었는데, 이 재판은 해당 영화를 보기로 동의한 관객들을 대상으로 상업적인 영화관에서 이른바 음란한 영화를 상영한 사건을 다루었다(미성년자 관객들을 배제하기 위해 합리적인 예방 조치가 취해졌다). 재판부는 가정과 "사적" 공간을 등치시킴으로써 이른바 음란물을 볼 수 있는 특권적인 영역으로 가정만을 설정했던 스탠리 대 조지아 주 판결에 의거한 판결을 내렸다. 이때 활용된 구분은 구분 2였다. 재판부는 합의하지 않은 사람들을 배제하기 위한 노력의 정도와 관계없이, 상업적 시설은 어떤 경우에도 의미 있는 정도의 "사적" 시설로 간주될 수 없다고 주장했다. "사생활 보호의 권리'라는 개념과 공공시설이라는 개념은 이 맥락에서 상호배타적"이라는 것이 이 사건의 다수의견이었는데, 이는 성인업소를 규제하는 다양한 형사처벌 정책들을 지지하는 근거로 계속해서 사용되었다. 예컨대 1986년에 뉴욕 시는 파리 성인극장 사건을 인용하면서, "사적 공간으로서의 가정"과 "상업적 시설" 사이의 구분에 근거하여 게이 찜질방에 대한 폐쇄 조치를 방어했다.

  '사생활 보호'의 권리를 다룬 그리즈월드나 로렌스 사건 및 그 후속 사건들에서 드러나는 혼동은 다양한 사건에 촉수를 뻗치면서, 어떤 행위를 보호하는 데 동의해야 할지에 대한 진지한 사유를 방해하고 있다.

합리적 정책: 격리와 자기본위적 행위

이 분야에 적용할 수 있는 합리적 공공정책은 어떤 모습일까? 할 수 있는 한 헌법적 문제에 집중해보자. 첫째, 에로틱한 공연과 관련된 분야에서는 포스너 판사의 분석에서 교훈을 얻어 특정 종류의 춤 공연에서는 노출 자체가 표현적 요소이며, 따라서 수정헌법 제1조에 따라 보호되어야 한다는 결론을 내려야 한다. 수정헌법 제1조가 어떤 행위만은 보호하지 않는다고 예외 규정을 두고 있지 않은 만큼, 공공장소에서의 노출에 대한 금지는 위헌이다.

  공연이라는 맥락을 벗어나 생각할 경우에는, 내밀한 성행위와 이에 동반되는 노출의 보호를 구분할 때 자기본위적 행위와 타자관련 행위에 대한 밀의 구분, 즉 구분 3을 채택하는 것이 매력적인 접근법이 된다. 해당 행위가 격리된 상태에서 벌어져야 한다는 구분 4는 많은 경우 자기본위적 행위에 대한 구분 3을 대체할 수 있는 좋은 방법이 된다. 이른바 사생활 보호의 권리는 이 두 구분에 비추어 해석해야 한다. 다시 말해, 로렌스 사건에 대한 판결문은 존 애덤스 클럽 사건의 원고들이 원했던 것처럼 넓은 의미로, 즉 격리된 공간에서 상호합의하에 성인들끼리 하는 행위를 보호해야 한다는 의미로 해석해야 한다. 해당 행위가 상업적인 시설에서 벌어지거나, 차별금지법의 적용 대상이 되는 "공공시설"에서 벌어지더라도 말이다. 성폭행, 절도, 성매매 등의 범죄행위(개인적으로 성매매는 범죄가 되어서는 안 된다고 생각하지만)가 해당 시설에서 일어나는 경우에는 범죄행위에 대하여 경찰이 법을 집행해야겠지만, 부담스러운 규제를 가하거나 아무런 보상 없이 몰수하는 등의 방법으로 해당 시설 자체를 처벌해서는 안 된다. 주거구역과 상업구역을 구분하기 위해 구역 설정법이 활용될 수는 있겠지만, 이 책에서처럼 사생활의 권리를 폭넓게 해석하는 경우 성인업소를 경제적인 궁지에 몰아넣거나 행위하기 어려운 영역으로 밀어넣기 위해 구역 설정법을 활용한다면 이는 아마도 위헌이 될 것이다. 클리번 판결은 법원이 정신지체자 수용소의 설치를 금지했던 구역 설정 규제에 아무런 합리적 근거가 없으며, 따라서 이 규제는 단순한 적의에 기반을 두고 있다고 결론내렸다. 마찬가지로, 섹스 숍이나 이와 비슷한 다른 시설들을 설치하지 못하게 할 목적으로 구역 설정 법안을 활용하려는 시도는 아마도 합리적 근거가 없다는 판결을 받을 것이다. 그 외의 결론이 나려면 반대편에서 지금까지 검토한 것보다는 더 나은 주장을 내놓아야 한다.

이 시설에서의 행위를 통해 질병이 확산된다는 우려는 있을 수 있겠지만, 그중 합리적인 우려는 모든 성인업소에 에이즈를 포함한 다양한 성병과 관련된 경고판을 눈에 띄게 게시할 것과 콘돔을 사용하고자 하는 모든 사람에게 콘돔을 지급할 것을 강제함으로써 불식시킬 수 있다. 그러나 그 이상의 조치는 과도한 것이다. 성행위에 따르는 건강상의 위험을 감수하겠다는 결정은 과식이나 흡연, 등산처럼 자신의 건강을 위험에 빠뜨리겠다는 다른 모든 결정과 같은 취급을 받아야 한다. 이 모든 결정은 개인이 스스로 내리는 것으로서, 그 결과로 인해 타인의 권리가 침해되는 경우에만 범죄가 된다 (로스앤젤레스는 게이 찜질방이 자치주정부로부터 1년에 1000달러짜리 보건 면허를 발급받을 것과 분기별로 위생검사를 받을 것, 현장에서 에이즈 검사를 제공할 것 등을 요구하고 있다. 또한 경고판이나 콘돔, 밝은 조명을 설치하여 사람들이 고위험 성행위를 자제하도록 유도할 것도 요구한다. 비싼 면허료나 고액의 현장 에이즈 검사 제공을 의무화한다는 점에서 지나친 감은 있지만, 이 정도가 딱 법적으로 할 수 있는 규제인 것으로 보인다).

앞서 다룬 것은 입장을 통제함으로써 동의하지 않는 제3자를 해당 행위로부터 격리시키는 클럽의 사례였다. 그렇다면 공중화장실이나 숲, 공원에서의 성행위는 어떨까? 이 장소들은 대부분 격리된 장소이지만, 동의하지 않는 제3자에게 원치 않는 영향을 끼칠 위험이 있지 않은가? 이 장소들은 대부분 게이들 간의 성행위에서 중요한 장소이며, 이 장소에서의 모든 성행위를 범죄화하는 조치는 함정수사를 포함하는 경찰의 탐문행위를 유발할 수 있다. 그러므로 밀의 입장에 서고자 한다면 상호합의된 행위를 위한 사람들의 공간을 축소시키려는 시도를 의심스럽게 지켜보는 동시에 일반 공중과 특히 어린이들이 직접적인 불쾌감을 느끼지 않도록 보호해야 한다.

매사추세츠 주 경찰은 이와 관련해 합리적인 정책을 채택했다. 2001년, 경찰관들은 도로변의 휴게소에서 만나 성행위를 하는 사람들을 방해하지 말라는 정책지시각서를 받았다. 공중의 시선이 충분히 차단된 곳에서 성행위가 일어나는 경우에 경찰이 간섭해서는 안 된다는 것이었다. 그 성행위가 우연히 지나가는 행인에 의해 목격될 만한 "충분한 위험"이 있는지 여부를 가리는 데에 난점이 있기는 하지만, 이 정책의 가장 중요한 측면은 누군가에게 성행위를 할 의도가 있다고 경찰관이 생각했다는 이유만으로 그 사람들에게 특정 지역을 떠나도록 요구해서는 안 된다는 점이었다(많은 경우, 사람들은 나중에 보다 격리된 장소에서 섹스를 할 상대를 만나려고 휴게소를 활용한다).

네덜란드의 암스테르담 시에서는 최근에 본델파크에서의 섹스를 허용했으며, 이와 같은 정책이 머지않아 네덜란드 전 지역의 모든 공원으로 확대될 것으로 보인다. 정책강령은 공원에서의 섹스가 대부분 격리된 상태에서 일어나며 "어떠한 실제적 방해 행위"도 초래하지 않는다는 점을 언급한다. 만약 불쾌감을 일으키는 행위가 공용 도로에서 보이는 경우에는 이 정책에 따라 보호받지 못한다. 또한 사용한 콘돔은 꼭 버려야 하고, 아이들의 놀이터 근처에서는 성행위를 하면 안 된다. 새로운 정책은 또한 저녁과 밤 시간에 일어나는 성행위만을 보호한다. 이처럼 새로운 정책을 세운 이유로 여러 가지가 명시되었는데 그중 한 가지는 공원에서의 섹스 자체를 금지하기보다 일정한 규칙을 두어 규제함으로써 지역공동체 전체가 동성애자들을 혐오범죄자들의 공격으로부터 보호할 수 있다는 것이었다. 동성애자들이 경찰을 호출할 의사가 없거나 그러지 못하리라고 믿기 때문에 지금도 혐오범죄자들은 언제나, 어디서나 동성애자들을 노리고 있다.

이 책 전체에서 다룬 것처럼 혐오란 이면에 여러 형태의 낙인과 위계질서를 감추고 있는, 신뢰할 수 없는 힘이다. 혐오는 마치 피해처럼 작용하는 경우에 한해, 전통적인 생활방해법이 설정한 기준에 따라 입법근거가 될 수 있다는 것이 내 주장이다. 공동체는 또한 공공장소에서의 자위행위, 원치 않는 사람들이 보는 장소에서의 성행위 등 직접적인 감각적 접촉은 있으나 분명한 물리적 손상은 발생하지 않는 행위도 정당하게 법으로 규제할 수 있다. 원치 않는 영향을 끼친다는 점에서 이 행위가 일으키는 불쾌감은 실질적 피해가 발생하는 첫 번째 범주의 사례들과 비슷하기 때문이다. 그 밖에도, 합의하지 않은 제3자에게 피해를 끼친다는 근거를 들어 방어할 수 있는 여러 가지 규제가 혐오에 바탕을 둘 수 있다. 예를 들어 개고기 식용을 금지하는 법이나 동물과의 섹스를 금지하는 법은 동물을 보호한다는 점에서 좋은 법이라고 할 수 있는데, 이때 동물들이 겪는 잔혹함에 대해서는 전혀 관심이 없는 둔감한 사람들조차 굳이 이성적으로 설득당하지 않더라도 개고기를 먹는다거나 동물과 섹스를 한다는 생각에 혐오감을 느끼고는 올바른 결론에 도달할 수 있다. 그러나 이러한 경우에도 혐오감에 의존하는 일은 경계해야 한다. 이 경우에 혐오가 우리를 바른 결론으로 이끌어준다는 사실은, 타자에 대한 피해와 혐오가 아무런 연관을 맺고 있지 않는 다른 경우에 대해서도 혐오에 의존하려는 경향을 강화시킬 수 있기 때문이다.

마지막으로, 감각적인 접촉이 전혀 없으나 밀이 "순전히 추정적"이라고 부른 피해만 발생하는 사례들이 있다. "순전히 추정적"인 피해는 다른 사람이 닫힌 문 뒤에서 무슨 행동을 한다고 생각하는 것만으로 발생하는 피해를 말한다. 이 책에서는 법이 그런 행위를 결코 정당하게 통제할 수 없으며, 그 통제가 내밀한 사적 선택을 할 개인의 기본권을 침해하는 경우에는 더욱 그렇다고 주장해왔다. 이 기본권은 수정헌법 제14조에서 적법절차조항을 근거로 들어 이미 보호하기로 한 권리다. 이 장에서는 보기와 달리 "공적" 섹스의 많은 사례가 이 세 번째 범주에 들어간다고 주장했다. 동의하지 않는 제3자에게 원치 않는 영향을 끼치지 않는다는 조건만 충족시킨다면 "공적" 섹스와 관련된 성적 선택은 헌법적으로 보호되어야 할 것으로 보인다.

미국은 밀의 입장을 철저히 따르는 국가가 아니다. 공공장소에서의 노출이나 "공적" 섹스의 영역에서는 공중도덕이라는 관념이 여전히 미국의 법적 사유를 상당 부분 좌우한다. 그러나 성인업소를 혐오하는 미국적 유산의 많은 부분이 혼외정사를 뭔가 오염시키는 것, 혹은 흘러나와 공동체를 오염시키는 질병이라고 보는 모호한 관념에 따라 중재된다는 것만 이해해도 사정이 훨씬 나아지리라는 게 내 생각이다. 혐오의 정치는 우리가 무엇을 통제하고 싶어 하는지, 또 무엇을 통제하지 않고 싶어 하는지에 대해서, 그리고 그런 통제의 이유에 대해서조차도 명료히 생각하지 못하도록 방해해왔다. 이 분야에서의 사유가 그토록 엉성했던 또 한 가지 이유는 엉망진창인 "사생활" 개념과 그 한계 때문이기도 했다. 만일 이 장에서 윤곽을 그린 대로 사생활의 구분 기준을 준수하고, "사생활"이라는 개념에 대한 이해가 비이성적인 근거에 따라 이리저리 흔들리지만 않는다면 이 역시 훨씬 나아지리라는 것 또한 이 책의 주장이다.

이 모든 혼란이 해소되면, 밀의 입장에 반대하면서 성인업소에 대한 규제를 옹호하는 몇 가지 주요주장만이 남게 될 것이다. 하지만 이보다는 밀의 입장에 반대하는 모든 근거란 사실 '혐오의 정치'에서 뻗어나온 것임을 발견하게 될 가능성이 훨씬 높다고 믿는다. 그때가 되면 '혐오의 정치'에 대해 밀이 제안했던 제한이 얼마나 현명한 것인지를 모두가 알게 될 것이다.

결론: 혐오 이후?

나는 남자들과 여자들, 민족들에게 강요하는 자이니, 울부짖으며, 자리를 박차고 일어나 너희 삶을 위해 싸우라!

-월트 휘트먼, 「푸른 온타리오 해변가에서」에서

제 이름은 하비 밀크입니다. 우리 팀이 되어주십시오.

-고故 하비 밀크, 정치가이자 인권운동가

오늘날 미국에는 더 이상 다른 집단에 속한 인간들에 대한 혐오가 만연해 있지 않다고 생각할 수 있으면 참 좋을 것이다. 인종 문제에 있어서 미국은 '혐오의 정치'로부터 '인류애의 정치'로 한 걸음을 크게 내디뎠다. 남부 출신인 내 아버지는 고등교육을 받고 필라델피아의 거대 로펌에서 일한 사람이었는데, 흑인이 사용했던 잔으로 백인이 음료를 마시거나 흑인이 사용했던 변기를 백인이 사용하는 일은 더러우며 백인을 오염시키는 일이라고 진지하게 믿었다. 오염에 대한 이 생각은 흑인 차별 체제하에서 한때 통칭 짐 크로 법으로 제정되기까지 해서, 음수대와 수영장, 간이식당 등을 사용하는 데에 인종 간 구분을 두었다. 이런 식의 차별은 이제 정말로 거의 없어진 것처럼 보인다. 물론 오바마에게 투표를 한 사람 중에서도, 인종차별주의적인 시각을 갖고 있지만 단지 정책 측면에서 볼 때 오바마가 더 좋은 선택지라고 생각한 사람이 분명 있을 것이다. 하지만 인종차별주의적 태도는 점점더 드물어지고 있으며, 오바마 대통령의 두 딸인 말리아와 사샤를 롤 모델로 삼아 성장한 다음 세대 어린이들에게는 그러한 태도가 아예 없을 가능성이 높다. 이 분야에서는 법이 선구적인 역할을 맡았다. 미국인들이 인종적문제에 대한 합의에 도달하기 훨씬 전에 법이 아프리카계 미국인들의 평등권을 보호했던 것이다. 이후 시간이 지나면서 법이 보장하는 권리 및 이와연관된 권리들은 사람들이 살아가는 방식 자체를 변화시켰다.

성적 지향의 영역에서도 비슷한 변화가 천천히 일어나고 있으나 그 과정은 여전히 불완전하다. 많은 미국인들은 여전히 게이와 레즈비언들에게 등을 돌리고 어깨를 움츠리며, 자신이 그들에 의해 어떤 방식으로든 더럽혀진다고 생각한다. 그러나 오염이나 더러움에 대한 생각은 상상력과 인류애의힘에 포위되어 있다. 인종 분야와는 달리 성적 지향 분야에서 평등권을 보호할 때에는 법이 상대적으로 한 발 느렸다. '인류애의 정치'는 법보다도 젊은이들의 우정으로부터, 그리고 아마 무엇보다도 예술로부터 추동력을 얻었던 것 같다. 예술은 우리에게 존엄, 평등, 기쁨이라는 전범을 제공해주었으며, 사람들의 내면에 영향을 끼쳐 변화를 촉발하는 데에 십중팔구 성공했다. 랠프 엘리슨은 자신의 소설『보이지 않는 인간Invisible Man』을 "인지, 희망, 그리고 즐거움의 뗏목"이라고 불렀다. 이 뗏목을 타고 현실과 민주주의적 이상 사이에 가로놓인 바다를 건너가며, 미국은 "암초나 소용돌이"와 협상할 수 있으리라는 것이다. 나는 엘리슨의 이 말이 "인지, 희망, 즐거움" 세가지가 모두 함께 가야 한다는 뜻이라고 생각한다. 즐거움은 지각을 가능하게 한다. 기쁨은 한 사람이 다른 사람의 모습을 자신의 정신과 마음속으로 기꺼이 받아들일 수 있게 한다. 엘리슨의 작품을 읽을 때에는 피부색이 다른 신체의 모습이 마음속으로 무척이나 즐겁게 들어오는 만큼, 굳이 더러운 면을 생각하려고 몰입을 멈추지는 않게 된다. 그리고 결국, 바로 이러한 공감의 가능성이 희망을 촉진한다. 예술은 우리에게 게이와 레즈비언들의 삶에 대한 강력한 이미지를 많이 제공해주었으며, 이성애자든 동성애자든 간에 우리 모두는 이 이미지에 의해 변화했다.

이러한 이미지들 중 특히 강력한 것은 캘리포니아의 정치인인 하비 밀크의 삶을 다룬 구스 반 산트 감독의 영화 〈밀크〉인데, 이 영화는 평단과 대중 모두를 상대로 성공을 거두었다. 이를 통해 우리는 남녀노소를 막론한 다양한 관객들이 동성애자 주인공을 응원하는 모습을 볼 수 있었다. 또한 〈브로크백 마운틴〉의 경우와는 달리, 〈밀크〉의 주인공은 절망하거나 덫에 걸린 인물이 아니다. 하비 밀크는 성공한 사람이었다. 그는 유능했고, 널리 존경받았으며, 역동적이었다. 그는 또한 유쾌한 인물이었다. 그의 관대함과 진취적 기상은 전염성이 높아서 다른 사람들을 변화시켰다(이것이야말로 나중에 밀크를 저격했던, 고뇌에 찬 사람에게는 너무도 위협적이었다). 밀크가 동성애자임을 공개하고 출마하여 캘리포니아의 공직에 처음으로 선출될 때 다양한 관객들은 모두 그를 응원한다. 관객들은 또한 사랑을 찾고 그 사랑과 정치적인 참여 사이에서 균형을 잡으려는 밀크의 시도에 공감하며 그 시도를 따라간다. 관객들은 심지어 더러움과 오염에 의존하는 정치를 조롱하는 밀크의 대사를 내면적으로 응원하기도 한다. 밀크의 연설 첫머리를 장식한 대사는 다음과 같다. "제 이름은 하비 밀크입니다. 우리 팀이 되어주십시오."* '혐오의 정치' 측에서는 오염과 더러운 라이프스타일에 협조한다는 의미

---

* 원문에서는 "I am here to recruit you"라는 표현을 사용한다. recruit는 누군가를 단체의 새로운 회원으로 모집한다는 뜻이다.

로 "게이들의 팀에 가담한다"는 개념을 사용하는데, 여기에서는 그 의미를 완전히 뒤집어 생각하게 된다. "난 당신들을 병들게 하고 당신들에게 내가 가진 오염물질을 퍼뜨리려고 왔소"가 아니라, "나는 당신들에게 소외된 사람들의 자유와 그들의 통합을 위한 움직임에 참여하라고 요청하기 위해 왔소"라고 말이다. 밀크는 새로운 팀원을 모집할 수 있기를, 그가 '인류애의 정치'에 참여하기를 바란다. '인류애의 정치'란 평등한 존엄성과 평등한 행복 추구의 기회를 보장하기 위한 것이다. 결과적으로 관객들은 밀크의 팀에 가담하게 된다. 밀크의 청원과 그 청원에 대한 응답은 수많은 미국인들이 바로 이런 팀에 합류하고 싶어 한다는 점을 시사한다. 이들은 정의를 위한 투쟁에, 평등에 대한 요구에 합류하고 싶어 하는 것이다. 나는 말할 수 있다. 불과 얼마 전까지만 해도 내가 알고 있는 이성애자들 중 상당수가 밀크의 슬로건을 듣고는 공포감이나 더럽다는 느낌 때문에 어깨를 움츠렸을 것이다. 그러나 오늘날에는 수많은 사람들이 침착하고도 긍정적인 반응을 보인다. 이 점은 우리 자신에 대해 많은 것을 알려준다.

이 영화는 성적 지향에 대한 정치가 어디까지 와 있는지 상기시켜주는 역할을 할 뿐만 아니라, 그것이 어디로 가고 있는지에 대한 전령 역할을 한다. 이 영화를 보다보면 미국의 동성애자들이 과거에도, 또한 현재에도 얼마나 많은 억압을 당하고 낙인찍기의 대상이 되어왔는지를 떠올리게 된다. 밀크가 저격당하는 비극적 클라이맥스에서는 동성애자들에 대한 과거와 현재의 폭력까지도 생각난다. 하지만 동시에 이 영화는 그 시절로부터 미국 사회가 얼마나 멀리 여행해왔는지를 상기시킨다. 영화의 관객들이 목격하는 시대는 소도미 법이 아직 건재했고 차별금지법은 널리 시행되지 않았으며 동성결혼이라는 의제는 아직 테이블에 올라오지도 않았던 시대다. 그런 측면에서 이 책이 다룬 논쟁은 그 자체로 낙관할 만하다.

어떤 면에서 더욱 희망적인 것은, 숀 펜이라는 배우가 하비 밀크를 연기한 놀라운 방식이다. 숀 펜은 이 연기로 미국 배우협회상과 오스카상을 받았다. 예전에는 마초적인 이성애자 남자 배우들이 동성애자 배역을 기피했는데, 동성애에 대한 혐오와 동성애는 더럽다는 생각이 그들을 주역 자리에서 내몰지도 모른다는 생각 때문이었다. 마음과 머리, 몸에 동성애자 캐릭터를 받아들임으로써 자신이 더럽혀지고 말 거라는 생각을 개인적으로는 하지 않는다 해도(하지만 많은 배우들이 그렇게 느꼈다는 점에는 의심의 여지가 없다), 관객들은 당연하게도 그 시점부터 해당 남성 스타의 이미지가 눈에 띄게 오염되었다고 느낄 것이다. 물론 장벽을 무너뜨린 남자 배우들도 있었지만, 숀 펜처럼 명시적인 섹슈얼리티와 순수한 행복의 결합을 보여준 경우는 드물었다. 이 행복이야말로 아마 〈밀크〉의 가장 급진적이고 위협적인 측면이었을 것이다. 동성애자 중에도 위협적이지 않은 사람은 얼마든지 있을 수 있다. 순결하거나 얌전한 사람, 데블린이 묘사한 무능력한 섹스중독자처럼 실패한 사람, 〈브로크백 마운틴〉의 등장인물들처럼 고뇌에 차 있고 으스러진 사람들이 바로 그렇다. 하지만 숀 펜이 연기한 밀크는 그런 인물이 아니었다. 동정심은 혐오와 공존할 수 있지만, 숀 펜이 연기한 밀크는 동정심이 아니라 존중을, 함께 나누는 기쁨을 요구했다. 숀 펜의 밀크는 자기 자신으로서의 삶을 즐겼으며, 다양한 목표에 초점을 맞추어 유능한 삶을 살았다. 그리고 게이에 대한 이 이미지는 '혐오의 정치'를 정말로 위협한다. 보통 숀 펜의 마초적인 페르소나는 폭발할 준비가 되어 있는, 검은 연기가 날 듯한 분노를 암시한다. 그러나 〈밀크〉에서 그는 감각적이고 유쾌하며 활기 넘치는 기쁨의 능력을 내면에서 발견했으며, 내가 느끼기에는 그의 어떤 연기보다도 섹시한 연기를 해냈다. 동성애자 남성의 정신과 섹슈얼리티를 자기 안으로 받아들이는 것이야말로 이성애자 남성이 상상할 수 있는, '혐오의 정치'에 대한 가장 결정적인 거부다.

이처럼 '인류애의 정치'는 진보하고 있다. 그런데도 여전히 동성결혼에 대한 고통스러운 투쟁에서만은 혐오의 정치가 묵묵히 역할을 수행하고 있다. 그리고 게이 찜질방이나 "공공장소"에서의 섹스에 대한 태도에서는 여전히 혐오가 난동을 부리고 있다.

'인류애의 정치'를 뒷받침하는 힘은 상당 부분 광범위한 사회적 변화에서 유래한 것이 틀림없다. 이 모든 변화에서 법은 무슨 역할을 했는가? 앞서 언급했듯, 인종 문제에서는 법이 선두 역할을 맡고 사회적 변화가 그 뒤를 따랐다. 그러나 성적 지향 문제의 경우에 헌법을 포함한 법은 사회적 변화를 선도해야 할 때 보다 신중한 모습을 보였으며, 심지어는 사회적 변화를 뒤쫓았다. 하지만 법이 중요하지 않은 힘이었다고는 말할 수 없다. 헌법은 사회적으로 우리가 가지고 있는 가장 근본적인 감각을 표현한다. 자유와 평등은 무엇이며, 기본권을 갖는다는 것은 무슨 의미인지, 인간의 존엄성이라는 개념 자체에 내재되어 있는 것으로 보이는 자유와 평등, 두 영역 모두에서 어느 정도 보호되는 구역을 갖는다는 게 무슨 의미인지에 대해서 말이다. 드라마 〈윌 앤 그레이스〉나 영화 〈밀크〉가 사람의 마음을 바꾼다면 로렌스나 로머 판결에서 깊이 울리는 언어와 그 판결은 인간에 대한 존중이라는 포괄적 감각을 표현하고 만인에게 평등과 일정한 자유의 영역을 보호하는 역할을 국가가 맡도록 함으로써 우리가 매일매일의 삶을 함께 살아나가는 제도적인 구조를 변화시킨다.

성적 지향이라는 분야에서 진행 중인 진보가 어느 한 면에서라도 완전해지려면 법이 지금보다 훨씬 많은 일을 해야만 한다. 로렌스 판결에 명시된 사생활의 개념과 이를 참조한 다른 사건들에는 혼란의 여지가 있으며 실제로 사람들이 혼란을 겪기도 한다. 이를 구성하는 개념들을 분리하는 작업이 필요하며, 가정 밖에서 벌어지더라도 격리된 상태에서 상호합의한 성인 간에 벌어지는 행위에 대해서는 보호가 확립되어야 한다. 현재의 차별금지법은 단편적이며 지역 차원에만 머물러 있는데, 시민적 권리에 대한 법률 제7조가 성별에 따른 차별을 금지했던 것과 비슷한 역할을 해줄 연방 차원에서의 차별금지법이 필요하다. 연후 이 법을 해석하고, 법이 보호하는 권리를 유효하게 만들기 위해 훨씬 더 많은 법적 작업을 해야 한다. 결혼이라는 영역에서 현재 희망할 수 있는 최선은, 각 주 별로 실험적인 접근을 해보는 것이다. 그러면 아마 시간이 지나면서 다른 주에서의 저항도 줄어들 것이다. 지금 당장은 먼저 사생활 침해적인 결혼보호법을 폐지해야 한다. 이 법은 어떤 주에서도 이성결혼과 평등한 자격을 가진, 생생한 형태의 동성결혼을 불가능하게 만들고 있다. 혐오에 따라 만들어진 이 법안에 대하여 오바마 대통령이 반대의견을 견지하기를 희망해본다.

시인 월트 휘트먼은 법을 별로 높게 평가하지 않았다. "인간을 종이와 봉인으로, 혹은 강제로 통합하고자 하는 시도는 아무런 쓸모가 없다"는 것이다. 그는 이어 판사들이 아닌 오직 시인들만이 "살아 있는 원칙 안에 모두를 통합할 수 있는 무엇"[2]을 제공할 수 있다고 말했다. 나는 이 지점에서 휘트먼이 "종이와 봉인"의 사회적 힘을 과소평가했다고 믿는다. 단순히 종이 위에 적혀 있는 글자에 불과하지 않게 되려면 더 많은 장치가 필요한 것만은 분명하지만, 종이와 봉인은 여전히 표현적이고 존귀한 힘을 가지고 있다. 전형적인 경우에 종이와 봉인은 또한 대단한 실제적 힘을 발휘한다. 물론 법적인 변화만으로 사회적 변화라는 효과를 얻을 수 있으리라고 생각해서는 안 될 것이다. 그런 일은 인종차별과 관련해서도 일어나지 않았고, 성적 지향에 따른 차별에 대해서도 일어나지 않을 것이다. 그러나 법은 평등한 존중을 표현하는 한도를 설정해줄 수 있으며, 이에 따라 정도를 벗어난 끔찍한 방식들을 다스리고 모든 시민에게 현존하는 법에 따른 평등한 보호를 보장해줄 수 있다. 이렇게 함으로써 법은 취약계층의 권리를 보호하며, 사회 전체에 자유와 평등은 우리 모두를 위해 만들어진 것임을 알리는 신호를 보낸다.

대한민국에서 성소수자에 대한 인류애를 기대하며

게이법조회

I. 대한민국 법률 속의 동성애 혐오

군형법 제92조에서 말하는 '추행'이라 함은 계간(항문성교)에 이르지 아니한 동성애 성행위 등 **객관적으로 일반인에게 혐오감을 일으키게 하고** 선량한 성적 도덕관념에 반하는 성적 만족 행위로서 군이라는 공동사회의 건전한 생활과 군기를 침해하는 것을 의미하고, 이에 해당하는지 여부는 행위자의 의사, 구체적 행위태양, 행위자들 사이의 관계, 그 행위가 공동생활이나 군기에 미치는 영향과 그 시대의 성적 도덕관념 등을 종합적으로 고려하여 신중히 결정하여야 한다.

-대법원 2008년 5월 29일 선고 2008도2222 판결

대한민국 군형법은 1962년 1월 20일에 제정된 이래 2013년 4월 5일 개정되기 전까지 제92조 또는 제92조의 5에서 "계간 기타 추행*을 한 자는 1년 이하의 징역에 처한다"는 규정을 두었다. 위 조항에서 말하는 계간鷄姦이

---

* 2009년 11월 2일자 개정으로 "계간이나 그 밖의 추행"이라고 표현이 다소 바뀌긴 하였으나 이하 "계간 기타 추행"으로 통일하여 표현한다.

란 남성 동성애자들의 항문성교로서 상호합의하에 이루어진 행위도 처벌 대상으로 삼는다. 계간은 남성 동성애자들의 성행위를 닭의 성행위에 비유하여 일컫는 단어인데, 대한민국에서는 위와 같은 비하적 용어가 무려 2013년까지 버젓이 법률에 규정되어 있었다(군형법은 2013년 4월 5일 개정되어 '계간'이라는 용어가 삭제되기는 하였으나, 군형법 제92조의 6에서 "항문성교나 그 밖의 추행"을 한 사람을 처벌함으로써 여전히 남성 동성애자들의 합의하의 성관계를 처벌 대상으로 삼을 수 있는 여지를 남겨두고 있다).

군형법 제92조는 계간 외에도 '기타 추행'을 한 자도 형사처벌의 대상으로 삼는다. 여기서 '기타 추행'이 무엇을 의미하는지에 관하여, 앞서 본 대법원 판결은 "추행이라 함은 계간(항문성교)에 이르지 아니한 동성애 성행위 등 객관적으로 일반인에게 혐오감을 일으키게" 하는 행위라고 설시함으로써 동성애 성행위를 '객관적으로 일반인에게 혐오감을 일으키게' 하는 행위의 일종으로 보았다. 위 대법원 판결이 나온 후 헌법재판소 또한 군형법 제92조에서 지칭하는 '기타 추행'이 "계간에 이르지 아니한 동성애 성행위 등 객관적으로 일반인에게 혐오감을 일으키게 하고 선량한 성적 도덕관념에 반하는 성적 만족 행위"라고 설시함으로써 대법원의 판시를 반복하였다 (헌법재판소 2011년 3월 31일 선고 2008헌가21 전원재판부). 이것은 21세기 대한민국의 성소수자에 대한 인식을 극명히 나타내주는 표현이라 할 것이다.

미국에서는 올해 동성 간 혼인할 권리가 헌법상 권리로 인정되고, 수년 전부터 각종 언론에 동성애자들이 활발히 활동하는 등 성소수자에게 상당히 우호적인 분위기가 형성되어 있다. 그러나 1990년대까지만 하여도 미국 또한 성소수자들에게 적대적인 법률 및 판결이 주류를 이루었다. 미국연방대법원은 1986년 동성 간 성행위[*]를 형사처벌의 대상으로 삼은 조지아 주의 법률이 합헌이라고 판시하였다[*Bowers v. Hardwick*, 478 U.S. 186(1986)]. 남성 동성애자의 성행위를 처벌하는 법률이 위헌이라고 선언된 것은 2003년이 되어서다[*Lawrence v. Texas*, 539 U.S. 558(2003)]. 그리고 그 당시까지만 하여도 미국의 일부 주는 주 헌법 개정을 통해 혼인이 이성 사이의 결합이란 점을 주 헌법에 명시함으로써 법률이나 판결을 통해 동성혼이 허용될 수 없도록 하였다.

II. '혐오의 정치'와 '인류애의 정치'

저자 마사 C. 누스바움은 사회가 동성 간 성행위를 '범죄'로 취급하거나 동성 간의 사랑을 인정하지 않는 가장 큰 이유를 '혐오'에서 찾는다. 이는 앞서 본 대법원 및 헌법재판소 판결에서도 극명히 나타난다. 이 책은 법률 및 사회가 동성애를 대할 때에 갖는 이러한 혐오라는 감정이 어디에서 유래했는지, 그리고 그와 같은 혐오가 동성애자들의 권리를 제한하는 근거로 정당한 것인지에 대한 고민으로부터 시작한다. 이처럼 이 책은 헌법과 법률에 관한 책이기도 하지만, 우리 사회가 성소수자를 대할 때 갖는 '혐오'라는 감정에 대한 훌륭한 사회과학적 분석서로서의 역할도 하고 있다.

저자는 개인의 자유를 제한하는 법률의 근거로 "혐오감"이 언제나 부당하다고 보지는 않는다. 특히 인류가 배설물이나 타액, 혈액, 정액, 체취와 같은 물질 및 그와 유사하게 끈적거리고 미끈거린다고 생각되는 벌레 등에 대

---

[*] 엄밀히 말하자면 동성 간 항문·구강성교Homosexual Sodomy를 처벌 대상으로 삼고 있으나, 이하 이해의 편의를 위해 '동성 간 성행위'로 통일하여 표현하기로 한다.

해 혐오감을 느끼는 것은 공통된 현상이고, 이러한 혐오감이 있기 때문에 기초적인 보건·위생이 확립될 수 있었다는 점을 인정한다. 이러한 한도 내에서 '혐오'라는 감정은 개인의 자유를 제한하는 근거로 활용될 수 있다.

그러나 저자는 배설물, 타액, 혈액, 체취, 벌레와 같이 실제로 우리가 혐오감을 느끼는 1차적 대상과 이를 다른 물체 또는 대상에게 투사하여 느끼는 투사적 혐오projective disgust를 구분한다. 이 투사적 혐오란, 혐오의 1차적 대상물과 관련성이 없는 자들에 대해 혐오의 1차적 대상물의 성질 등을 투사함으로써 그들을 혐오하는 것을 말한다. 저자에 따르면 역사적으로 다수는 성소수자뿐만 아니라 여성, 유대인 등의 다양한 소수자에 대한 비하 및 차별의 수단으로 이와 같은 투사적 혐오를 사용하였다. 우리 사회에서도 여성에 대해 '부정 탄다'는 방식으로 비하하고, 소수자들에게 '충蟲'이라는 접미사를 붙여 비하하며, 다문화 가정 자녀들에게서 '냄새가 난다'고 비하함으로써 이들을 차별하는 분위기가 만연하다. 저자는 우리가 일차적으로 혐오를 느끼는 대상들(배설물, 타액, 혈액, 체취, 벌레 등)은 우리 인간 또는 사회가 가지고 있는 가장 원초적인 물질들을 대상으로 하는데, 사회가 소수 집단에게 그 혐오의 대상을 투사함으로써, 마치 그들을 제외한 나머지 사회 전체가 원초적 차원보다 더욱 고양된 차원의 존재인 양 안심하게 된다고 한다. 저자는 앞서 본 1차적 대상물에 대한 혐오와 투사적 혐오를 대비하여, 투사적 혐오가 자유를 제한할 수 있는 합리적 근거가 될 수 없다고 비판한다.

이와 같은 '혐오의 정치'에 대비되는 것이 '인류애의 정치'다. 미국은 유럽에서의 종교적 박해를 피해 온 사람들에 의해 세워진 국가로서, 미국의 헌법제정자들은 자신과 다른 종교적 신념을 갖는 사람이 자유롭게 그 신념대로 살고, 국가가 다양한 종교적 신념 중 하나를 공인하지 않도록 헌법에 명기하였다. 그러나 저자는 미국의 헌법제정자들이 '종교의 다양성'을 인정해서 이러한 헌법을 제정한 것은 아니라고 한다. 오히려 미국 건국 초기의 사람들은 다른 종교가 '틀리고', 자신들이 믿는 종교만이 '옳다'고 믿었다. 그렇기 때문에 저자는 미국 건국 당시 그와 같은 헌법이 제정된 배경으로서, 미국의 헌법제정자들이 '종교의 다양성'을 인정해서가 아니라, '틀린 종교'를 믿는 사람들도 자신과 같이 존엄한 인간임을 인정하였기 때문이라는 점을 지적한다. 미국의 헌법제정자들은 '틀린 종교'를 믿는 사람들도 동등하고 존엄한 인간으로서 국가권력의 간섭으로부터 자유롭고(신앙의 자유), 국가권력으로부터 배제되지 않는(국가권력이 특정 종교를 공인함으로써 다른 종교를 배척하지 않는 정교분리의 원칙) 신앙생활을 영위할 권리와 자유를 헌법을 통해 보장한 것이다. 저자는 이와 같이 타인이 나와 다르다고 하더라도 그를 하나의 존엄한 인간으로 인정함으로써 그를 존중하는 정치를 '인류애의 정치'라고 말한다.

저자는 미국 헌법의 종교에 대한 위와 같은 입장을 성적 지향과 성별 정체성의 문제에서 유추한다. 미국 건국 초기에 종교가 특별한 지위를 향유했던 이유는 종교가 개인의 가장 내밀한 영역에서 행복을 추구하는 데에 불가결한 요소였기 때문인데, 현대에서는 개인이 누구를 사랑하는지, 그리고 사랑하는 사람과 어떠한 생활을 할 수 있는지가 개인의 행복추구권에 필수불가결한 요소가 되었다. 저자는 이런 점에서 미국 헌법의 종교에 대한 규율을 성적 지향과 성별 정체성 영역에서도 유추할 수 있다고 본다. 따라서 종교와 마찬가지로 국가권력은 국민이 각자의 성적 지향과 성별 정체성대로 자유롭게 살 수 있도록 국민의 성생활에 간섭하지 말아야 하고(이에 따라 동성 간 성행위를 비범죄화할 것이 요구된다), 특정 성적 지향과 성별 정체성을 갖는 사람들의 결합을 공인된 체제에서 배제해서는 안 된다(이는 국가로 하여금 동성 간 혼인을 배제하지 않을 것을 요구한다).

'인류애의 정치'는 나와 다른 신념을 갖는 사람도 나와 동일한 인간으로서 '존엄성'을 갖는다는 것을 인정하고 그들의 입장에서 생각하는 상상력을 필요로 하는 작업이다. 그러나 사회가 성소수자에게 '혐오'라는 감정을 갖는 순간 성소수자는 나와 동등한 인간이 아닌, 인간 이하의 존재로 인식되고, 그들의 입장에서 생각할 수 있는 가능성이 차단된다. 저자는 성소수자에 대한 우리의 인식도 이와 같은 '혐오'에서 '인류애'로 진화해야 한다고 주장한다.

III. 미국연방대법원 판결을 통해 본 '혐오의 정치'의 배제

미국연방대법원은 이와 유사한 맥락에서 특정 집단에 대한 '두려움', '적의 animus' 등이 개인의 자유를 제한하는 법률 및 행정처분의 정당한 근거가 될 수 없다고 수차례 선언한 바 있다.

예컨대, 정신적 장애인을 위한 시설 설립을 불허한 시의 처분에 관하여 미국연방대법원은 시설 설립 예정지 주민들의 "단순한 부정적 태도 또는 두려움만으로…… 정신적 장애인을 위한 시설을 일반적인 아파트나 공동주택과 달리 취급"할 수 없다고 판시하였다[*City of Celburne v. Celburne Living Center* 473 U.S. 432(1985)]. 또한 친족관계에 있지 않으면서 공동세대를 구성한 세대에 대해서는 저소득층에게 지원하는 식료품 구매권을 지급하지 않기로 한 법률에 대해서도 "정치적으로 지지받지 못하는 집단을 해하고자 하는 입법자의 노골적인 의도만으로는" 그 집단에 대한 차별적 취급이 정당화되지 못한다고 판시하였다[*Department of Agriculture v. Moreno*, 413 U.S. 529(1973)].

이와 같이 특정 집단을 해하고자 하는 의도가 법률의 정당한 근거가 될 수 없으므로 그러한 의도로 제정된 법률이 위헌이라는 설시는 그 후 성소수자를 차별하는 법률을 위헌으로 선언한 미국연방대법원의 세 가지 대표적인 판결에서 반복된다.

첫 번째 판결은 콜로라도 주의 헌법에 관한 판결이다. 콜로라도 주는 성소수자가 차별금지법이나 소수자 우대정책의 대상이 될 수 없다는 취지로 주 헌법을 개정하였다. 미국연방대법원은 이와 같이 특정 소수자를 특정하여서 이들을 폭넓은 혜택으로부터 제외하는 콜로라도 주 헌법은 동성애자들에 대한 적의에 기초한 것으로서, 이와 같이 적의에 기초한 차별적 취급은 연방헌법 아래에서 정당화될 수 없다고 판시하였다[Romer v. Evans 517 U.S. 620(1996)].

위 판결은 성소수자에 대한 차별적 취급에 관하여 미국연방대법원이 최초로 위헌이라 선언한 판결로, 동성 간 성행위를 형사처벌 대상으로 삼은 텍사스 주법을 위헌으로 선언한 로렌스 대 텍사스 판결(두 번째 판결)에서도 그대로 이어졌다. 위 판결은 미국에서 여전히 많은 사람들이 동성애를 부도덕한 행위라고 여긴다는 점을 인정하면서도, 법원이 국가권력의 적법성을 심사할 때에는 국민에게 자신의 도덕적 기준을 강제하여서는 안 되고 국민의 자유를 정의해야 한다고 설시함으로써 특정 행위를 부도덕하다고 여기는 도덕적 기준만으로 개인의 가장 내밀한 자유를 제한할 수 없음을 확인하였다.

세 번째 판결은 '혼인보호법Defense of Marriage Act'이라는 특수한 법률과 관계된다. 1990년대 초중반, 미국 일부 주에서 동성혼을 허용할 수 있다는 우려가 제기되자, 미국연방의회는 1996년 각 주에서 동성혼이 적법하게 이루어졌다 하더라도 연방 법률을 적용할 때에는 동성 부부를 부부로 보지

않는다는 법률을 제정하였다. 이것이 그 유명한 혼인보호법으로서 1990년
대 말까지만 하여도 미국의 정치지형이 동성애자들에게 얼마나 적대적이
었는지를 알 수 있다. 미국연방대법원은 2013년에 혼인보호법의 위 규정이
위헌이라고 선언하였다[*United States v. Windsor*, 570 U.S. ___(2013)]. 이 판결
에서도 미국연방대법원은 혼인보호법이 동성애자들에 대한 적의에 기초
하여 그들을 차별하는 법률이므로 그러한 차별적 취급이 정당화될 수 없다
고 판시하였다.

IV. 평등권 침해의 심사기준으로서의 적의 또는 혐오

이와 같이 미국연방대법원이 성소수자에 대한 차별적 법률 등이 성소수자
를 '해치려는 의도', 성소수자에 대한 '적의', '도덕적 기준'에 기초한 것으
로서 위헌이라고 선언한 점에 주목하는 헌법학자들이 있다.[*]

　미국연방대법원은 특정 법률이 평등권 침해를 이유로 위헌인지 여부를
판단할 때에 단계적인 심사기준을 사용한다. 즉 역사적으로 차별을 받아왔
고, 구조적 차별을 받는 소수자 집단에 대한 차별의 합헌성을 판단할 때에
는 엄격 심사기준 또는 중간 심사기준을 적용하고, 그 외 차별의 합헌성을
판단할 때에는 합리성 심사기준을 적용함으로써 차별받는 집단에 따라 심
사기준을 단계적으로 적용한다. 엄격 심사 또는 중간 심사기준을 적용받는
소수자에 대한 차별이 정당화되기 위해서는 그와 같은 차별을 요구하는 공

---

[*]　Kenji Yoshino, The New Equal Protection, Vol 124 *Harvard Law Review*, p.747(2011);
Susannah W. Pollvogt, Windsor, Animus and the Future of Marriage Equality, 113
Columbia Law Review Sidebar, 204(2013) 참조.

익적 필요가 강력하거나compelling 중요해야important 하나 그 밖의 경우에는 차별에 합리적 이유만 있으면 된다. 미국연방대법원이 엄격 심사의 원칙을 적용하는 소수자 집단은 인종·출신국가·국적에 한정되고, 중간 심사의 원칙을 적용하는 소수자 집단은 여성 및 혼외자에 한정된다.

그런데 미국연방대법원은 최근에 엄격 심사 또는 중간 심사기준이 적용되는 소수자 집단의 범위를 확대하는 데에 매우 조심스러운 태도를 보이고 있다. 이는 다양한 정체성이 새로 나타나는 현대사회에서 엄격 심사 또는 중간 심사기준의 범위를 확장할 경우 각 소수자 집단 사이의 차별 문제가 대두될 수 있고, 엄격 심사 또는 중간 심사기준이 지나치게 경직되어 유연한 대처에 적합하지 않다는 비판에 따른 것일 수도 있다. 실제로 미국연방대법원은 앞서 본 바와 같이 장애인이나 성소수자에 대한 차별을 위헌으로 선언하면서도 이들이 엄격 심사 또는 중간 심사기준을 적용받는 집단이라고 하지 않고 그러한 차별이 '부정적 태도', '두려움', '적의' 등에 기초한 것이므로 위헌이라고 선언하였다. 미국의 헌법학자들 중 일부는 이와 같은 미국연방대법원의 태도가 다원화된 현대사회에서 평등권에 관한 새로운 심사기준을 제시하는 것이라고 조심스럽게 예측하기도 한다.

이와 같은 배경에서 이 책을 이해하면 이 책이 갖는 의미가 더욱 커진다. 마사 C. 누스바움은 개인의 평등한 자유를 제한하는 데에 '혐오'가 정당화될 수 없다고 강력히 주장하는데, 여기서의 '혐오'는 앞서 본 미국연방대법원의 일련의 판결에서 언급된 '부정적 태도', '두려움', '해치려는 의도', '적의', '도덕적 기준'과 유사한 의미로 이해할 수 있다. 이런 점에서 이 책은 미국연방대법원이 평등권에 관하여 새로이 개척해나가고 있는 법리를 이해하는 데에도 탁월한 책이다.

미국연방대법원이 위와 같이 명시적으로 다수의 '부정적 태도', '두려움',

'도덕적 기준', '적의' 등으로는 개인의 자유를 제한할 수 없다고 반복적으로 선언한 것에 비추어 보면, 우리나라 대법원이나 헌법재판소가 동성애 성행위에 대해 "객관적으로 일반인에게 혐오감을 일으키게" 한다는 이유로 그에 대한 처벌이 정당하다는 듯하게 설시한 부분은 대단히 아쉽다. 위 짧은 문장 속에는 국가가 침범할 수 없는 개인의 내밀한 사적 영역의 자유의 한계에 대한 고민이나, '혐오'라는 주관적인 감정이 타인의 평등한 자유를 제한하는 정당한 근거로 활용될 수 있는지에 관한 고민의 흔적을 찾을 수 없다. 이처럼 빈약한 고민의 근저에는, 우리 사회가 여전히 동성 간 성행위를 동등한 존엄을 갖는 인간의 행복추구의 일환으로 이루어지는 행위라는 인식에 이르지 못한 채, 이를 '혐오스러운' 또는 '변태적인' 행위로 인식하고 있기 때문일 것이다. 우리 대법원과 헌법재판소의 입장은 동성 간 성행위를 처벌한 법률이 합헌이라고 한, 무려 30년 전의 바워스 대 하드윅 판결의 수준에 머물러 있다.

그러나 이 책에서 주장하다시피 성소수자의 성행위를 동등한 인간으로서 마찬가지의 행복을 추구하는 내밀한 영역에서의 결정이라고 전제한다면, 대법원과 헌법재판소의 이와 같은 빈약한 법적 추론은 그 정당성을 잃고 만다. 이 책에서 제시하는 접근방법을 통해 성소수자의 성행위는 기본권의 성질을 획득하게 되고, 이로써 이에 대한 제약은 "기본권 제한의 합헌성의 범위와 한계"라는 대단히 풍부한 논쟁의 중심에 서게 되기 때문이다. 성소수자가 기본권을 행사하는 것 자체가 '일반인에게 혐오감을 일으키게' 한다고 저렇게 당당하게 기술할 수 있는지, 그리고 '일반인에게 혐오감을 일으키게' 한다는 이유로 기본권을 제한할 수 있는지에 관해 우리나라 대법원과 헌법재판소는 답을 해야 할 것이다.

최근에서야 비로소 성소수자 문제가 공론화되고 있는 대한민국 법조계의 논의가 이 책을 통해 한층 더 풍성하고 비옥해질 것으로 기대한다.

V. 마무리

앞서 본 세 가지 판결을 통해 공적 영역에서 성소수자를 명시적으로 차별하는 법률 및 행정처분을 시정하고자 한 미국연방대법원의 노력은 올해 선고된 동성혼에 관한 판결[*Obergefell v. Hodges*, 576 U.S. ___(2015)]로 큰 장을 마무리하였다. 올해 미국연방대법원은 동성혼을 금지하는 법률이 미국연방헌법에 위반된다고 판시하였다. 이 책이 집필될 당시는 동성혼에 관한 미국연방대법원의 판결(앞서 혼인보호법 일부 규정을 위헌으로 선언한 '미 연방 대 윈저United States v. Windsor' 판결 포함)이 선고되기 전이었다(이 책 제5장에서는 혼인보호법이나 동성혼을 금지하는 법률의 위헌성이 상세히 논의된다).

　우리나라에서는 동성혼에 관한 논의가 이제 막 시작되고 있다. 영화감독 김조광수와 그의 파트너 김승환은 2014년 5월 21일 서울특별시 서대문구청의 혼인신고 불수리 처분에 대해 불복하는 소를 제기하였다. 그전에도 지방자치단체에서 동성 간의 혼인 신고를 불수리한 경우가 있었으나, 이와 같이 대중의 관심을 끈 적은 없었고, 당연히 동성혼을 인정할 것인지 여부에 관하여 정면으로 판단한 대법원 판결이나 헌법재판소 결정도 없다.

　다만, 다른 사안에서의 대법원 판결의 이유 설시를 통해 대법원이 동성혼의 허부에 관해 갖는 입장을 간접적으로 추단해볼 수는 있다. 예컨대, 대법원은 "무릇 혼인이란 남녀 간의 육체적·정신적 결합으로 성립하는 것으로서, 우리 민법은 이성異性 간의 혼인만을 허용하고 동성同性 간의 혼인은 허용하지 않고 있다(대법원 2011년 9월 2일자 2009스117 결정)"라고 설시하였고, 작년에도 "우리 민법은 동성 간의 혼인을 허용하고 있지 않고"라는 표현을 사용하였다(대법원 2014년 7월 24일 선고 2012므806 판결). 위 사안들은 비록 동성혼의 인정 여부를 정면으로 다룬 사안이 아니기는 하나 우리나라의 최고 법원이, 전 세계적으로 논란이 되는 쟁점에 관하여 '무릇'이라는 이유만으로 동성혼이 인정되지 않는다는 의견을 밝힌 점은 아쉬움으로 남는다.

미국연방대법원과 비교하면 우리나라 대법원과 헌법재판소의 판결 및 결정에 아쉬운 점들이 많기는 하나, 미국연방대법원도 과거에는 이에 못지않게 아쉬운 판결들을 내려왔다. 미국연방대법원은 1986년 바워스 대 하드윅 판결을 통해, 동성 간 성행위에 대한 비난과 처벌이 서구 문명의 역사 및 유대-그리스도교의 도덕적·윤리적 가치관에 깊은 뿌리를 갖고 있다는 이유로 동성 간 성행위를 처벌하는 법률이 합헌이라고 하였다. 또한 1972년에는 동성부부가 혼인을 인정받기 위해 미국연방대법원에 상고하였음에도 "이 사건 상고는 실체적인 연방법적 문제를 제기하지 않고 있으므로 기각한다"라는 한 문장으로 이들의 상고를 기각하였다[Baker v. Nelson, 409 U.S. 810(1972)].

그러나 그로부터 불과 반세기도 지나지 않아 미국연방대법원은 미국 전역에서 동성혼이 인정되어야 한다고 판결하면서, 아래의 아름다운 문단으로 판결을 마무리한다.

결혼만큼 뜻 깊은 관계는 없다. 왜냐하면 결혼은 사랑, 충실, 헌신, 희생과 가족이라는 최고의 이상들을 담고 있기 때문이다. 혼인을 통해 결합함으로써 두 사람은 기존에 각각 존재했던 것보다 위대한 존재가 된다. 원고들의 일부가 이 사건에서 보여주듯, 결혼은 심지어 과거의 죽음을 이겨내는 사랑을 담고 있다. 이들 남성들과 여성들이 결혼의 이상을 무시한다고 주장한다면 이들을 오해하는 것이다. 원고들의 주장은 그들이 결혼의 이상을 존중한다는 것이고, 그토록 결혼의 이상을 깊이 존중하기에 그들 자신들도 결혼의 이상 속에서 충족을 구하고 있다. 그들의 바람은 문명의 가장 오래된 제도들 중 하나로부터 배제된 채 외로운 삶에 추방되지 않도록 해달라는 것이다. 이들은 법 앞에 평등한 존엄을 구하고 있다. 헌법은 이들에게 그러한 권리를 부여한다.*

미국에서 성소수자 인권만큼 짧은 시간 안에 획기적인 발전을 이뤄낸 영역은 없다고 평가받는다. 이러한 발전이 가능했던 것은 미국에서 수많은 성소수자들이 커밍아웃을 하면서 미국의 일반 시민들도 진보·보수를 막론하고 자신의 가족, 친척, 친구들이 성소수자라는 사실을 알게 되고, 이를 통해 성소수자도 한 명의 존엄한 인간임을 알게 되어 그들의 입장에서 사고하는 '인류애의 정치'가 가능해졌기 때문일 것이다(물론, 이와 같은 커밍아웃의 환경을 가능하게끔 만든 수십 년간의 성소수자 인권운동의 역할도 잊어서는 안 된다). 한 세대 내에서 혐오의 정치가 인류애의 정치로 진화한 전형적인 예라고 하겠다.

이 해제를 집필한 게이법조회는 법조계 및 법학전문대학원에 있는 게이들이 모인 단체다. 앞서 본 우리나라의 판결들에서 볼 수 있듯이 대한민국 법조계가 성소수자를 대하는 태도는 여전히 척박하다. 이러한 척박한 토양 속에서도 각자의 자존감과 게이다움을 잃지 않기 위해 모였다. 보수적이라 여

---

* 게이법조회가 번역한 위 판결의 법정의견 전문은 아래 링크를 통해 볼 수 있다. https://drive.google.com/file/d/0B0wfkPGentHCVGswSGhwSGJWMEk/view?pli=1

겨지는 법조계에서 자신의 동료 중 한 명이 게이, 성소수자라는 사실을 알게 되면 법조계 내부에서부터 성소수자를 '나와 다른 그 무엇'으로 대상화하지 않고, 동등한 존엄을 갖는 인간임을 인정하여 성소수자의 입장에서 사고하는 인류애의 정신이 시작될 수 있을 것이다. 이러한 변화가 점진적으로 사법부의 판결에도 반영되기를 바란다. 이 해제를 집필한 게이법조회 회원들도, 적어도 우리가 살아 있는 동안에 대한민국에서 동등한 시민으로 살아갈 수 있는 날이 올 수 있도록, 이 책의 제목을 일종의 구호로서 대신하여 마무리하고자 한다. "혐오에서 인류애로."

옮긴이의 말

이렇게 한번 상상해보자.

　내게 중요한 비밀이 하나 있다. 누구한테 해가 되는 비밀은 아니다. 내가 잘 숨기기로 마음만 먹으면, 그러니까 드러내놓고 떠들어대지만 않으면 사람들은 내게 그런 비밀이 있다는 사실 자체를 영영 모르고 살 가능성이 높다. 내 비밀에 대해 아무것도 모르는 사람들은 어디에나 있을 수 있다. 직장 동료로, 친구로, 선생으로, 학생으로, 형제나 자매로, 심지어는 배우자나 부모로.

　다른 많은 사람들에게 그렇듯, 내게도 이 사람들은 소중하다. 때로는 이렇게 소중한 사람들에게까지 내 비밀을 털어놓지 않고 있다는 사실이 그들을 속이는 것처럼 느껴진다. 괴롭다. 나도 내가 사랑하는 사람들을 속이고 싶지 않다.

　그래서 용기를 낸다. 나는 사실 이러저러한 사람이었노라고 털어놓기로 마음을 먹는다. 분위기를 본다. 마침 텔레비전에서 홍석천이나 하리수 같은 성소수자들의 이야기를 다룬 다큐멘터리가 나오고 있다. 조용히 눈치를 살핀다. 막 입을 열려는 참이다. 이때 내가 사랑하는 사람이 말한다.

　"징그러워."

　내가 사랑하는 사람은 성소수자들이 역겹다고 한다. 인권이니 뭐니 하지만, 머리로는 이해해보려 해도 그런 사람들을 실제로 보면 본능적으로 고개를 돌리게 된다고. 더럽다고, 구역질이 치민다고.

나는 입을 다물고 만다. 내가 진짜 누구인지 알게 되는 순간, 내가 사랑하는 이 사람이 내게서 등을 돌릴 수도 있다는 생각에 용기가 나지 않는다. 그저 등을 돌리는 것뿐만 아니라 내게 혐오감을 느낄지도 모른다는 생각을 받아들이기는 더욱 어렵다. 내가 손을 내밀면 마치 그 손에 피나 오줌이라도 묻은 것처럼 얼굴을 찡그릴지 모른다는 생각, 더 나쁘게는 마치 나라는 존재 자체를 바퀴벌레나 쥐새끼처럼 꺼릴지도 모른다는 상상에 두려워진다.

거리에는 수많은 사람들이 오간다. 그들 중 몇 명이나 내 정체를 알고도 나를 인정해줄까 생각하면 움츠러든다. 나와는 아무런 관계가 없는 저 사람들이 언제든 내가 가진 특징을 하나 알게 되는 순간 나를 역겹게 여길지도 모른다는 생각이 든다.

누구와든 새로운 관계를 맺는다는 건 두려운 일이 된다. 적이 되고 싶지도 않지만 어떤 때는 친구가 되는 일이 더 무섭다. 내가 누구인지 털어놓지 못한 채, 거짓말을 하는 것 같은 기분으로 누군가와 친해진다는 건 외로운 일이다. 더 이상 그 사람을 속여서는 안 된다는 생각이 들 정도로 친해져 내가 누구인지 털어놓았을 때 그 사람이 나를 혐오할지도 모른다는 가능성이 버겁게만 느껴진다.

꼭 연애에 대해서만 이야기하는 것이 아니다. 사람을 사랑한다는 것, 남들에게는 쉽다는 그 일을 하려면 내게는 너무도 큰 용기가 필요하다. 내게 세상은 불공평하다.

일보 진전이라고 보아야 할까? 홍석천 씨가 시트콤 〈남자 셋 여자 셋〉에 출연하던 1990년대 후반만 해도 게이나 레즈비언 등 동성애자들은 '호모'라는 경멸적인 이름으로 싸잡혀, 사람들의 상상 속 어딘가 어두운 곳에 뚜렷하지 않은 그림자로만 웅숭그리고 있는 듯했다. 동성애자들보다 수가 더 적은 트랜스젠더 혹은 양성애자들은 그 존재조차 별로 알려지지 않았다. 하리수 씨가 트랜스젠더라는 게 처음으로 밝혀졌을 때, 많은 사람들은 게이인 홍석천 씨와 트랜스젠더인 하리수 씨를 제대로 구분하지도 못했다.

20년이라는 짧지 않은 세월이 지나는 동안 많은 상황이 변했다. 홍석천 씨는 커밍아웃 이후 대중들로부터 싸늘하게 외면을 당했다가, 최근 다시 요리 프로그램과 토크쇼 등에 출연하며 TV에 복귀했다. 대중매체의 조명을 받지 못하는 수많은 성소수자들도 용기를 내 커밍아웃을 감행했다. 이제 많은 사람들은 자신들이 '호모'라고 싸잡아 불렀던 사람들도 그렇게 균질적인 집단은 아니라는 사실을 깨닫게 됐으며, 게이와 트랜스젠더, 레즈비언, 양성애자 등등을 서로 구분할 수도 있게 됐다.

상상 속 괴물을 향해서야 온갖 저주와 욕설을 퍼부으며 혐오감을 표출하는 게 좀 더 쉬웠겠지만, 성소수자 개개인이 밝은 곳으로 나와 개별적인 인간으로 실체화되자 상황은 좀 더 복잡해졌다. 이들 개개인과 친밀한 관계를 맺고 있던 사람일수록 많이 혼란스러웠을 것이다. 자식이나 둘도 없는 친구가 커밍아웃을 했다는 이유만으로 그 관계를 칼같이 잘라버릴 수 있는 사람은 많지 않기 때문이다.

많은 사람들은 꾸짖거나 설득하고, 동성애를 '치료'해보려는 갖가지 노력을 기울였을 것이다. 이런 '계도'의 노력을 아끼지 않는 와중에도, 누군가 다른 사람이 성소수자들에 대한 혐오발언을 하면 성소수자의 가족과 친구들은 예전에는 한 번도 느껴보지 못했던 저항감을 느끼고 움찔하게 됐다. 그중 몇몇은 자기가 사랑하는 성소수자의 존재 자체를 적극적으로 인정하고 기꺼이 그들이 겪는 어려움을 덜어주고자 하는 방향으로까지 나아갔다.

이렇게 되자 성소수자들에 대한 혐오를 품고 있는 사람들로서도 그 혐오감을 마음대로 드러내놓기가 예전보다는 어려워졌다. 성소수자들이 그저 상상 속 괴물이나 전설 속의 동물처럼 어둠 속에 존재할 때에는 "호모들이 역겹다"고 말하고 그 말이 불러일으키는 으스스한 느낌을 사람들과 나눌 수 있었겠지만, 자기 가족이나 친구 중에 그 '호모'가 있다는 사실을 많은 사람들이 알게 된 지금은 상황이 달라진 것이다. 현재는 '호모'들도 다른 모든 사람들과 똑같은 몸을 갖고 똑같은 학교와 직장에 다니며 똑같은 즐거움과 고민을 간직하고 있다는 사실이 전보다는 널리 알려져 있는 만큼, 호모가 역겹다는 말을 하려면 대체 무슨 근거로 한 인간이 다른 인간을 역겨워할 수 있는지, 나아가 혼자 역겨워하는 데 그치지 않고 그 혐오감을 큰 소리로 입 밖에 내어 말할 수 있는지 설명하라는 요구를 받기 마련이다.

혐오세력은 나름대로 그 근거를 마련하고자 노력을 기울여왔다. 성소수자들의 존재 자체가 '신의 뜻'이나 '자연의 섭리'에 어긋난다는 절대적이고 증명 불가능한 신념에 의지하기도 했고, 성소수자들은 아이를 낳을 수 없는 만큼 국가경제에 하등 도움이 되지 않는다는 주장을 펴기도 했다. 현재 대한민국 교육부의 공식적인 입장이기도 하거니와, 동성애를 언급하는 것 자체가 청소년들에게 잘못된 관념을 심어줄 수 있다는 얘기도 심심치 않게 나온다.

이 책에서 저자 마사 C. 누스바움은 앞서 언급한 모든 '동성애자 반대' 혹은 '성소수자 반대' 주장에 아무런 논리적 근거가 없음을 차근차근 밝힌다. 성소수자의 인권을 다룬 신문기사가 뜰 때마다 댓글 토론장에 쏟아지는 온갖 '동성애 반대' 주장을 읽고 뭔가 찜찜한 기분이 들었던 사람, 혹은 '동성애 반대' 주장과 '동성애 찬성' 주장 중 어느 쪽이 옳은지 잘 판단이 서지 않았던 사람들은 저자의 주장을 읽어보는 것만으로도 답을 얻을 수 있을 것이다. 그 답은 '동성애 반대' 주장을 가동시키는 진짜 동력이 사실은 합리와 이성이 아니라 혐오라는, 신뢰하기 어려운 감정뿐이라는 것이다.

성소수자를 반대한다는 주장을 읽다 보면 어떤 경우에는 좀 더 뻔뻔한 입장을 만나게 된다. 개인에게 성소수자로 살 자유가 있다면 마찬가지로 성소수자를 혐오하고 그 혐오감을 표현할 자유도 있다는 주장이다. 이 책을 읽으면 그러한 주장에도 적절히 대답할 수 있다. 누스바움은 혐오가 어떤 경우에도 민주주의 사회의 규범이 될 수 없다고 말한다. 민주주의 사회의 대전제는 모든 개인이 평등하다는 원칙인데 혐오는 그 평등권을 제한할 만한 근거가 될 수 없기 때문이다.

어떤 개인이 누군가의 행동이나 그 사람 자체에 대해 혐오감을 느끼는 것은 어쩔 수 없는 일이라 할지라도, 그 혐오를 입 밖으로 내뱉는다거나, 심지어 조직적인 운동으로 발전시켜 자기가 혐오하는 사람들의 권리를 체계적으로 제한하려는 모든 시도는 반민주적인 행위가 된다. 이 말은 즉 민주주의 이념을 헌법에 표명하고 있는 모든 나라에서, 혐오에 근거한 행동은 전부 위헌이라는 뜻이다. 심지어 사회 구성원 대다수가 혐오감을 느끼는 경우에도 혐오란 결코 민주주의 사회의 원칙이 될 수 없다는 저자의 주장을 읽다보면, 그 정교함과 풍부한 근거에 저절로 고개가 끄덕여진다.

사실 법조인도 아니고, 체계적인 법 공부를 해본 적도 없는 내가 이 책을 재미있게, 또 보람차게 읽을 수 있었던 까닭은 책의 내용이 법리를 따지는 데에만 그치지 않고 이런 논쟁의 상황을 첨예하고 생생하게 전달해줬기 때문이다(물론 우리 시대 최고의 철학자 중 한 사람인 누스바움은 법학자로서도 전 세계적인 명망을 얻고 있다. 성소수자 문제의 법적인 측면에 대해 궁금한 분들은 '옮긴이의 말'보다는 게이법조회의 해제를 참조해주기 바란다).

다만 한 가지, 댓글 토론장에 꽤나 자주 등장하는 주장 중 한 가지에 대해서는 누스바움이 오직 간접적인 답변만을 내놓고 있다. 동성애 자체에 대해서야 왈가왈부할 생각이 없지만, 성소수자들이 '나대는' 방식이 싫다는 주장이다. 많은 사람들은, 예컨대 남자가 남자를 좋아하면 그냥 좋아하는 거지, 그걸 왜 잔뜩 떠벌리고 다니느냐고 한다. 이성애자들이 자신의 이성애를 과시하지 않듯, 동성애자들도 퀴어 퍼레이드 같은 '난잡한 행사를 빌미로' 서울광장 한복판에서 풍기문란 행위를 벌이지 말고 얌전히, 조용히 살았으면 좋겠다는 것이다. 이런 주장에 대해 누스바움은 무슨 대답을 내놓을까?

한 가지만은 확실하다. 누스바움은 '혐오의 정치'를 대체할 수 있는 새로운 정치적 태도로 '인류애의 정치'를 제시한다. 본문에서 저자가 자세히 밝히고 있지만, 모든 민주주의 사회는 필연적으로 '인류애의 정치'로 이행할 수밖에 없다. "모든 인간은 평등하다"는 민주주의의 대전제는 상대방을 "나와 같은 인간"으로 존중할 것을 요구하기 때문이다. 이때의 존중이란 상대방도 나처럼 경험하고 느끼고 생각하고 판단하는 주체라는 점을 인정하고, 기꺼이 그의 입장이 되어 그의 세계를 '상상해보는' 태도와 능력을 뜻한다. "당신 의견도 존중하지만"이라는 말에 마구잡이로 등장하는, 닳고 닳은 단어로서의 '존중'과는 달리 이때의 존중은 저자의 말마따나 '무언가 사랑에 가까운 것'이다.

이를 근거로 나는 성소수자들이 '나대지 말아야' 한다는 주장에 반대한다. 그런 주장에는 민주주의 사회의 구성원이 다른 구성원에게 마땅히 보여야 할 존중, 그러니까 인류애가 빠져 있기 때문이다. 상대방을 나와 같은 인간으로 존중하는 사람, 그가 경험하는 세계를 상상하는 능력을 갖춘 사람은 결코 그 사람에게 정체를 감추고 살라는 요구를 할 수 없다. 성소수자들이 존재한다는 사실을 애써 상기시키지 않으면 모든 사람들이 그저 이성애자인 것으로만 오인되는 사회에서, '나대지' 말라는 주장은 결국 성소수자들이 예전처럼 그늘과 어둠 속으로 물러나 줬으면 좋겠다는 주장, 캄캄한 벽장 속에 들어가 그곳의 공포와 외로움, 온갖 고민들을 온전히 떠맡으라는 얘기가 된다.

나는 대신 모두가 그 공포와 외로움, 고민들을 경험하고 상상하기를 바란다. 그렇게 경험하고 상상하는 사람들이 조금씩, 조금씩 많아지는 데에 이 책이 조금이나마 도움이 되었으면 좋겠다.

가장 먼저, 수많은 사람들에게 '상상'의 기회를 넓혀주고 '인류애의 정치'를 전파하는 값진 프로젝트의 방향을 또렷하게 제시해준 누스바움에게 감사한다. 한국의 독자들에게 이 책이 소개되도록 도와주신 많은 분들께도. 지영 누나는 개인적으로 성소수자 인권이라는 주제를 낯설게 여기면서도 이 책을 기꺼이 출판사에 소개해주었다. 날개 돋친 듯 팔리지는 않을 책이라는 걸 알면서도 정종주 사장님은 출간을 감행하셨고, 박윤선 주간님은 원서와 꼼꼼히 대조해가며 책이 무사히 출간될 수 있도록 정말 많이 수고해주셨다. 법 문외한인 내가 심각한 오역을 하지 않도록 꼼꼼히 원고를 읽고 교정해주신 법원 국제인권법학회의 여러 판사님들께도 진심으로 감사드린다. 해제를 써주신 게이법조회의 여러 분들도 더욱 번창하셔서, '인류애의 정치' 발전사에 아름다운 이름을 남기셨으면 좋겠다. 무엇보다도 누스바움이 말하는 상상력을 누구보다 깊게 갖춘 사람, 내 아내 윤선영에게 존경과 함께 고마운 마음을 전한다.

2015년 12월 17일
강동혁

후주

한국어판 서문

1. 한국의 현재 상황을 개괄하는 연구논문과 최근의 보도자료를 제공해준 성적지향·성별정체성 법정책연구회의 나영정 상임연구원에게 깊은 감사를 표한다.
2. 한국 남성동성애자 인권연대 '친구사이'가 발간한 「한국의 LGBTI 커뮤니티 사회적 욕구 조사 수행 주요결과 보고서」(2014)를 참조하라.

서론

1. Ritch Savin-Williams, "······ *And Then I Became Gay": Young Men's Stories*(New York: Routledge, 1998), 52.
2. 위의 책, 74-75.
3. Patrick Devlin, *The Enforcement of Morals*(London: Oxford University Press, 1965); Leon Kass, "The Wisdom of Repugnance: Why We Should Ban the Cloning of Human Beings," *New Republic* 216, issue 22(June 2, 1997), 17-26; reprinted in Leon Kass and James Q. Wilson, eds., *The Ethics of Human Cloning*(Washington, DC: AEI Press, 1998), 3-60; 관련 자료는 카스의 *Life, Liberty, and the Defense of Dignity: The Challenge for Bioethics*(San Francisco: Encounter Books, 2002)에 있음.
4. 이 부분의 분석은 내 저서 『혐오와 수치심: 인간다움을 파괴하는 감정들』(2004)에서 이어진다.
5. *Sex and Social Justice*(New York: Oxford University Press, 1999), 213-39에 실린 내 원고 "Objectification"을 보라.
6. 『도덕감정론』(IN: Liberty Classics, 1976)의 유명한 문단에서 스미스는 중국에서 일어난 지진 소식을 들은 "인류애를 가진 유럽인"들의 반응에 대해 이야기한다. 이때 "인류애"는 지진 및 그 지진이 피해자들에게 미칠 영향을 상상하고 그 경험에 참여하라고 명령한다 (136). 키케로는 아티쿠스에게 보내는 편지에서 후마니타스라는 말을 특징적으로 사용한

다. 이 편지는 키케로의 남동생 퀸투스가 아티쿠스의 딸인 폼포니아와 불행한 결혼을 했다
는 내용을 담고 있다. 남동생의 결혼생활에서 발생한 말다툼에 대해 이야기하면서 키케로
는 폼포니아가 퀸투스의 상황이나 요구에 둔감하다고 비난하면서, "그녀에게 얼마나 '후마
니타스'가 결여되어 있는지 알겠지?"라고 말한다.

7. *Harvard Law Review* 121(2007), 5-97에 실려 있는 내 글, "Foreword: Constitutions and
Capabilities: 'Perception' against Lofty Formalism"에서 보다 자세한 주장을 참조하라.

제1장 혐오의 정치: 실제, 이론, 역사

1. 한 차례 예외가 있는데, 이때 캐머런은 통계를 보면 레즈비언들이 이성애자 여성에 비해
교통사고로 죽을 확률이 세 배 정도 높음을 알 수 있다고 주장한다. 또 다른 글에서는 미
국 이성애자 여성들의 기대수명이 80년인 것과는 대조적이게도, 레즈비언들의 기대수명
은 45년에 불과하다고 주장한다.

2. Peter LaBarbera and Allyson Smith, "Tolerance Gone Wild in San Francisco as Cops
Stand By Amidst Folsom Street Fair's Public Perversions and Widespread Nudity,"
October 2007, www.americansfortruth.org, http://americansfortruth.com/news/toler-
ance-gone-wild-in-san-francisco-as-cops-stand-by-amidst-folsom-street-fairs-public-
perversions-and-wide-spread-nudity.html.

3. 캐머런의 "Effect of Homosexuality upon Public Health and Social Order," *Psychologi-
cal Reports* 64(1989), 1167-79를 참조하라. 여기에서 캐머런은 덴마크 동성애자들 중 4
분의 1이 "지난 한 해 동안 덴마크를 방문하는 동성애자와 섹스를 하거나 미국을 방문해
섹스를 했다"고 주장하며, 이것을 에이즈부터 아메바성 감염질환에 이르는 다양한 종류의
대륙 간 질병 전염과 연결한다.

4. Cameron, "Medical Consequences of What Homosexuals Do,"(Colorado Springs,
CO: Family Research Institute), 팸플릿으로도 제공되며 온라인으로도 볼 수 있다. 온
라인 주소는 http://www.familyresearchinst.org/2009/02/medical-consequences-of-
what-homosexuals-do/이다.

5. Kenneth J. Dover의 *Greek Homosexuality*, 2nd ed.(Cambridge, MA: Harvard Univer-
sity Press, 1986)을 보라. 여기에서 그는 고대 그리스에서 동성 간 성행위를 다룬 많은 도
기 그림들이 항문성교를 묘사하고 있음을 보여준다.

6. Cameron, "Medical Consequences."

7. "The Fabulist", Intelligence Report of the Southern Poverty and Law Center, Winter
2005 중 David Holthouse가 언급한 Cameron(Montgomery, AL); http://www.splcen-
ter.org/intel/intelreport/article.jsp?aid=587.

8. *Psychological Reports*는 본질적으로 자비 출판 전문사로 보인다. 이곳에서 저서를 출판

하려면 페이지당 27달러라는 소정의 요금을 지불해야 한다. 회사의 주장에 따르면 이 요금은 글을 "견본인쇄"하는 데에 들어가는 요금이지만, 견본인쇄본이나 발췌인쇄본을 사도록 저자에게 요구하는 것은 출판계의 표준적인 지침이 아니다. 그러므로 이 요금은 출판에 대한 대가라고 할 수 있다.

9. Holthouse, "The Fabulist."

10. 위의 책.

11. 위의 책.

12. 데블린은 이 주제로 강의를 여러 번 했는데, 이 강의는 그중 가장 인기를 끌었던 강의의 제목을 따 *The Enforcement of Morals*(London: Oxford University Press, 1965)라는 책으로 묶였다. 동성애 행위에 대한 데블린의 입장은 사실 복잡하다. 그는 보다 심각한 형사범죄인 "버거리(남성 간의 항문성교)"는 유지하자면서도 그보다 최근인 1885년에 제정된 남성들 간의 "끔찍한 외설행위Gross Indecency"를 금지하는 법은, 행위의 대상자가 미성년자가 아닌 한 폐지하는 쪽을 선호했다. 오직 "버거리"에만 집중해야 "명백하고 노골적인" 사건들을 기소할 수 있다는 주장이었다.

13. Devlin, *Enforcement of Morals*, 111. 게이들이 자신의 조국을 방어할 수 없다는 데블린의 주장이 얼마나 잔인하게 틀린 것인지는 앨런 튜링의 삶과 죽음을 통해 드러난다. 튜링은 에니그마 암호를 해독함으로써 영국이 승리하는 데에 막대한 공헌을 했다. 아마 그 덕분에 전쟁 기간이 2년은 단축되었을 것이다. 상호합의된 동성애 행위를 했다는 이유만으로 앨런 튜링은 인생의 많은 시간을 경찰의 추적과 괴롭힘에 시달려야 했다. 그는 "끔찍한 외설행위Gross Indecency" 법에 따라 기소를 당했으며 호르몬 "치료"를 받으라는 판결을 받았다. 데블린이 책을 출간한 지 얼마 되지 않아 튜링은 숨을 거두었는데, 사인은 자살로 추정된다.

14. 위의 책, p. 15.

15. Leon Kass, "The Wisdom of Repugnance: Why We Should Ban the Cloning of Human Beings," *New Republic* 216, issue 22(June 2, 1997), 17-26; reprinted in *The Ethics of Human Cloning*, ed. Leon Kass and James Q. Wilson, eds., *The Ethics of Human Cloning*(Washington, DC: AEI Press, 1998), 3-60. p. at p. 19 in the latter pagination.

16. 위의 책.

17. 카스의 "Wisdom of Repugnance," 18-19를 보라.

18. 위의 책, p. 18.

19. 이 논의와 관련해, 내 책 『혐오와 수치심: 인간다움을 파괴하는 감정들』(2004)의 2장에 더 자세한 분석이 실려 있다.

20. 로진의 책은 분량이 매우 방대하지만, 특별히 *Handbook of Emotions*, 2nd ed., ed. M. Lewis and J. M. Haviland-Jones(New York: Gilford Press, 2000), 637-53의 "Disgust"를 참조하라. 여기에서는 연구 내용을 요약하고 그에 대해 광범위한 참조를 제공한다. 『혐

오와 수치심: 인간다움을 파괴하는 감정들』(2004)의 내 논의는 보다 상세한 연구들과 다른 심리학자들의 연구를 인용한다.

21. 이 감정들 중 몇 가지는 위험이 정말로 제거되었는지에 대한 의심 때문에 발생할 수 있다. 다른 감정은, 예를 들면 바퀴벌레가 주스에 빠진 사건 등에 대한 기억에 의해 촉발된 것일 수 있다. 이 경우에 혐오와 관련된 몇몇 사례는 폭넓게 보아 이성적인 것으로 방어될 수 있다. 그러나 여전히, 그러한 주장은 혐오라는 감정을 일반적으로 신뢰할 만한 것으로 회복시켜주지는 못한다.

22. 로진은 한 번도 이 점을 명백하게 지적하지 않는다. 나는 『혐오와 수치심』에서 그의 기본적인 주장을 방어하며 이 점을 첨가했다.

23. Erving Goffman의 *Stigma: Notes on the Management of Spoiled Identity*(New York: Simon and Schuster, 1963)을 보라.

24. William Ian Miller의 *The Anatomy of Disgust*(Cambridge, MA: Harvard University Press, 1997), 109-42의 인지분석을 보라.

25. Weininger, *Sex and Character*, 영문 번역은 독일어 번역의 6판을 기초로 했다(London: W. Heinemann, 1906), 300. (Weininger, a self-hating Jew and homosexual, committed suicide in 1903).

26. Yoel Inbar(Harvard University), David Pizzaro(Cornell University), Joshua Knobe(UNC-Chapel Hill), and Paul Bloom(Yale University), "Disgust Sensitivity Predicts Intuitive Disapporoval of Gays," *Emotion* 9(2009), 435-39.

27. 그러나 이 추론을 더욱 정교하게 밀어붙이면, 수많은 정책들이 개에게는 가하지 못하도록 금지하고 있는 피해를 다른 동물들에 대해서는 허용하고 있다는 점을 인정할 수밖에 없을 것이다. 여기에서도 혐오는 우리가 적절한 질문을 던지지 못하도록 막고 있다.

28. 보다 자세한 논의를 보려면 『혐오와 수치심』을 참조하라.

29. 달리트는 과거 "불가촉천민"으로 불리던 사람들을 부르는 보다 적절한 이름이다.

30. 어째서 달리트들은 이름을 바꾸지 않는가? 인도에서는 이름을 바꾸는 게 매우 어렵고 복잡하다. 이름을 바꾸기 위해서는 시간도 많이 드는 데다가 사회의 인정도 필요하다. 더 높은 카스트는 이름을 바꾸었다는 이유로 달리트를 조롱할 것이며, 더 낮은 카스트의 사람들은 연대감을 결여하고 있다는 이유로 그런 사람을 가혹하게 비판할 것이다.

31. 성씨는 카스트를 알아보기 위한 핵심적인 방법일 뿐만 아니라 신뢰할 만한 유일한 방법이다. 토라트나 암베드카르라는 이름은 달리트 성씨인데, 사실 가장 저명한 달리트 출신 정치가 두 명의 이름이기도 하다. 네루의 법무부 장관이었던 B. R. 암베드카르는 후일 불교로 개종한 달리트였다. 대학보조위원회University Grants Commission의 현 수장인 수카데오 토라트는 소작농의 아들인 달리트로서, 어린 시절 다른 아이들에게 따돌림을 당하고 낙인찍혔던 일을 공식적으로 묘사했다(그가 대략 인도의 헌법 그 자체로 여겨진다는 사실에도 불구하고 말이다). 다른 두 이름은 인도에서 벵골 출신의 브라만 성씨로 쉽게 인

지되는 이름들이다.

32. Dover의 *Greek Homosexuality*를 보라.

33. 반면 폴란드는 러시아와 마찬가지로 반동성애 감정이 대단히 강하다.

34. 프로이트는 미국에서 강의를 한 후에 이미 이 차이를 언급했다. 그는 미국인들이 자신들의 리비도를 세련된 성인으로 발전하는 데에 투입하는 대신 돈벌이에만 집중시켰다고 주장했다. Henry Abelove의 "Freud, Male Homosexuality, and the Americans," *Dissent* 33(1985-86), 59-69를 보라.

제2장 인류애의 정치: 종교, 인종, 젠더, 장애

1. Gordon Wood의 *The Radicalism of the American Revolution*(New York: Vintage, 1991)을 보라. 많은 미국 사상가들이 로마의 공화정에서 아이디어를 얻었다는 점에 대해서는 우드의 *Radicalism of the American Revolution*과 내 책 *Liberty of Conscience: In Defense of America's Tradition of Religious Equality*(New York: Basic Books, 2007) 3장을 보라.

2. Philip Pettit의 *Republicanism: A Theory of Freedom and Government*(New York: Oxford University Press, 1997)을 보라.

3. Martin Luther King, Jr., "I Have a Dream," August 28, 1963, https://www.american-rhetoric.com/speeches/mlkihaveadream.

4. Susan B. Anthony, "On Women's Right to Vote,"(1873), http://www.historyplace.com/speeches/anthony.htm.

5. 앞으로 보겠지만, 소도미 법은 대체로 동성애자와 이성애자들 모두에게 특정한 행위를 금지하는 중립적인 언어로 기술되었다. 그러나 이 법은 전형적인 경우 오직 동성애자들에게만 집행되었다. 게다가 이 법은 이성애자들에게는 충분한 선택지를 남기면서도 동성애자들에게 성적인 만족을 추구할 합법적인 길을 거의 남겨놓지 않았다.

6. 로저 윌리엄스에 대해서는 내 책 *Liberty of Conscience*의 2장을 보라.

7. 스토아 철학이 미국의 건국영웅들에게 끼친 영향에 대해서는 우드의 *Radicalism of the American Revolution*과 내 책 *Liberty of Conscience*의 2, 3장을 보라.

8. 매디슨의 *Memorial and Remonstrance*에 관한 논의를 참조하려면 내 책 *Liberty of Conscience*의 3장과 6장을 보라.

9. *Brown v. Board of Education of Topeka*, 347 U.S. 483(1954).

10. *Loving v. Commonwealth of Virginia*, 388 U.S. 1(1967).

11. 러빙 판결의 다수의견에서 인용.

12. *United States v. Virginia*, 518 U.S. 515(1996).

13. Pettit의 *Republicanism*을 보라.

14. 348 F. Supp. 866(D. DC 1972).

15. 473 U.S. 432(1985).

16. 실제 연방대법원이 했던 이야기는, 성별과는 달리 장애에 따른 구분은 중간 정도의 엄격한 심사 대상이 되는 준-위헌의심차별이 아니라는 것이었다. 이는 제5연방순회법원의 판결과는 반대된다.

17. 473 U.S. 450(1985).

18. 위의 판례, 448.

19. 위의 판례.

20. 413 U.S. 528(1973), 4장을 보라.

21. 악마가 흔히 혐오감을 일으키는 동물, 예컨대 박쥐나 곤충의 형태로 표현된다는 건 별로 놀랍지 않은 일이다.

22. 2007년 성별과 인종 영역에서 연방대법원이 내렸던 판결이 얼마나 충격적인 상상력의 실패를 보여주는지 논의하면서, 나는 이 주제들을 "Foreword: Constitutions and Capabilities: 'Perception' against Lofty Formalism"(*Harvard Law Review* 121[2007]. 5-97)에서 더욱 완전하게 발전시켰다.

23. Charles Fried, *Modern Liberty*(New York: Norton, 2007), 140. 그러나 프라이드가 낡은 '혐오의 정치'를 완전히 떨쳐낸 것은 아니라는 점에 주목하라. 그는 "이러한 상상을 해보려는 노력은 이성애자로 하여금 동성애 행위의 물리적 세부사항을 무시하고 성행위를 일반적으로만 생각하도록 만든다"고 썼다.

24. 타인에 대한 공감적 상상력과 같은 방향으로 작용하는 혐오는 없을까? 예를 들어 관대하지 않고 선입견에 가득 찬 사람들을 향한 혐오는 어떤가? 이는 매우 길고 복잡한 질문으로, 나는 『혐오와 수치심』의 2장에서 이 문제를 길게 다루었다. 논의를 단순히 요약하자면 다음과 같다. (a)많은 경우, '혐오'라는 말은 느슨하게 사용된 용어일 뿐이다. 문제가 되는 감정은 사실 분노, 그러니까 실제적 피해와 그 교정에 관련되어 있는 감정이다. (b)'혐오'라는 단어가 느슨하게 사용되지 않은 경우, 혐오는 사회적으로 유용한 감정이 아니다. 혐오는 우리로 하여금 나쁜 사람들과의 접촉을 피하고 그들에게 낙인을 찍도록 만들 뿐, 그들을 우리와 평등한 시민으로 존중하도록 만들지 못한다. 그러는 동시에 우리는 혐오의 힘을 빌어 우리 자신은 순수하고 잘못을 저지르지 않는 존재라고 생각하게 된다. 서로 동의하지 않는 평등한 시민들로 구성된 나라의 정치적 준거로 삼기에는 이 둘 모두가 적절하지 않은 메시지다.

제3장 소도미 법: 혐오와 사생활 침해

1. Peter Irons의 *The Courage of Their Convictions*(New York: Free Press, 1988), 396 중 하드윅과의 인터뷰에서 발췌.

2. 밀은 모든 동물을 정의의 주체로 보았다. 그러므로 존재하는 동물에게 피해를 끼치는 모든 행동은 잠재적으로 규제 가능한 것이 된다. 그의 원칙은 미래의 인간이나 동물에게도 쉽게 확대된다. 밀의 원칙이 멸종위기에 처한 동물의 보호를 지지할 수 있는지, 혹은 인간이나 동물에게 피해를 끼치지 않는 환경의 질적 저하를 지지할 수 있는지는 더 모호하다. 내 책 *Frontiers of Justice*(Cambridge, MA: Harvard University Press, 2006)의 6장을 보라. 여기에서 나는 정의의 문제가 오직 지각이 있는 생물에게만 관련되어 있다는 밀의 의견에 동의하지만, 그 밖의 다른 원칙—지적·미적·과학적 원칙들—이 멸종위기의 동물이나 환경을 보호하는 법을 정당화하는 데 활용될 수 있다고 주장한다. 밀이 동물과의 섹스에 대한 글을 직접 쓴 것은 아니지만 수간을 금지하는 법을 정당화할 때에도 그의 원칙을 활용할 수 있다. 성폭행 법령에서 인정하는 법적 합의의 개념에 합당할 정도로 동물이 해당 성행위에 동의한 적이 없다는 근거가 있기 때문이다. 그러나 만일 동물과의 섹스가 일종의 피해를 끼치는 행위라는 점에 동의한다면, 동물을 상대로 이루어지는 다른 행위에도 마찬가지의 제한을 가해야 하는지를 따져보아야 한다. 혐오에 기초한 정치가 근거에 대한 탐색을 부당하게 우회하는 반면, 피해에 근거한 정치가 보다 진실에 접근하는 것이라고 주장할 만한 또 다른 이유다.
3. 내 책『혐오와 수치심』3장에 실린 생활방해법에 대한 논의를 참조하라.
4. 과거 시카고 시는 화장실 청소에 들어가는 비용을 절약하기 위해 마라톤 코스 근처에 있는 공중화장실을 잠가두었는데, 이때 마라톤 참가자들이 이 원칙을 적용했다. 일반적인 관행은 잠긴 화장실의 바로 뒤에 있는 구역을 사용하는 것이었다. 그렇게 함으로써 화장실이 멍청하게 잠겨 있지만 않았더라면 화장실을 사용했으리라는 사실을 보여준다.
5. *Barnes v. Glen Theatre*, 501 U.S. 560(1991). 다수의견은 순전히 데블린적 사유에 근거를 두었지만, 수터 대법관의 보충의견은 스트립 댄싱이 자기본위적 행위가 아니라고 주장했음에 주목하라. 수터 대법관은 스트립 댄싱이 착취나 범죄행위를 위한 분위기를 조성한다고 보았다. 이 사건에 대한 그의 분석은 도박장 운영자들을 법적으로 정당하게 규제할 수 있다는 밀의 주장과 잠정적으로 비슷하다.
6. 스캘리아 대법관은 성적 지향을 다룬 이 분야뿐 아니라 다른 법 분야에서도 반복적으로 좌우파 간의 대립구도를 그려왔다.
7. 잘 알려져 있다시피 프랑스는 공립학교에서 크기가 크거나 눈에 띄는 종교적 의상을 입지 못하도록 금지하고 있다. 한편 벨기에와 네덜란드의 몇몇 도시들도 이와 관련된 법을 통과시키고 있다. 예를 들면, 공무원들이 그러한 복장을 입지 못하도록 금지하는 법 등이다.
8. 밀은 프랑스에 매장되고 싶다고 고집스럽게 주장함으로써 이 차이에 대한 자신의 입장을 표시했다.
9. "버거리"를 규제하는 법령들은 과거 대영제국에 포함되었던 일부 국가에서 여전히 실행되고 있다. 예를 들어 홍콩에서는 2005년 위헌판결을 받았음에도 불구하고 동성 및 이성 간의 "버거리" 법이 여전히 법전에 남아 있다.

10. 그러나 이성의 옷을 입는 행위나 딜도를 사용하는 행위는 사기죄로 여겨졌다. 이에 대해서는 Louis Crompton의 "The Myth of Lesbian Impunity: Capital Laws from 1270 to 1791," *Journal of Homosexuality* 6(1980), 22-26을 참조하라.

11. 최초의 안은 최대 형기를 1년으로 잡았으나, 의회 의원들이 더 가혹한 처벌을 요구했다.

12. 그러나 와일드는 사실 기혼이었고 아이도 두 명이나 낳았다.

13. 독일의 몇몇 주가 소도미 법을 만들었다가 없애는 바람에 제175조의 역사는 복잡해졌다(이는 연방 차원의 법이 제정되어야 하는 이유 중 한 가지였다). 독일의 보다 관용적인 성격은 사회민주당이 거의 즉시 제175조의 폐지를 추구했다는 사실에서, 또한 동성애자와 이성애자를 가릴 것 없이 토마스 만, 마르틴 부버, 라이너 마리아 릴케, 헤르만 헤세 등등 광범위한 예술가와 지성인들이 이 법의 폐지촉구 운동에 공식적으로 참여했다는 점에서 드러난다. 반면 와일드에게는 (여성 유력자 몇 사람을 제외하고는) 동성애자가 아닌 옹호자가 사실상 없었다. 그리고 어떠한 정당도 그를 변호하겠다는 꿈조차 꾸지 못했다. 비록 나치에 의해 강화되기는 했지만, 1957년 동독에서 제175조는 상호합의가 가능한 나이를 이성애자와 동성애자의 경우에 다르게 구분하는 방식으로 다시 쓰였으며 1969년에는 서독에서도 그 전례를 따랐다. 1988년에는 이성애자와 동성애자에 대한 모든 법적 구분이 폐지되었다(상호합의가 가능한 나이에 대해 두었던 차별도 사라졌다). 그리고 1994년 통일 이후에는 이러한 통일성이 독일 전역으로 확대되었다.

14. Gary David Comstock, *Violence against Lesbians and Gay Men*(New York: Columbia University Press, 1991).

15. Irons, *Courage of Their Convictions*, 395.

16. *Griswold v. Connecticut*, 381 U.S. 479(1965).

17. *Roe v. Wade*, 410 U.S. 113(1973).

18. *Meyer v. Nebraska*, 262 U.S. 390(1923).

19. *Pierce v. Society of Sisters*, 210 U.S. 510(1925).

20. *Olmstead v. U.S.*, 277 U.S. 438(1928). 이 사건은 사적 통화 내용에 대한 도청을 다루었다.

21. *Eisenstadt v. Baird*, 405 U.S. 438(1972).

22. 여기에서 나는 인도 헌법제정 50주년을 기념하는 학회에서 발간된 책자, *India's Living Constitution: Ideas, Practices, Controversies*, ed. E. Sridharan, Z. Hasan, and R. Sudarshan(New Delhi: Permanent Black, 2002), 242-83에 실린 내 글 "Sex Equality, Liberty, and Privacy: A Comparative Approach to the Feminist Critique"를 인용하고 있다. 이 글의 짧은 판본이 *Women and the United States Constitution: History, Interpretation, Practice*, ed. Sibyl A. Schwarzenbach and Patricia Smith(New York: Columbia University Press, 2003)의 153-75쪽에 "What's Privacy Got to Do with It? A Comparative Approach to the Feminist Critique"이라는 제목으로 실렸다. 성적 자유와 관계된 개념의 한계에 대한 멋진 논의를 보고 싶다면 Kendall Thomas의 "Beyond the

Privacy Principle," *Columbia Law Review* 92(1992), 1431-1516을 참조하라.

23. 394 U.S. 557(1969).

24. 이 혼란을 더욱 부추긴 것은 2년 후 *U.S. v. Reidel*, 402 U.S. 351(1971) 사건에서 연방대 법원이 스탠리 사건과 음란물의 배포를 금지하는 주요 법안은 충돌하지 않는다고 판시했다는 사실이다. 이에 따르면, 가정에서 사적으로 음란물을 사용하는 것은 가능하나 음란물을 얻으려는 모든 시도는 처벌받게 된다.

25. *Moore v. East Cleveland*, 431 U.S. 494, 503(1977).

26. *Palko v. Connecticut*, 302 U.S. 319, 325, 236(1937).

27. *Powell v. Alabama*, 287 U.S. 45, 67(1932).

28. 여기에 묘사된 모든 대화내용은 아이언즈Irons 인터뷰에서 인용한 것이다.

29. Linda Greenhouse의 "Washington Talk: When Second Thoughts in Case Come Too Late," *New York Times*, November 5, 1990을 보라. 파월은 NYU 학생들과 대담을 하던 중 "내가 어쩌면 실수를 한 걸지도 모른다고 생각합니다"라고 말했다.

30. 곧 발간될 책 *Tulsa Law Review* 42(2007)에 실린 Kenji Yoshino의 "Tribe"의 961-73을 보라. *Harvard Law Review* 117(2004), 1893-1955에 실린 "*Lawrence v. Texas*: The Fundamental Right that Dare Not Speak Its Name"에서 트라이브는 적법절차조항은 기본권의 불평등한 보호를 무효화시키는 데에 활용되는 만큼, 그 자체로 평등한 측면을 가지고 있다고 주장한다.

31. 163 U.S. 537(1896).

32. 83 U.S. 130(1873).

33. 310 U.S. 586(1940).

34. 내 책 *Liberty of Conscience: In Defense of America's Tradition of Religious Equality* (New York: Basic Books, 2007)의 5장을 보라.

35. *West Virginia Board of Education v. Barnette*, 319 U.S. 624(1943).

36. Tribe의 "*Lawrence v. Texas*"를 보라.

제4장 차별과 차별금지: 로머 대 에반스 판결과 적의

1. 중요하게도 이 홈페이지는 인종 간 결혼을 한 가족들을 조명한다. 콜로라도 주 수정헌법 제2조의 제정을 위한 캠페인에서 볼 수 있듯, CFV는 언제나 소수인종의 법익을 대변하는 집단들과 공동의 대의명분을 만들고자 시도해왔다.

2. *Romer v. Evans*, 517 U.S. 620(1996). 각각의 조례는 덴버의 경우 1991년, 볼더의 경우 1987년, 애스펀의 경우 1977년에 제정되었다.

3. 콜로라도 주 수정헌법 제2조와 관련된 투쟁의 모든 단계에서 로머가 주요 소송당사자로 지명되기는 했으나, 그는 주민투표에 반대했으며 개인적으로는 계속해서 반차별의 대의

에 헌신했다.

4. Joyce Murdoch and Deb Price, *Courting Justice: Gay Men and Lesbians v. the Supreme Court*(New York: Basic Books, 2002), 452.

5. 위의 사건.

6. 위의 사건.

7. *Corporation of Presiding Bishop v. Amos*, 483 U.S. 327(1987).

8. CFV 팸플릿: *Equal Rights Not Special Rights.*

9. *Evans v. Romer*, 854 P.2d 1270(Colo.); 다른 판례인 517 U.S. 620(1993, 이후 *Evans* 1 이라 한다)으로도 확인된다. 처음에 베일리스 판사는 이혼 후 아프리카계 미국인 남자와 재혼한 한 어머니의 양육권을 다룬 *Palmore v. Sidoti*, 466 U.S. 429(1984)를 인용하면서 공적인 법이 "사적인 편견을 지지하거나 그것에 효력을 부여해서는 안 된다"고 주장했다. 이 사건에서 전 남편은 아이가 사회적인 편견으로 고통을 받을 수 있다는 이유로 어머니의 양육권을 박탈하기를 원했다. 그러나 이 사건은 원고들에게 별로 도움을 주지 못했다. 왜냐하면 이 사건은 인종에 근거한 구분과 관계되어 있었는데, 인종은 이미 엄격한 심사의 안정적 근거였기 때문이다. 정당한 이유로 콜로라도 주 대법원은 현재 다루고 있는 사건을 엄격한 심사에 관련된 전통적인 평등주의 원칙 주장들과 연결할 전략을 모색했다.

10. 이것은 다수의견의 분석을 거부하기 위한 반대의견의 중심적인 주장이었다.

11. *Evans v. Romer*, 1993 WL 518586(Colo. Dist. Ct.).

12. http://www.qrd.org/qrd/usa/colorado/1994/norton.paid.paul.cameron.big.bucks-outfront-08.14.94.를 보라. 동성애자들에게 친화적인 출판단체에서 나온 이야기이기는 하지만, 노턴이 캐머런에게 돈을 주었으며 그 액수는 1만 125달러에 달한다고 공식적으로 인정한 점만은 명백하다. 그 밖에도 다른 돈을 더 주었을 수도 있다. 노턴의 사무실은 한 번도 언론에 협조적이었던 적이 없으며, 기자가 정보 공개의 자유를 보장하는 주법을 활용하겠다면서 정보 공개를 강제했을 때에야 비로소 액수를 털어놓았다. 당시 재선에 출마했던 노턴은 전면적인 조사를 받느니 1만 달러를 지불했다고 타협하는 편을 택했다.

13. 비슷한 증인 중에는 찰스 소카리데스가 유명하다. 그는 동성애에 대한 "개종 치료법"을 실행하는 프로이트적 정신분석가다. 소카리데스는 미국 심리학회에서 추방당한 적은 없지만, 자신의 개인적인 의견을 협회의 공식적인 견해인 것처럼 표현한 점에 대해 협회의 질타를 받았으며, 계속해서 같은 행위를 반복할 경우 법적인 조치를 취하겠다는 경고도 받았다.

14. 동성애와 그 권리라는 주제에 대한 진지한 학술회의를 위해, 양측 의견을 대변하는 학자들이 나를 포함해 많이 모였는데 노백은 나중에 이 모임에 합류했다. 이 학술회의의 내용은 추후 *Sexual Orientation and Human Rights in American Religious Discourse*, ed. Saul M. Olyan and Martha Nussbaum(New York: Oxford University Press, 1998)라는 유용한 책으로 출간됐다.

15. 1993년 10월 8일 당시 하비 맨스필드의 증언(그는 이 증언의 진실성에 대해 맹세까지

했다).

16. 882 P.2d 1335: 1994 Colo.(이후 *Evans* 2라 부른다).

17. 413 U.S. 528(1973). 모레노 사건은 일개 주가 아니라 연방 전체에서 실시되는 식료품 할인 구매권 프로그램에 관한 것이었으므로, 수정헌법 제14조가 아닌 제5조의 평등보장 조항에 따라 주장되었다.

18. 위의 사건 534.

19. 특히 앤드루 코플먼의 "*Romer v. Evans* and Invidious Intent," *William and Mary Bill of Rights Journal* 6(1997), 89-146을 보라.

20. David W. Dunlap, "The Gay Rights Ruling: In Colorado, Ruling Signals More Fights to Come," *New York Times*, May 21, 1996.

21. 위의 책.

22. 코플먼은 "Defending the Sex Discrimination Argument for Lesbian and Gay Rights: A Reply to Edward Stein," *UCLA Law Review* 49(2001), 519-38에서 자신의 이론이 몇 가지 가장 중대한 오류를 포착하지 못한다고 타협했다.

23. *Frontiero v. Richardson*, 411 U.S. 677(1973).

24. *Rowland v. Mad River Local School District*, 470 U.S. 1009(1985).

제5장 결혼할 권리?

1. 밀은 여기에서 남성과 여성 모두에게 결혼을 평등하게 만드는 것에 대해 이야기하고 있지만, 그의 논점은 우리가 다루는 문제에도 적용된다고 믿는다.

2. 5절에서 보겠지만, 이 점은 수감자들과 아이들에게 양육비를 지원할 수 없는 부모들에게는 명백히 확립되었다. 아마도 가장 극단적인 경우이겠지만, 어떤 주들은 이런 집단의 사람들에게 결혼할 자격 자체를 부인했다.

3. Susan Treggiari의 *Roman Marriage*(Oxford: Oxford University Press, 1991)를 보라. 이 중에서도 묘비명에 대한 연구는 사람들이 결혼에서 무엇을 추구했고 자신의 결혼에 관해 무어라고 말하는 게 좋다고 생각하는지에 대한 풍부한 증거를 제공한다. ·

4. 결혼의 규범을 다룬 훌륭한 글로는 Craig Williams의 *Roman Homosexuality*(New York: Oxford University Press, 1999)가 있다.

5. Cicero, *Letters to Atticus* V.1(Shackleton Bailey가 매긴 번호에 따르면 94호 편지), May 5 or 6, 51 BCE. 여기에 실린 편지는 일정 부분 변경하기는 했지만 Loeb Classical Library에 실린 D. R. Shackleton Bailey의 멋진 번역문에 따르고 있다. 내가 여기에서 "공감"이라고 번역한 단어는 *humanitas*인데, 키케로에게 이는 공감적인 이해나 예절의 섬세함과 관계되어 있는 핵심적 덕목이다.

6. 이 절에서, 나는 Nancy F. Cott의 *Public Vows: A History of Marriage and the*

Nation(Cambridge, MA: Harvard University Press, 2000)과 Hendrik Hartog의 *Man and Wife in America: A History*(Cambridge, MA: Harvard University Press, 2000)를 주로 인용하고 있다.

7. Hartog, *Man and Wife in America*, 19.

8. 위의 책 18-19를 보라.

9. 위의 책 14.

10. 위의 책.

11. 앤드루 코플먼의 *Same Sex, Different States: When Same-Sex Marriages Cross State Lines*(New Haven, CT: Yale University Press, 2006)을 보라.

12. "Mildred Loving of *Loving v. Virginia* Speaks out about Marriage Equality," http://lesbianlife.about.com/od/gaymarriageinformation/a/Loving.htm.을 보라.

13. 위와 같음.

14. 이 두 가지 질문 모두에 대해서는 Baehr v. Miike, Civ. No. 91-1394(Hawaii Cir. Ct. Dec. 3, 1996)에 요약된 광범위한 전문증인진술을 보라. 주목할 만하게도, 주정부가 내세운 전문가들조차 성적 지향은 부모가 될 자격을 나타내는 중요한 지표가 아니라는 점에 대부분 동의했다.

15. 예를 들어, 내가 이 문단을 초안했던 날인 2008년 10월 14일자 『뉴욕 타임스』에서는 이와 같은 내용으로 된 가톨릭교 신부의 편지를 실었다.

16. *Loving v. Virginia*, 388 U.S. 1(1967).

17. *Kerrigan v. Commissioner of Public Health*.

18. 이 절의 논의와 관련해, 나는 Cass R. Sunstein, "The Right to Marry," *Cardozo Law Review* 26(2005): 2081-2120에서 이 질문에 대한 탁월한 조사를 통해 많은 것을 배웠다. 비록 내 분석과 몇 가지 측면에서 차이가 있기는 하지만, 이 글은 예리하고도 명료하게 이 문제를 제시한다.

19. *Zablocki v. Redhail*, 434 U.S. 374, 384(1978).

20. *Skinner v. Oklahoma*, 316 U.S. 535(1942).

21. *Turner v. Safley*, 482 U.S. 78(1987).

22. *Meyer v. Nebraska* 262, U.S. 390(1923).

23. 401 U.S. 371(1971).

24. 419 U.S. 393(1975).

25. 심지어 삼촌과 조카의 결혼이라는 극단적인 경우에조차 로드아일랜드에 살고 있는 유대인들에게는 종교적인 근거에 따라 근친결혼이 허용된다. 이 경우 주 바깥에서도 결혼의 결속적 속성은 인정된다.

26. 캘리포니아 주의 의견이다. Massachusetts: *Goodridge v. Department of Public Health*, 798 N.E. 2d 941(Mass. 2003). California; *In re Marriage Cases*(2008) 43 Cal.4th 757[76

Cal. Rptr. 3d 683, 183P. 3d 384]. Iowa: *Varnum v. Brien*, 763 N.W. 2d 862(Iowa 2009).

27. 코플먼의 주장은 매사추세츠 주에서 한 표를 받았다.

제6장 사생활 보호: 섹스클럽, 공공장소에서의 섹스, 위험한 선택들

1. 기본권이 관계되어 있고 피해가 막심한 것이 아닌 경우에는 이러한 유형조차도 헌법적 권리에 대해 문제를 제기할 수 있다.

2. 그러므로 비록 Blackstone은 자신이 "무형적"이라고 부른 방해를 인지하고 있기는 하지만, 그의 예시는 자신의 사유지로 향하는 길을 누군가가 막아놓는 일, 즉 "길을 가로질러 통나무를 놓거나 그것을 헤집어놓는 일"이다(II.13.2).

3. 전형적인 예시를 참조하려면 *Baltimore v. Warren Mfg.*, 59 Md. 96(1882)을 보라. 이 사건에서는 위험 혹은 "미각이나 후각에 불쾌감을 주는" 속성만으로도 충분했다.

4. *Commonwealth v. Perry*, 139 Mass. 198(1885). 주정부는 "언급된 악취는 언급된 주거지의 거주자들에게 불쾌감, 역겨움, 그리고 혐오감을 유발했다. 어떤 경우 이 악취는 너무 강해서 언급된 거주자들은 문과 창문을 닫아야만 했다. 언급된 악취는, 한 증인에 따르면 '돼지 냄새'로, 다른 증인에 따르면 '양돈장의 악취'라고 묘사된 것으로서, 돼지의 특유한 악취였다. 어떠한 구정물, 또는 깨끗하지 못한 음식도 언급된 돼지에게 먹여져서는 안 되며 그 돼지들에게 오직 질 좋은 곡식, 비트 및 다른 채소들만 주는 것으로 합의되었다".

5. *Kriener v. Turkey Valley Community School Dist.*, 212 N. Y. 2d 526(Iowa 1973). 한 증인은 작은 늪에서 자신의 집을 향해 바람이 불어올 때에는 음식을 먹을 수가 없다고 증언했다. "글쎄, 저는 여러 번 집에서 저녁을 먹어보려 했지만 먹을 수가 없었어요. 고기 같은 걸 튀기기 시작하면, 뭐랄까, 아침에 먹은 걸 토할 것 같은 기분이 들었어요. 그러느니 그냥 먹는 걸 잊어버리고 말았죠."

6. Horace Gay Wood, *A Practical Treatise on the Law of Nuisances in Their Various Forms; Including Remedies Therefore at Law and in Equity*(Albany, N.Y.: John B. Parsons, Jr., 1875).

7. 또 다른 수자원 이용 권한 관련 사건인 *Trevett v. Prison Ass'n of Virginia*, 98 Va. 332(1900)에 특별히 인용되었다. 이 문서와 몇몇 사건들은 혐오스러운 물질이 아직은 감각에 영향을 주지 않을 때에도 법적인 행동을 할 수 있도록 허용한다는 점에 주목하라. 하지만 이 예외가 있다고 해서 우리가 제3장에서 문제가 있다고 얘기했던 "순전히 추정적인" 피해를 인정하는 것으로 보이지는 않는다. 이 사건들에 적용되는 이론은 해당 물질이 긴 시간에 걸쳐 다량으로 제공되는 경우, 위험이나 감각적 혐오감, 혹은 둘 다를 발생시킨다는 것이다. 내 책 *Hiding from Humanity: Disgust, Shame, and the Law*, 160-61을 보라.

8. 여기에서 서로 다른 범주를 구분하는 요지는 사생활방해죄의 경우에는 영향을 받는 사람에게 행위의 권리가 있다는 것이다. 하지만 보다 일반적인 생활방해에 대하여 공중에 속

하는 모든 사람들에게 행위의 권리를 주는 것은 실용적이지 않게 보인다. 따라서 그러한 종류의 사건은 다른 방식, 그러니까 공공 규제라는 방식으로 다루어진다. 이 범주에 대한 몇몇 묘사는 (예를 들어 Blackstone 사건에서처럼) 도박장, 성매매업소, 별다른 이유 없이 손님의 입장을 거절하는 숙소 등 몇몇 명백하게 밀의 이론에 근거하지 않는 항목을 공공생활방해죄라는 분류에서 다룬다. 그러나 Blackstone 사건은 명백히 밝히지는 않으나, 사실상 이러한 시설들이 일종의 공적인 해악을 낳는다고 생각한다.

9. *Black's Law Dictionary, Mutschler v. Phoenix* 212 Ariz. 160, 129P.3d 71(App. 2006)에 인용되었다.

10. *Mutschler* at 163 n. 6, 166(인용은 생략되었다).

11. 연극에서 이 숨겨진 의미를 보려면 Jonathan Dollimore와 Alan Sinfield의 *Political Shakespeare: Essays in Cultural Materialism*(Ithaca, NY: Cornell University Press, 1994)의 관련된 장을 보라.

12. 이 사건에서는 원치 않는 강요가 전혀 발견되지 않는다. 예를 들어 *31 W. 21st St v. Evening of the Unusual*(N.Y. Civ. Ct. 1984)를 보라. "[잠복 기자인] 설리번 씨는 이러한 활동 중 어느 것에도 참여하지 않았으며, 우연히 벌어진 한 사건을 제외하고는 회원 중 누구에게도 무슨 제안을 받거나 맞닥뜨린 적이 없다고 증언했다. 이 단 한 번의 대면사건은 한 남자가 그녀에게 접근해서는 자신이 '조련'받기를 원한다면서 그녀가 몇몇 명백히 사도마조히즘적 성행위를 해준다면 그녀에게 100달러를 주겠다고 제안했을 때 일어났다. 그녀는 그의 후한 제안을 거절했다."

13. *Reliable Consultants v. Earle*, 517 F. 3d 738(5th Cir. 2008); *Williams v. Alabama*, 511 U.S. 1012(2004).

14. 예시를 보려면 *Schultz v. Cumberland*, 26 F. Supp. 1126, 1144(W. D. Wis. 1998)을 보라. 이 재판에서는 성인업소에 대한 몇몇 극도로 부담스러운 제한은 수정조항 제1조에 따라 위헌이라고 주장했다.

15. 404 F. Supp. 2d. 614(D.N.J. 2005).

16. *31 W. 21st St. Associates v. Evening of the Unusual, Inc.*, 125 Misc. 2d 661; 480 N.Y.S. 2d 816; 1984 N.Y. Misc. LEXIS 3466.

17. *City of New York v. St. Mark's Baths*. 497 N.Y.S. 2d 979, 983.

18. 413 U.S. 49(1973).

결론: 혐오 이후?

1. Ralph Ellison, *Invisible Man*(New York: Random house, 1992), xxiv-xxv.
2. 「푸른 온타리오 해변가에서」, 130-31.

찾아보기

혐오에서 인류애로
– 성적 지향과 헌법

2016년 1월 20일 초판 1쇄 펴냄
2020년 7월 14일 초판 4쇄 펴냄

지은이 마사 C. 누스바움
옮긴이 강동혁
해제 게이법조회

펴낸이 정종주
편집주간 박윤선
편집 강민우 김재영
마케팅 김창덕

펴낸곳 도서출판 뿌리와이파리
등록번호 제10-2201호(2001년 8월 21일)
주소 서울시 마포구 월드컵로 128-4 2층
전화 02)324-2142~3
전송 02)324-2150
전자우편 puripari@hanmail.net

디자인 오필민
종이 화인페이퍼
인쇄 및 제본 영신사
라미네이팅 금성산업

값 18,000원
ISBN 978-89-6462-065-6 93100

이 도서의 국립중앙도서관 출판예정도서목록(CIP)은 서지정보유통지원시스템 홈페이지(http://seoji. nl.go.
kr)와 국가자료공동목록시스템(http://www.nl.go.kr/kolisnet)에서 이용하실 수 있습니다.(CIP 제어번호:
CIP2015035951)